イスラエルの文化遺産マネジメント

遺跡の保護と活用

岡田真弓

慶應義塾大学出版会

イスラエルの文化遺産マネジメント ＊ 目次

凡例

一、本書では、「イスラエル」と「パレスチナ」を基本的に、それぞれ現在の「イスラエル国」と「パレスチナ自治区」を表す用語として用いる。また、一九四八年の国家独立以前の当該地域は、「パレスチナ地域」と記す。

二、本書で言及するイスラエルとパレスチナに所在する遺跡や歴史的建造物等の文化遺産名および組織名の和訳は、筆者が翻訳した。世界遺産等の物件名については、ユネスコ世界遺産センターの公式和訳を参照した。公式和訳がない場合は筆者が翻訳した。

三、本書で言及する国際条約・憲章およびイスラエルの法律名は『　』で示し、また組織名等と併せて公式英語表記を付した。

四、本書では、国際条約・憲章および他の文化遺産に係る法律の条文を引用する際の和訳は、公式和訳がある場合はそれを参照した。公式和訳がない場合は筆者が翻訳した。また、イスラエルの法制度に係る条文を引用する際の和訳は、ヘブル語条文および公式英訳（イスラエル政府発行 *Laws of the State of Israel: Authorized Translation from the Hebrew*, Israel Ministry of Justice およびイスラエル自然・公園局提供資料）をもとに筆者が翻訳した。条文の英語版の出典も併せて注に示した。

五、引用文における筆者の補足は〔　〕で示した。

六、図表のデータの出典は「図表一覧」にまとめた。

イスラエルの文化遺産マネジメント

遺跡の保護と活用

序

本書の目的は、パレスチナ地域／イスラエルにおける文化遺産をめぐる価値観と制度の形成過程を明らかにし、現在までに行われた政府主導および非政府団体主導の文化遺産マネジメントの全体像を理解することである。イスラエルで実施されてきた考古学や文化遺産マネジメントは、これまでしばしば「歴史の政治利用の代名詞（Killebrew 2010, 123）」と批判されてきた。その背景には、同国の考古学研究や文化遺産の表象に多分に宗教的・民族的イデオロギーが込められてきたという指摘が、先行研究においてなされてきたことが挙げられる。たしかに、イスラエル建国の歴史的経緯と当時「聖書考古学」[1]がイスラエル考古学の主流であったことは、こうした批判を後押ししているといえよう。「聖書考古学」は、アメリカの研究者W・F・オルブライト等によって提唱されたもので、聖書の記述と考古学的調査の結果を照らし合わせ、実証的な歴史資料として活かそうとした研究手法である。こうした研究アプローチは、その後のイスラエル考古学をけん引したB・マザール、Y・ヤディン、Y・アハロニへと引き継がれた（マザール 2003, 10）。また、一九四八年のイスラエル建国当時、パレスチナ地域にはすでにアラブ人が暮らしており、ユダヤ人はイスラエル建設の正当性を証明する必要があった。そこで用いられたのが、聖書に描かれた過去のパレスチナ地域のユダヤ民族の歴史である。「聖書考古学」は、聖書に登場するユダヤ民族の歴史を遺物・遺構から裏付けることに強い関心を抱いていたため、両者は強く結びつき、その後のイスラエル考古学が内包するイデオロギーの根源になったと理解されるようになった。

しかし、先行研究の多くは、限られた遺跡や文化遺産マネジメントの事例からこうした傾向性を指摘するのにとどまっており、イスラエルにおける遺跡の保護・活用全体の研究に基づいているものではない。そのため、先行研究の評価が妥当なものかは不確かである。また、こうした議論は、パレスチナ地域で二〇世紀初頭から行われてきた考古学の解釈に対する批判と軌を一にしており、考古学の方法論に対する批判と遺跡の保存・活用に対するそれとが混同されているようにも見受けられる。

そこで本書では、当該地域の遺跡や歴史的建造物の保護と活用の歴史を紐解くと同時に、現在の文化遺産マネジメントの実態と課題についても考察することで、その全体像を明らかにする。まず、イスラエルにおける文化遺産マネジメントの中でもとくに、遺跡の保護や活用に携わってきた人物や学術・行政機関等の動向を通時的に叙述する。南レヴァント地域では、すでに二〇世紀初頭から遺跡の保護や活用に対する関心が高まり、様々な施策や環境整備が行われてきた。本書では、イスラエル建国前史、すなわちオスマン帝国末期からイギリス委任統治時代に実施された文化遺産に関わる行政史について概観した後、とりわけイスラエル自然・公園局 Israel Nature Reserve and Parks Authority（以後、ＩＮＰＡ）に主眼を置きつつ、イスラエル政府が行ってきた文化遺産マネジメントについて明らかにする。パレスチナ地域における通時的な文化遺産マネジメントの歴史を検討するため、各時代に施行された遺跡の保護・活用に関連する主要な法律の条文を随時参照する。

次に、イスラエルの法制度の下で実施されてきた遺跡の保存・展示の実態について解明する。分析対象は、ＩＮＰＡの前身組織が一九五〇年代から整備した三三カ所の遺跡とＩＮＰＡによって国立公園・自然保護区内で保存・活用された四八カ所の遺跡であり、これらの遺跡の選定にみられる特徴と保存・展示の特徴について考察を加える。ＩＮＰＡは、一九六〇年代以降、イスラエル政府主導による文化遺産マネジメントの基盤となってきた組織の一つであり、ＩＮＰＡの活動を通時的に考察することは、同国の文化遺産マネジメント政策における特徴の理解に資する。さらに本書では、イスラエルで実施されている非政府団体による文化遺産マネジメントにも焦点を当て、その活動と特徴について論じる。そして、予備的考察として、それらをイスラエル政府主導の文化遺産マネジメントと比較することで、同国における文化遺産マネジメントの多様性を浮かびあがらせる。

イスラエルにおける文化遺産マネジメントの歴史的変遷と実態を解明することは、単にこの特定地域の理解を深化させることだけではない。多民族・多文化を擁する地域では、程度の差こそあれ、歴史解釈の多元性をどのように表象するかという課題に直面している。イスラエルを含むパレスチナ地域は、多様な民族と宗教が交錯し、とくに遺跡の保護・活用においても多様な思惑が表出する典型的な地域である。こうした点で、当地域における包括的な事例研究は、今後多くの地域で遺跡と現代社会の関係性を考えていく上で、重要な視座を提供するものとなることが期待される。

「遺跡化」と「遺産化」

「遺跡」が「遺産」と認識されるためには、いくつかのステップを経る必要がある。そのステップとは、1発掘調査、2出土遺物・遺構の分析と解釈、3遺物・遺構の分析と解釈の成果公表、4現代の文脈における遺跡の評価、5遺跡の保存、6遺跡の活用である（図1）。1から3までは、地球上に残る膨大な過去の人びとの活動の痕跡の中から、学術的な意味を与えられた「遺跡」が誕生する「遺跡化」の過程を示している（山 2009, 78）。そして、4から6までは、歴史的な文脈で付与された遺跡の解釈が、現代の文脈において読み替えられていく「遺産化」のプロセスとなる。

遺跡を可視的に認識するためにも、その遺跡の評価の基本資料となる遺物や遺跡の状況を記録するためにも、発掘は重要なプロセスの一つである（図1のステップ1）。遺跡の発掘調査を行い、そこから出土した遺物や遺構を分析したり研究したりした結果、それらに対して学術的な解釈が与えられる（ステップ2）。ここまでの作業を担うのは、一般的に研究・教育機関に属する考古学者や行政の埋蔵文化財担当者である。このステップ2で、過

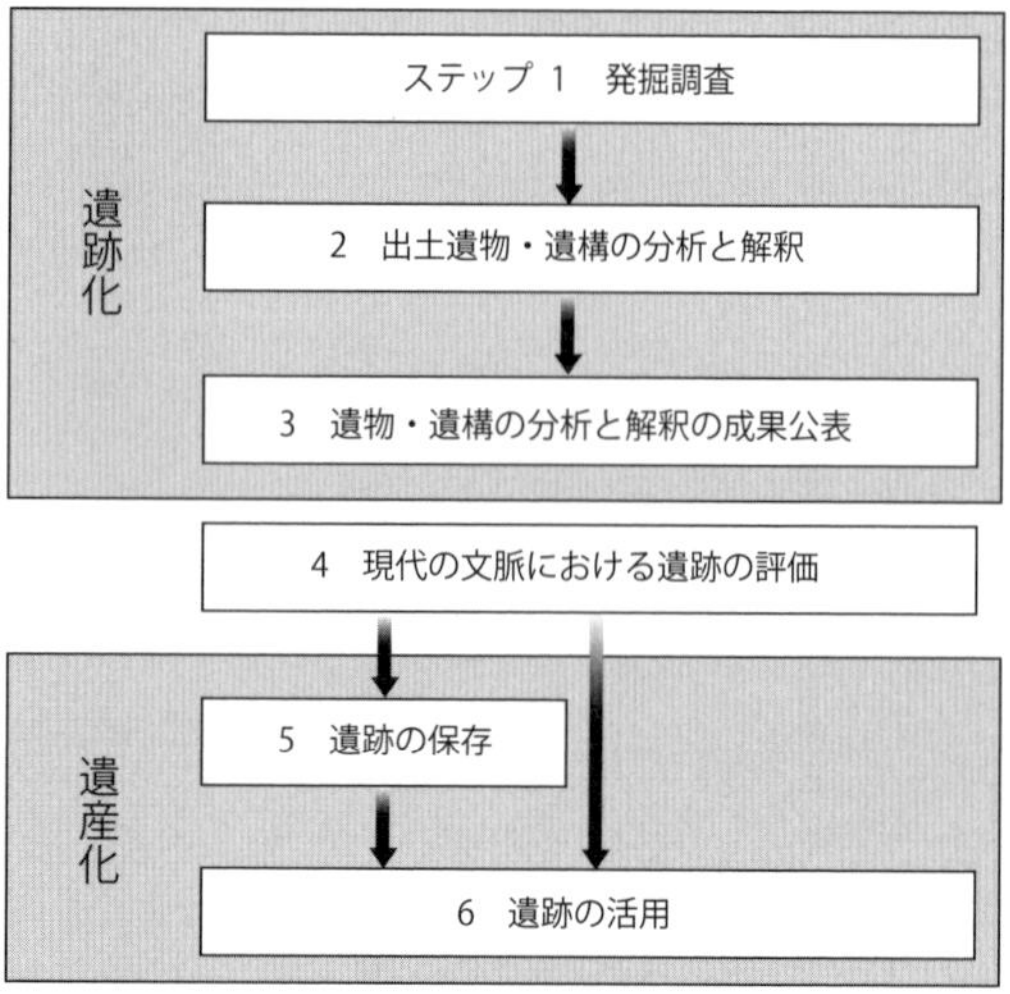

図1　遺跡化と遺産化の概念図

去の人々の営為の痕跡は、一般的に私たちが「遺跡」と認識できる存在になる。換言すれば、ある地点や範囲を遺跡と規定している根拠は、考古学者や埋蔵文化財担当者といった専門家の専門的な技術と知見に依るところが大きい。山は、歴史が現実性を伴って具現化する場所を「遺跡」と定義した上で、過去の痕跡に歴史が宿り、遺跡として認識されるようになることを「遺跡化」と定義している（山 2009, 78）。

ステップ1とステップ2で明らかになった遺跡の考古学的な情報や導き出された解釈が、報告書等の出版物、学会発表や講演等の口頭発表、あるいは遺跡説明会を通じて広く社会に発信される段階が、ステップ3である。これまで、研究者や埋蔵文化財関係者のみに限られていた情報の共有範囲が、一般市民にまで広がる。報告書や学会発表は、主に専門家が対象となっているが、講演会や遺跡説明会は非専門家を対象としていることが多い。このステップ3において、専門家が定めた遺跡の解釈が一般の市民に共有されていく。

遺跡が持つ価値の判断基準の時制をどこに設定するかは、「遺跡」と「遺産」を分ける重要なポイントの一つである。たとえば、考古学者が遺跡と向き合う時、時制は過去に設定されている場合が多い。ステップ1と2においては、過去の文脈において、遺跡がどのような様態であったか、過去の集団がその場でどのような活動を行っていたのか、といった問いに対する答えを物質文化から明らかにすることに主眼が置かれる。ところが、ステップ4、5と6では、考古学者たちが導き出した遺跡の評価をふまえた上で、現代の文脈において再解釈が行われる。ステップ4「現代の文脈における遺跡の評価」は、国際社会、中央・地方政府によって政策的に行われる場合と、地域の市民たちによって主導される場合がある。政策的に行われる場合、その価値基準は法令に明記される。日本の『文化財保護法』(一九五〇年)は、「文化財を保存し、且つ、その活用を図り、もって国民の文化的向上に資するとともに、世界文化の進歩に貢献すること」(第一条)を目的に制定された。たとえば同法第二条には、日本の文化財を定義する基準として、「我が国にとって歴史上又は芸術上価値の高い」や「学術上価値の高い」といった文言が繰り返し用いられている。「我が国にとって〇〇上価値の高い」という評価は、遺物・遺構が造られた当時の文脈において付与されたものとは異なっており、日本の文化財の価値は現代の文脈の中で、規定されていると言える。一方、地域社会によって現代的な価値が見い出されるものには、福岡県太宰府市の「市民遺産」や北海道の「北海道遺産」といったものがある。こちらは、地域社会にとっての重要性や市民の想いに重きが置かれ、遺産の価値付けが行われることが多い。

以上を踏まえ、本書では、過去の痕跡である遺跡に対して、現代の文脈から価値を付与して、遺跡を現代に生きる人々にとっても価値のあるものに変容させることを「遺産化」と呼ぶ。遺跡の「遺産化」に関わる利害を見いだす集団のことを、松田等は「利害集団 stakeholder」と定義している(松田・岡村 2012, 179)。前段で述べた価値の中には、専門家らの間で共有される考古学的・科学的価値だけでなく、非専門家である利害関係者が遺跡に対して抱く社会的・政治的・経済的・宗教的価値等が含まれる(Lipe 1984; Mason 2002)。

遺跡のプレゼンテーションとインタープリテーション

ここまで、「遺跡化」と「遺産化」について整理してきた。そもそも、遺跡が発掘され、記録後に後世まで保存されるように処置が施されるものは、全体のほんの一部である。建設工事等に伴う緊急発掘の場合、よほどの価値が認められない限り、記録保存に留まる。また、学術調査の場合でもあっても、すべての遺跡が保存されて、史跡として整備されるとは限らない。換言すれば、発掘された遺跡の中で、文化財として後世に残されるものは、とくに現代的な価値が高く評価されたものだということができる。

遺産化された遺跡の保存（図1のステップ5）、活用（ステップ6）において、一般的に用いられる手法の一つは展示である。本書で扱うイスラエルでは、保存された遺跡が国立公園や自然保護区の中で展示されているのをよく見かける。多くの場合、発掘調査で掘り出された状態で展示されているわけではなく、遺構・遺物の経年劣化を防ぐ処置や修復・復元が施されている。整備された遺跡には、その遺跡に関する説明板やパンフレットが準備され、一般の人でも遺跡の概要を理解できるようになっている。

地球上に残る膨大な過去の人々の活動の痕跡の中から、学術的な意味を与えられた遺跡が誕生することを「遺跡化」と定義した山は、遺跡が遺跡であると社会的に認知されるための仕組みを「遺跡化装置」と呼んでいる（山 2009, 83）。この遺跡化装置は、「遺跡が示す過去を語る言説（山 2009, 83）」が支配的になるように設置されるもので、その代表例としてパンフレットや案内板等の文字情報を発信するものと、遺跡を展示するための施設設備を挙げている。発信される文字情報は、主に遺跡から出土した遺物や遺構に関する学術的な評価を固定する機能を持っている。また、遺跡の復元等によって、学術的な解釈から再構成された歴史イメージを具現化する「遺跡付設型公園」も遺跡化装置に含まれる。山泰幸は、文字情報に比べて遺跡付設型公園は、遺跡が持つシンボルや神秘の力を増幅する作用がある傾向性を指摘している（山 2009, 84-86）。

ユネスコの記念物および遺跡の保護に関する諮問機関である国際的非政府組織・国際記念物遺跡会議International Council on Monuments and Sites（以後、ICOMOSまたはイコモス）は、二〇〇八年の『文化遺産のインタープリテーションとプレゼンテーションのための憲章ICOMOS Charter for the Interpretation and Presentation of Cultural Heritage Sites（以後、エナメ憲章）』の中で、社会に向けた文化遺産のインタープリテーションとプレゼンテーションのあり方の重要性を提案した（Silberman 2009, 7）。『エナメ憲章』は、それまでほぼ同意語として使用されてきたインタープリテーションとプレゼンテーションを明確に区別して定義付けをしたという点で特筆すべきものである。憲章によれば、インタープリテーションとは、文化遺産に関するあらゆる研究活動を指し、それは研究者だけでなく一般市民も含む全ての人によって継続的に行われ続けるものとされている（Silberman 2009, 8）。さらに、文化遺産に対する市民意識の増大と理解の促進に関わる潜在的な活動であると定義されており、その媒体として印刷物、講演会、文化遺産のある場所または遠隔地での案内板、教育プログラム等が挙げられている。(2) 対してプレゼンテーションは、文化遺産が所在する場所で得られる情報、直接的・間接的アクセス、そして解釈を促すための設備を整えることで、注意深く計画された解釈的内容のコミュニケーションに深く寄与するものだと定義されている。文化遺産に関する解釈的内容のコミュニケーションは、博物館型展示、ガイドツアー、マルチメディアの使用といった手法によってもたらされる。(3)

以上をまとめると、研究者あるいは一般市民が行う文化遺産に関する記述や解釈そのものが「インタープリテーション」、これらのインタープリテーションを文化遺産がある場所で取得できるように整備し、文化遺産が持つ代表的な解釈を発信することが「プレゼンテーション」と理解することができる。文化遺産について書かれたパンフレットや案内板等の情報も、展示施設や公園といった設備もプレゼンテーションに相当する。(4) もちろん、展示の中には、その文化遺産に付与された複数の解釈を訪問者に提示し、訪問者自身に文化遺産について改めて考えさせるような仕掛けを持つものもあるため、インタープリテーションとプレゼンテーションの境界線があいまいな場合もある。

ただ、山や『エナメ憲章』が、学術的記述や解釈とそれを基に再構成されたイメージを区別している背景には、遺跡展示が帯びている政治性が関係している。ここからは、プレゼンテーションを来訪者が遺跡にアクセスすることができる空間的な仕掛け、すなわち遺跡展示として考えてみたい。

「展示」とは、文化財や美術作品をある意図のもとに並べて、誰かに見てもらうための行為である。遺跡展示の場合、過去の痕跡として残存している遺構に、何らかの工夫を加えて、来訪者が遺跡の構造や機能を確認できるようにしたり、遺跡の学術的な情報を得られるようにしたりすることに主眼が置かれる。上で述べた工夫には、遺構の修復・復元、説明板・題箋の設置、導線の整備等が含まれる。また、遺跡は不動産であるため、遺跡展示をするためには、一定の広さの空間が必要となる。博物館や美術館における動産の展示では、その意図は並べる順番や説明板・題箋の内容で表現される一方、遺跡展示において、その意図が顕著に表れるのは、何が保存されているか、であろう。遺跡はその性質上、過去の状態のまま地中に埋もれて発見されることはほぼない。遺構にしろ遺物にしろ、何らかの破損あるいは劣化した状態で発掘されることが多い。さらに、遺跡は一度発掘調査がなされると二度と同じ状態に戻すことはできない。そのため遺跡展示では、パンフレットや説明板を通じた説明だけでなく、完全あるいは部分的な修復・復元を通して遺跡の過去の状態を想起させる工夫が見られる。この工夫こそが、先に述べた「遺跡化装置」の施設設備が果たす役割であり、また『エナメ憲章』が定義するプレゼンテーションの機能にあたる。

ただし、他の展示活動と同様、遺跡の展示においてもその政治性を等閑視することはできない。そもそも、展示という行為が持つ政治性については、多くの研究者等が指摘している。金子の言葉を借りれば、展示は「ある一定の解釈や意図に基づいて構成されているため、価値のコントロールが不可避に組み込まれて」おり、そうした特性ゆえに「特定の価値を普及する」手段として用いられてきた（金子 2003, 56）。とくに歴史展示は、一般的に「正史」として正当化する場所という認識が持たれている（金子 2003; 松宮 2003）。遺跡展示の場合、積み重ねられた歴史のどの側面にスポットライトを当てるかで、その遺跡が照らし出す歴史像は異なってくる可能性をはらんでいる。とりわけ、国による史跡整備では、国家の歴史観がその展示のあり方に影響を及ぼす可能性は十分に考えられる。したがって、遺跡の保存と展示を通して、遺跡そのものが「表現」している歴史的な情報やイメージは、必ずしも考古学的手法によって導き出された歴史解釈を完全に反映しているとは限らない。なぜならば、不可避的に展示企画者の意図が含まれるだけでなく、現存する遺跡の状態や規模によって、遺跡が表現できる歴史的情報やイメージは限定されるからである。

イスラエルにおける文化遺産の定義

これまで文化遺産研究は、考古学、文化人類学、社会学、建築学、文化財保存科学等の分野において行われてきたが、その中で提示されてきた遺産の定義をまとめると次のようになる。従来の文化遺産の定義では、有形、無形、動産、不動産に関わらず、過去から継受された過去の痕跡であることが前提となっているが、ウォルシュ等は、そこには文化遺産が過去から受け継がれる際に付随する国家、集団、個人が持つ現在的な歴史観をも含むとしている（Walsh 1992; Harvey 2001; Smith 2006）。また山村は、文化遺産はある集団が継承すべき歴史的・文化的価値を認めた物事・事象の総称であり、さらに資源を継承していくために必要な、その「資源」と「人間」とを結びつける多様な社会的・文化的総体を指した概念であると説明している（山村 2012, 36-37）。しかし、現代に生きる人々が持つ過去の事象や物事に対する想いが含まれるということは、過去の解釈に現代の価値観が反映されることでもある。そのため、文化遺産とは、過去の物事や事象を現在の価値観に填まるよう再解釈した産物である、と指摘する研究者もいる（Lowenthal 1997, XV; Munasinghe 2005, 253; 西村 2006, 2）。

先行研究の議論をふまえた上で筆者自身の定義を提示すると、遺産とは「現代社会のコンテクストにおいて、過去から継承された事物や事象が持つ歴史的評価の価値が再解釈された」ものであり、過去から継承された事物や事象に対して現代的な価値を見いだす、あるいは与えて、保護・活用することが文化遺産マネジメントだということができる。

では、本書で取り上げるイスラエルの文化遺産とは、具体的に何を意味するのであろうか。

ドイツからの移民者である建築家A・シャロンは、イスラエルが独立宣言を行った一週間後に、国土開発案を携えて政府に赴いた。この国土開発案は、通称「シャロン計画」と呼ばれ、実質的な国家建設の基本計画となった（Lissovsky 2012, 64）。シャロンは、国家基本計画における理念を説明した際に、国立公園建設は国民の精神的な拠所の構築に必要であると述べている（Sharon 1952, 71）。加えて、国立公園に遺跡があることの意義を次のように述べている。

> 自然区域と余暇区域の中には、重要な史跡も含まれている。なぜなら、イスラエルは非常に歴史的な場所だからである。私たちがどこに行こうが、必ず私たちの国家の過去の栄光、たとえば考古学者に未だ発掘されていない巨大な建造物、古代の墓、あるいは古いテル（遺丘）に出会うであろう。こうした史跡に価値があるのは、単に科学的な理由だけではない。それらは、私と土地と土地の崇高な歴史とを結び付けてくれる。我々の目的は、植林活動やハイカーや観光客のためのウォーキングコースが含まれる国家計画において、自然保護区と国立公園が史跡と一体化することである。（Sharon 1949）

シャロンの発言からは、土地に残る過去の痕跡を保護する場所として国立公園と自然保護区が想定されていることがわかる。その理由は、国立公園と自然保護区を通じて国家が提供すべき「故郷」の歴史文化を早々に規定する必要があったからで、この点はシャロン以外の複数の政府機関関係者も指摘していた（Lissovsky 2012, 64）。

イスラエルは、一九七八年の『イスラエル古物法 Israel Antiquities Law 1978』において、古物の定義を示している。ここでは、紀元後一七世紀以前の遺物・遺構を古物と定めている。

古物 antiquity とは、

（1）紀元後一七〇〇年以前に人間によって造られたあらゆるものを指し、後世に付加され、そのものにとってなくてはならない部分も含む。

（2）紀元後一七〇〇年以後に人間によって造られたものであっても、歴史的価値が高く、（イスラエル古物局）長官が古物と宣言したもの。

（3）紀元後一三〇〇年以前の動植物遺存体。(5)

ところが、イスラエルの埋蔵文化財あるいは歴史的建造物等に関わる法律の条文には、「遺産」(6)という用語は見当たらない。二〇〇三年にイスラエル古物局 Israel Antiquities Authority が作成した『建造物の遺産保存に関する指針 Policy for the Conservation of the Built Heritage』の中で、初めて「遺産」という用語が登場する。この指針は、『イスラエル古物法』と『イスラエル古物局法 Israel Antiquities Authority Law 1989』に基づき、遺跡や歴史的建造物を保存する際の技術的なガイドラインを示している（Israel Antiquities Authority 2003, 10）。少し長いが、遺産についての記述を見てみたい。

まず、冒頭ではイスラエルにとっての文化遺産の定義が述べられている。

文化遺産は、イスラエルの文化的多様性と豊かさの表れであり、イスラエルのアイデンティティの定義に資するものである。遺産は人々とその国、コミュニティとその景観、そして個人とその過去のつながりを強め、社会的結束を生み出すことにも資する。イスラエルにある多様な多くの文化遺産は、独特なイスラエルの経験とアイデンティティを表す有形の考古学的・歴史的証明である。それらは、イスラエルにおける民族的・文化的コミュニティの範囲を反映しており、それらは私たちの今日的アイデンティティ、私たちの過去、そしてイスラエルの景観の成り立ちを教えてくれる（Israel Antiquities Authority 2003, 11）。

ガイドラインの第一章第一節の「定義」では、建造物の遺産の具体的な内容が示されており、そこには遺物・遺構、水中遺跡、廃墟、歴史的建造物、歴史的建造物群、歴史時代の集落・都市・公園、古代の農耕地、そして文化的景観が含まれている（Israel Antiquities Authority 2003, 11）。つまり、イスラエルにおける文化遺産は具体的には上記のものを含み、そして「イスラエルの文化的多様性と豊かさの表れ」で、「社会的結束を生み出す」ものでもあり、「独特なイスラエルの経験とアイデンティティを表す有形の考古学的・歴史的証明」という今日的意義を持つと理解されている。こうした思想は、イスラエルが建国された一九四八年に突如誕生したわけではなく、その起源はイギリス委任統治時代にさかのぼることができる。パレスチナ地域における「文化遺産」概念の誕生の経緯については、第四章で詳しく考察する。

本書の構成

本書は全Ⅲ部、序論、各論（第一章から第八章）、および結論から構成される。

序論では、本研究の目的とそのために用いる視点について説明する。そして、本書で扱う二つの分析の対象と手法を示す。

第Ⅰ部の第一章と第二章では、文化遺産の定義とイスラエル社会の概要を示した後、第三章では、イスラエルの文化遺産マネジメントに関わる先行研究を三つのテーマから検討する。一つ目は、考古学・文化遺産の政治利用、二つ目は宗教と文化遺産、三つ目は観光と文化遺産に関する先行研究である。そして、本研究分野に内在する問題点と本研究の立脚点を明らかにする。

第Ⅱ部から第Ⅲ部では、大きく分けて二つの分析を通じて、イスラエルにおける文化遺産マネジメントの特徴と歴史的な全体像を解明する。一つ目の分析の目的は、遺跡や歴史的建造物の保護・活用に関する法制度を中心に、パレスチナ地域／イスラエルの文化遺産マネジメントの歴史的変遷を理解することである。第四章では、オスマン帝国末期から現在までに遺跡等の保護と活用に携わった人物や学術・行政機関の活動に焦点を当てながら、文化遺産マネジメントに対する価値観や制度が形成されていった過程を明らかにする。第五章ではパレスチナの文化遺産マネジメントの現状や世界遺産登録に焦点を当てながら、イスラエルとパレスチナとの間に立ちはだかる文化遺産の所有権をめぐる課題を地政学的視点から考察する。

第六章では、政府主導の文化遺産マネジメントの事例として取り上げる国立公園と自然保護区を規定する法律の条文分析を行う。国立公園・自然保護区に関する主要な法律は、一九六三年、一九九二年および一九九八年に施行された。これら三つの法律における用語の変遷を分析し、主に国立公園と自然保護区の定義とその運営・管理のあり方における変遷と特徴を抽出する。

二つ目は、当地域の文化遺産に係る法制度の枠組の中で、実際のマネジメントがどのように行われてきたのかを明らかにすることを目的とし、第Ⅲ部第七章と第八章にわたって行う。第七章では、国立公園・自然保護区の中にある遺跡の遺産化がどのように実施されてきたのかを解明するため、国立公園・自然保護区制度で保存対象となった遺跡を取り上げ、その選定および国立公園・自然保護区における展示の特徴について考察を加える。第八章では、比較事例として非政府団体が主体となって行われている四つの文化遺産マネジメントの事例を対象に、組織の概要、マネジメントしている文化遺産の内訳、マネジメントしている文化遺産の特徴を論じる。そして、第七章で示した政府主導の文化遺産マネジメントの相違を明らかにする。

結論では、当該地域の遺跡や歴史的建造物に関する価値観や制度の形成過程、そして政府主導と非政府団体主導の文化遺産マネジメントの全体像とその特徴について述べる。

研究対象および研究手法

本書では、主に二つの分析を通して、イスラエルにおける遺跡のマネジメントの歴史的な全体像と特徴を解明する。各分析の研究対象と手法は次の通りである。

1a パレスチナ地域／イスラエルの文化遺産マネジメントの歴史

第四章はイスラエルを中心に、第五章はパレスチナも含めた文化遺産マネジメントの歴史を紐解いていく。とくに第四章では、イギリス委任統治時代の行政文書やプロ・エルサレム協会の活動報告書、イスラエル古物・博物館局やＩＮＰＡの資料を中心に、遺跡等の保護・活用に携わった人物や学術・行政機関の活動とその背景を叙述する。また、現行の法制度の形成過程を描き出すため、オスマン帝国以降に施行された文化遺産に関連する法律の中でも主に、『古物条令 Antiquities Ordinance 1920（以後、一九二〇年古物条令）』、『古物条令第五一号 Antiquities Ordinance No. 51 1929（以後、一九二九年古物条令）』、『イスラエル古物法』および都市開発関連法を参照する。

1b 国立公園・自然保護区に係る法律

第六章ではイスラエルにおける文化遺産マネジメント制度の中でも、本書で政府主導の文化遺産マネジメントの核として取り上げる国立公園と自然保護区を規定する法律の条文分析を行う。そして、国立公園と自然保護区で保護されるべき文化遺産の定義とそのマネジメントの方法を解明する。

『国立公園・自然保護区法 National Parks and Nature Reserves Law 1963（以後、一九六三年国立公園・自然保護区法）』後、国立公園と自然保護区、そして一九九二年以後に追加された国立史跡と記念史跡に関する組織法、計画法、管理法がまとまった基本法が一九九二年と一九九八年に施行されている。第六章では、主に『一九六三年国立公園・自然保護区法』、『国立公園・自然保護区・国立史跡・記念史跡法 National Parks, Nature Reserves, National

Sites and Memorial Sites Law 1992（以後、一九九二年国立公園・自然保護区法）』、『国立公園・自然保護区・国立史跡・記念史跡法 National Parks, Nature Reserves, National Sites and Memorial Sites Law 1998（以後、一九九八年国立公園・自然保護区法）』の三つの法律の条文を対象とする。各法律の条文の中でもとくに、国立公園と自然保護区の定義とその運営・管理のあり方における変遷と特徴を抽出するために、第二節で国立公園と自然保護区の定義を、第三節では⑴国立公園と自然保護区指定の手続き、⑵ＩＮＰＡの役割と権限、⑶評議会と総会の役割と権限に関する条文を重点的に比較する。

2a　政府主導の文化遺産マネジメント

二つ目の分析を行う第七章では、イスラエル政府主導による遺跡の遺産化の事例として、国立公園・自然保護区制度で保存対象となった遺跡を対象とする。その選定の傾向性と国立公園・自然保護区内での展示の特徴を明らかにするため、報告書等で報告されている遺跡の時代を指標にして、類型項目を設定した。この類型項目を用いて、まずＩＮＰＡの前身組織である歴史・考古・宗教遺跡改善委員会 Committee for Improving Historical, Archaeological, and Religious Sites と景観改善および史跡開発局 Department for Landscape Improvement and Development of Historical Sites（以後、史跡開発局）によってマネジメント対象となった三三カ所の遺跡を、次にＩＮＰＡが誕生した後に国立公園あるいは自然保護区整備の一環としてマネジメントされた遺跡四八カ所を対象に分析を行い、それらの特徴について考察を加える。最後に、国立公園ないし自然保護区の保護対象となった遺跡の「何」が展示されたのかを明らかにするため、発掘調査によって明らかにされた文化層・遺構と展示された後のそれらを比較し、そこから読み取れる遺産化について論じる。

2b　非政府団体主導による文化遺産マネジメント

第八章では、第七章で明らかになった政府主導による文化遺産マネジメントと比較するため、非政府団体が実施している文化遺産マネジメントの特徴について考察する。分析対象は、ユダヤ民族基金、イスラエル史跡保存協会、西壁遺産財団、そしてフランシスコ修道会の四団体で、それぞれの組織の概要、マネジメントしている文化遺産の内訳、マネジメントしている文化遺産の特徴を論じ、ＩＮＰＡを中心に実施されている文化遺産マネジメントとの相異を明らかにする。

第Ⅰ部　イスラエルの文化遺産の概要

第一章　文化遺産の定義の歴史的変遷

一　「遺産」の定義の特性

文化遺産をテーマとする研究は、考古学、文化人類学、社会学、建築学、文化財保存科学等の学問分野を中心に展開されてきた。その背景には、文化遺産が過去から受け継がれた古物だけでなく、何らかのコンテクストの中で現代社会と関係を常に保ち続けている点が認識され始め、審美的な側面以外からの関心が高まってきたことが挙げられる。また昨今では、文化遺産がもたらす政治的・経済的利益に着目し、文化遺産を戦略的に用いた文化政策も各地で行われていることから、政治学、都市工学、観光学からのアプローチも散見される。

文化遺産研究は、トップダウン型の文化財行政やボトムアップ型の市民主導による文化遺産マネジメントの実践とが相互に影響し合う様相をとらえながら、いまもなお深化と拡大を続けている。従来の文化遺産研究で示されてきた文化遺産の定義はおおむね次の点を踏まえている。すなわち文化遺産とは、過去から継承された記念碑・歴史的建造物・遺跡といった有形のものだけでなく、慣習、描写、表現、知識等の無形のものも含む。そして、現在を生きる集団がそれ（等）を「われわれ」と何らかのつながりがあると認識し、次の世代に継承したいと意識した時点で、それ（等）は、単なる有形・無形のモノ・コトから「遺産」へと変容する（Sørensen & Carman

2009, 11-28; Harrison 2009, 5-42)。換言すれば、法律等で公的な保護の対象となったモノやコトでなくとも、わたしたち個々人がそのモノ・コトの重要性と価値を認識し、次世代に継承したいと考えた時点で、「遺産」が創出されるのである。したがって、遺産は固定的な定義を持つものではなく、その時々の価値観に基づいた枠組の中で再定義された過去のモノやコトを意味するとも言うことができる（Lowenthal 1997, XV; Munasinghe 2005, 253; 西村 2006, 2; 村野 2015, 86）。このような構成主義的な定義が一般的になってきた背景には、ユネスコの文化遺産制度の方針転換や考古学や文化遺産マネジメントに市民が参画してきたこと等が関係しているが、その点については次節以降で述べる文化遺産の定義の歴史的変遷の中で述べたい。

二 「遺産」の定義の歴史的変遷

ここでは、各時期に遺産がどのように理解され、「誰が」、「何のために」、遺産を保護してきたのかを歴史的に振り返る。古物に対する保護が開始されて以降の歴史的経緯をひもとくと、五つの段階を経て現在に至っていることがわかる。

第一期　権力者の権威発揚のための遺産――紀元前一世紀―紀元後一六世紀

その時点よりも前の時代の物（古物）を収集して保管するという行為は、すでに紀元前一世紀のローマ帝国で行われていたと言われている。ローマ時代における「過去」とは、すなわちギリシア時代を指し、ローマの歴代皇帝は主にギリシア文化に関わる古物の収集を行っていた（川村・根木・和田 2002, 2）。以後、支配者や権威者等による古物収集の趣味は、ヨーロッパの王侯貴族たちに受け継がれていった。紀元前一世紀から紀元後一六世紀まで続く、こうした支配者・権威者（層）による古物収集の目的は、歴史的・審美的な価値を持つものを後世の人々のためによりよい状態で残すことではなく、もっぱら自らの権威発揚のためであった(1)。

第二期　国家の権威発揚のための遺産──一七世紀─一八世紀

一七世紀に入ると、封建的・絶対主義的国家体制を否定し、近代的市民国家を目指す動きがヨーロッパ各地で起こり、とくにイギリスやフランスでは市民革命という形で表出した。革命を主導した市民たちは、封建的・絶対主義から解放された、自立した自我を持つ個人の集まりとしての社会を目指していた。このような社会変化の中で、それまで支配者や権威者の個人的な趣向のため、あるいは彼等の権威発揚の道具として扱われていた古物は、一七世紀以降、その役割を変化させていくことになった。従来の封建制度や王権神授説が崩壊し、市民革命や啓蒙思想が拡散したため、各国は市民に対してこれまでとは異なった枠組を通じて国家意識やナショナリズムを造成する必要があった。そこで支配者たちは、帝国内に残る過去の痕跡、すなわち遺跡等の古物を通じて民族意識を高め、国家の社会的な存在理由と正当性を誇示しようとした。一七世紀から始まる第二期では、遺産は国威発揚のためのものであった。

国家のために古物を保護する制度を初めて設けたのは、スウェーデンであった。一六六六年、スウェーデン国王カール一一世は、「わが祖先と全王国の名誉を高めるような記念物」の保護を定めた遺跡保護に関する布告を出した。カール一一世が指し示す記念物とは、過去の栄光を彷彿とさせる巨大な都市遺跡や、民族の誕生に関わるような神話・伝承にまつわる美術品のことで、それらが、重点的に国家主導で保護されていった(Sørensen & Carman 2009, 14)。イギリスでは、一八八二年に最初の文化財保護法である『古代記念物保護法 Ancient Monument Protection Act』が成立した。つづいてフランスでも、一八八七年に『歴史的および芸術的価値を有する記念物と美術品の保護に関する一八八七年三月三一日の法律(2)(一九一三年以降は歴史的記念物法 Loi du 31 décembre 1913 sur les Monuments Historiques に改正)』が文化財保護法の基盤として整備された(Harrison 2013, 44)。

遺産の管理は、依然として国家の支配者によって行われていたが、第二期の後半になると遺産保護の目的の中に「市民のため」という意識が込められるようになった。新しい国家体制に移行する西欧諸国が、遺産を用いて国家存続の正当性を示そうとした手法は、政治的であると言わざるを得ない。しかし第一期に遺産に触れることができたのは支配者・権威者のみであったのに対し、第二期では、市民が過去の国家の栄光を示す具現化した歴史として遺産に触れることができるようになったことは、大きな変化と言える。

第三期　公共圏のための遺産――一九世紀―二〇世紀

一八世紀末、ヨーロッパでは「公共圏 Public Sphere」という概念が登場した。公共圏は、ドイツの哲学者、社会学者であるJ・ハーバーマスが提唱した、既存の「国家 Statehood」と「個人 Private」の間にある社会的な位置づけを表した用語である。現代社会学事典によれば、公共圏とは、市民がともに関心を抱く事柄について意見を交し、意思形成を行う、公権力によって統制されない公共の議論の空間を意味する（大澤他 2012, 395-396）。

こうした概念を遺産に当てはめた議論では、公共とは「その社会・文化について議論し、その生産物を享受する個人の集合体（Merriman 2004）」であるとする意見や、「遺跡や文化遺産を基盤資産（コモンズ）の一部である経済的・教育的資源として享受し、未来へと継承していく実践的集団（加藤 2009, 32）」といった考え方が示されている。遺産を管理する目的だけでなく、管理主体も国家と個人の間にある公共圏に属する集団が担うべきだという考え方が台頭したのが、第三期にあたる。これまで、遺産の管理に関しては蚊帳の外であった市民がそれに参画してきた背景には、この時期に、市民の中でも高い教養を身につけた階層が、帝国の歴史、ひいては自国民の歴史を学ぶことを重要視したことが挙げられる（Harrison 2013, 43; Kohl & Fawcett 1995; Trigger 1996）。その中で、過去の自民族の活動の痕跡である遺産を保護していくことが、帝国存在の歴史的根拠を補強していく役割を果たしたと考えられる。また、国内に残る自然環境さえも、公共財として捉え、保護していく動きが、国家と地縁的つながりを持つ市民（地域社会）によって進められた。

市民等による集団が主体となった事例としては、公共保留地のためのマサチューセッツ州評議委員会Massachusetts Trustees of Public Reservation（一八九〇年アメリカ）、史跡および自然のための英国ナショナルトラストBritain's National Trust for Places of Historic Interest & Natural Beauty（一八九四年イギリス）、米国科学・歴史保存協会American Scientific & Historic Preservation Society（一八九六年アメリカ）がある（Hall 2011, 3）。またイギリスでは、中世から使用されてきた司教座教会堂の保存活動も、地域の遺産保護の活動の一環として行われた（Hall 2011, 155-179）。こうした市民による遺産保護の活動は、帝国から一方的に提示された「公式な遺産Official Heritage」ではなく、市民が自ら「発見」し保護していく「非公式な遺産Unofficial Heritage」を生み出すきっかけとなった（Harrison 2013, 15）。非公式な遺産は、帝国にとってではなく、個人や公共圏にとって重要であることが価値基準となり、慣習や伝統等もその範疇に含まれた。

国家も、これまでのような支配者の趣向の延長線上での遺産管理という態度を改め、公共の財産としての遺産管理を行う体制を整え始めた。まず、遺産管理の専門的な組織を国として運営し、その中に文化財修復史や建築史の専門家を配した。さらに、国にとって重要な財産を保護していくための、法制度の整備に着手した。たとえばイギリスでは、一八八二年の『古代記念物保護法』に基づき、古代記念物調査官と呼ばれる専門職員が、国内に残る一七〇〇年以前の古物の悉皆調査を実施すると同時に、それらの保存状態に見合った修復計画を政府に提案した。初期の『古代記念物保護法』では、古代記念物の対象から私有財産を外したため、当時も使用されていた教会堂や住居等は保護の対象にならなかった。その後、法改正を経て、私有財産であるもので可能なものは所有者から購入し、国家の遺産として保護した。初代の古代記念物調査官であったA・H・L－F・ピットリバースは、一八八二年から一八九〇年の間に、購入したものも含めて四三カ所の古物や記念碑を国家の遺産として登録した（Harrison 2013, 51-52）。

第四期　普遍的な価値を有する遺産の誕生

記念碑・歴史的建造物・遺跡等を、人類共通のものとみなす考え方が一般化したのは、二十世紀半ば以降である。一九三一年にアテネで開催された第一回歴史的記念建造物に関わる建築家・技術者国際会議で採択された『歴史的建造物の修復のための国際憲章 Athens Charter for the Restoration of Historic Monuments（以後、アテネ憲章）』において、次のような考え方が国際社会の間で共有された。

建築的に価値のある様々なものは、単体の建物であれ、都市全体であれ、保護されなければならない。（中略）それらは過去の貴重な目撃者として尊重されるものである。（中略）それらは人類の遺産の一部分を形成する。そしてそれらを所有する者、あるいはそれらの保護を担う者は皆、この気高い遺産をそのままの形で後世へと伝えるために、合法的に行えることはすべて行う責任と義務を負っている。[3]

この考え方は、同会議の参加者から賛同を得て、一九四六年に設立した文化遺産の保存および修復の研究のための国際センターの設立へとつながっていった（『ベニス憲章』序文）。

二度の世界大戦を経験した世界は、自国内の文化的感覚だけでなく、世界共通の文化遺産概念を持つことの重要性を認識し始めた。そして、一九四六年に国際連合の専門機関として教育科学文化機関 United Nations Educational, Scientific and Cultural Organization（以後、UNESCO あるいはユネスコ）が誕生し、その第五回総会において、人類共通の遺産の保護は、ユネスコの重要な活動の一つとして認定された。

『アテネ憲章』から三三年後の一九六四年に、第二回の歴史的建造物に関わる建築家・技術者国際会議が開催され、複雑化し多様化していく歴史的建造物の保護に関する諸問題に対処するための『記念建造物および遺跡の保全と修復のための国際憲章 International Charter for the Conservation and Restoration of Monuments and Sites（以後、ベニス憲章）』が採択された。『ベニス憲章』の一年後、一九六五年にこの憲章の精神を国際的に実現する組織として、イコモスが誕生した。そして、一九七二年に『世界の文化遺産および自然遺産の保護に関する条約 World Heritage Convention（以後、世界遺産条約）』が締結され、国際社会主導型の文化遺産マネジメントが幕を開けた。

世界遺産制度の基盤となっている文化遺産と自然遺産に対する保護の思想は、二つの発案が融合する形で誕生したと言われている。一つ目は、一九六〇年代にエジプトのアスワン・ダム建設に伴い、水没の危機にあったナイル川沿いの遺跡を、ユネスコが中心となって救済したことに端を発する。エジプトでの成功を受け、ユネスコは引き続き、イタリアのフィレンツェやヴェネチアの歴史地区、インドネシアのボロブドゥール遺跡、アフガニスタンのバーミヤン遺跡、パキスタンのモヘンジョダロ遺跡等で、国際社会からの技術的・資金的援助を受けた保護活動を展開し始めた。従来、国家の枠組の中で行われてきた文化遺産の保護を、戦時平時を問わず、国際社会が協力して推進していくことが有効であると確信したユネスコは、一九七〇年代に本格的な体制作りに入っていった。

もう一人の世界遺産制度の発案者は、アメリカである。古くから遺跡や記念碑等の古物と自然環境を保護する枠組として国立公園制度を用いてきたアメリカは、一九六〇年代から国際社会においても文化遺産と自然遺産を融合させた保護体制を確立すべきであると主張してきた。最終的に、ユネスコとイコモスが準備してきた国際的な文化遺産保護の条約は、アメリカの主張を採りいれる形で、一九七二年の『世界遺産条約』の提案・採択に至った（青柳・松田 2005, 6-7）。

現在、『世界遺産条約』に加盟している国は、一九三カ国であり[4]、世界のほとんどの国が『世界遺産条約』に締結しているということになる。条約締結国の具体的な義務の一つは、世界遺産基金への定期的な分担金の支払いである。世界遺産基金は、世界遺産を保護する活動のために使用される。また、世界遺産の認定を行う世界遺産委員会は、条約締結国から選ばれた二一カ国で構成されており、この委員会に出席することも彼らの義務の一つと言える。

各条約締結国は、自国の領域内にある文化遺産や自然遺産を世界遺産に登録するために、年一回開催される世界遺産委員会に向けて準備を行う。まず、登録推薦候補を示す暫定リストに登録する推薦物件を選定する。登録推薦物件の条件は、保護および整備のための効率的かつ積極的措置が自国において確保されていること[5]、そして評価基準の一つ以上に合致する世界的に見て類まれな価値を有し、『世界遺産条約』が指定する諮問機関による調査と世界遺産委員会の審査を通過する必要がある[6]。これらの条件を満たした物件が、世界遺産委員会で審議され、登録の可否が決定される。

第五期　遺産の定義の多様化

元来、権威者の個人的な趣向から出発した文化遺産マネジメントのあり方は、二〇世紀後半には国連を基軸とする国際社会で認識を共有できるまでに広まっていた。とくに、一九七二年に世界遺産制度の運用が始まると、文化遺産は『世界遺産条約』に規定されるとおり（UNESCO 1972: World Heritage Convention, Article 1）、「記念物」、「建築物群」、「遺跡」から構成されるという理解が一般化した。しかし、世界遺産制度を運用していく中で、条文で定められた文化遺産の定義が必ずしも妥当でないという声が幾度となくあがり、ユネスコやイコモスはその定義について度々検討を加えてきた。

各地での政治や経済活動と文化遺産が結び付いていく状況に注目したユネスコは、画一的な価値基準に基づいた文化遺産マネジメントを推奨するのではなく、地域の人々の文化的価値や社会構造に適した文化開発政策を推進する方向に舵をきった。一九八二年にメキシコで開かれた世界文化政策会議で採択された『文化政策に関するメキシコ宣言 Mexico City Declaration on Cultural Policies』の前文では、各国の文化的価値や社会構造を考慮した文化の定義が改めて示された。

文化とは、特定の社会または社会集団に特有の精神的、物質的、知的、感情的特徴をあわせたものであり、また、芸術・文学だけではなく、生活様式や人類の基本的権利、価値観、伝統および信仰も含まれる。(7)

この宣言からは、文化には「知的、感情的特徴」が含まれ、さらには「人類の基本的権利、価値観、伝統および信仰」が混在し、現代社会に生きる人々と密接な関係性にあることが読み取れる。また同宣言において、文化遺産と「文化的アイデンティティ」との関連性が初めて言及され、文化遺産が「人々の主権と独立を守ることに寄与する」(8)と示されたことは画期的なことであった。一九七二年の段階では、世界遺産にとって重要なことは、「人類共通」の「卓越した普遍的価値を有する」ことであり、世界遺産は西欧的価値観に基づいた絶対主義の産物でしかなかった。しかし一九八二年の文化の定義には、「社会集団に特有の」という用語が盛り込まれ、文化には地域ごとの固有性があることが明示されたのである。文化や文化遺産が包含する多様性への気付きは、一九九四年に既存の世界遺産制度のあり方を大きく見直すきっかけとなった『世界遺産一覧表における不均衡是正および代表性・信頼性の確保のためのグローバル・ストラテジー Global Strategy for a Balanced, Representative and Credible World Heritage List』が新しく追加した遺産の種類、すなわち「文化的景観」、「産業遺産」、「二十世紀の建築」、「無形文化遺産」、「記憶遺産」の誕生へとつながっていく。

二〇〇二年、世界遺産条約三〇周年の世界遺産委員会で採択された「世界遺産に関するブタペスト宣言 Budapest Declaration on World Heritage」では、Cを頭文字に持つ四つの事項、すなわち「信頼性の確保 Credibility」、「保存活動 Conservation」、「能力の構築 Capacity Building」、「意思の疎通 Communication」が今後の重要な戦略目標として位置づけられ、その五年後に、「コミュニティの活用 Community」が追加された（菊地 2013, 136）。文化遺産保護と地域社会との連携強化を、文化遺産の周辺地域の社会的・経済的発展につながることの重要性が示され（長谷川 2009）、文化遺産と地域社会が協力し合う文化遺産マネジメントとして、地域密着型の文化遺産管理が推奨された。文化遺産保護における地域社会の役割はますます重要視され、二〇一二年に開催された世界遺産条約四〇周年のテーマが、「世界遺産と持続可能な開発――地域社会の役割 World Heritage and Sustainable Development: the Role of Local Communities」に設定されるほどであった。[9] パブリック考古学やコミュニティ考古学が志向してきたように、遺跡から得られた遺物・遺構といった物理的なものから発掘データや解釈といった知的なものにいたるまで地域社会と共有し、遺跡から生じた利益を地域社会に還元するための手法として、地域社会における人材育成や積極的な地域社会の参画が呼びかけられるようになっている。

第二章　イスラエル社会の重層性

一九世紀以降、オリエント地域に関する歴史研究は、考古学、歴史学、宗教学等を中心に蓄積されてきた。それは、当該地域の歴史が、多様な文化、民族、宗教によって構成されているからに他ならない。しかし、その多様な要素を併せ持つ歴史の特殊性ゆえに、当該地域の歴史研究や文化遺産は、各地域・各時代の為政者たちにとって自らの権威高揚の道具として好都合であった。二〇世紀に始まったシオニズム運動の結果誕生したイスラエルにおいても、遺跡や歴史的建造物は、その大半が移民で構成される国民のための歴史的象徴としての役割が求められた（Killebrew 2010 等）。こうした歴史的背景ゆえに、当該地域の考古学を含む歴史研究は、イスラエル社会と深く関わりを持ちながら発展し、同時に、民族的イデオロギーやナショナリズムを助長し、ユダヤ民族国家樹立の正当性確保に加担してきたという批判を浴びてきた。

そもそもナショナリズムという用語は、「ネイション」と「イズム（主義）」という二つの単語から成るが、日本語において「ネイション」とは状況に応じて「国民」、「国家」、「民族」と三種類の訳語が存在する（臼杵 2011, 203; 塩川 2008, 13）。そのため日本人にとっては、イスラエルにおける考古学や文化遺産がナショナリズムと強い結びつきを持っていたと言われても、一体「イズム」が国民と結びつくのか、国家と結びつくのか、あるいは民族と結びつくのか、あいまいで判断に困る。この複雑性の背後には、ディアスポラ後、長らく国家の枠組にとらわれずに、ユダヤ教という原初的絆を重視したエスニック集団（＝エトニ）であったユダヤ民族たちが、ナショナリズムという政治的な潮流の中で世俗国家イスラエル（＝ネイション）を建国したという歴史事象が関係している。本章では、考古学や文化遺産を国民の間に一体感を創出するための「文化的均質化政策」のツールとして利用し、過去の象徴的な出来事の共有を通して「われわれ」意識を生み出してきた（塩川 2008, 8; 168）と評されるイスラエル社会について説明する。

一　イスラエルの特殊性

イスラエルという国

イスラエルは、北をレバノン、北東はシリア、東はヨルダン、南西はエジプトと国境を接し、西は地中海に面している（図2-1）。パレスチナ地域は、古代よりメソポタミアとエジプトの二大文明の交流地域であり、その後もプトレマイオス朝エジプト、セレウコス朝シリア、アケメネス朝ペルシア、ローマ帝国、イスラム諸王朝、オスマン帝国といった国々の支配を受けてきた。[1] 一九一八年にオスマン帝国が崩壊すると、第一次世界大戦後のサイクス＝ピコ協定によりイギリスの委任統治へと移行した。それと時を同じくして、欧州を中心にシオニズム運動が展開され、一九四八年の独立宣言をもってイスラエルが誕生した。[2] 一九四八年第一次中東戦争、一九五六年第二次中東戦争、一九六七年第三次中東戦争、一九七三年第四次中東戦争と、周辺アラブ諸国と四度にわたり交戦した後、イスラエルは一九七九年にエジプトと、一九九四年一〇月にヨルダンと平和条約を締結した。一九九三年九月、パレスチナ解放機構とイスラエル政府は相互承認を行い、『暫定自治原則宣言（以後、オスロ合意）』に署名した。その後は『オスロ合意』に従い、ヨルダン川西岸地区とガザ地区においては部分的なイスラエル国防軍監視下のもと、パレスチナ暫定自治政府による自治が実施されている（図2-2）。

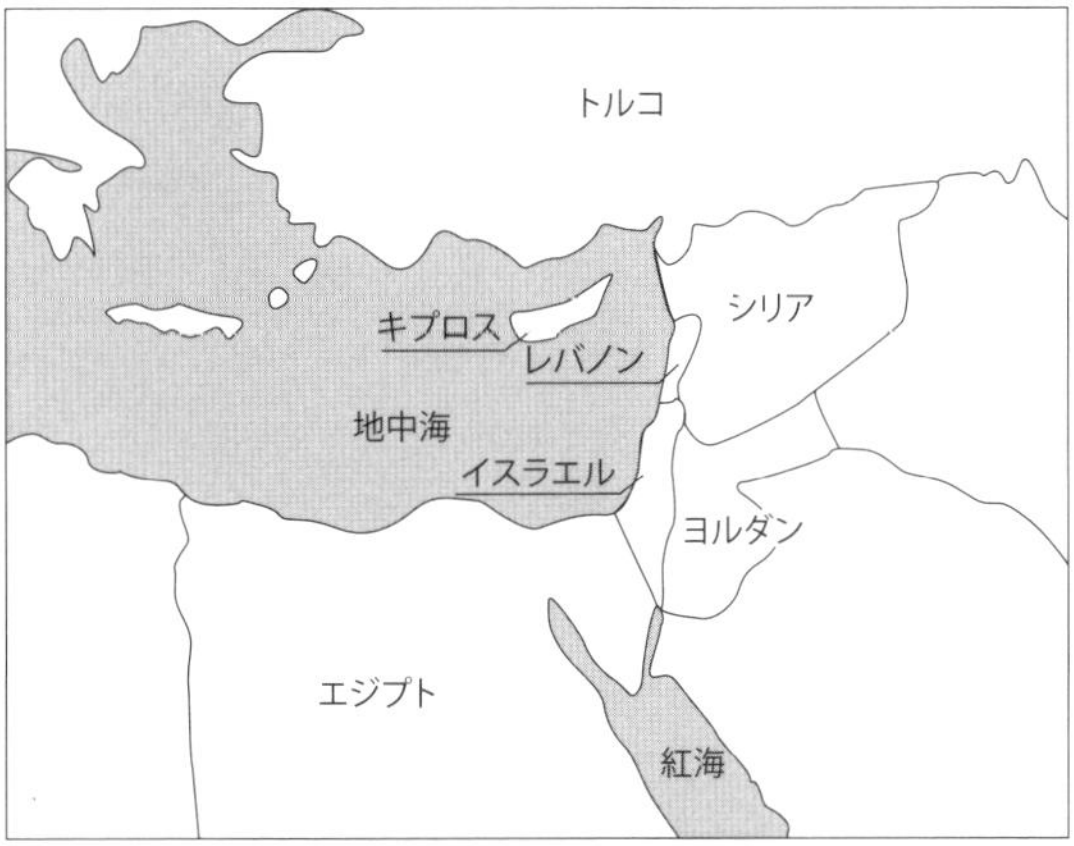

図 2-1　イスラエルの所在地

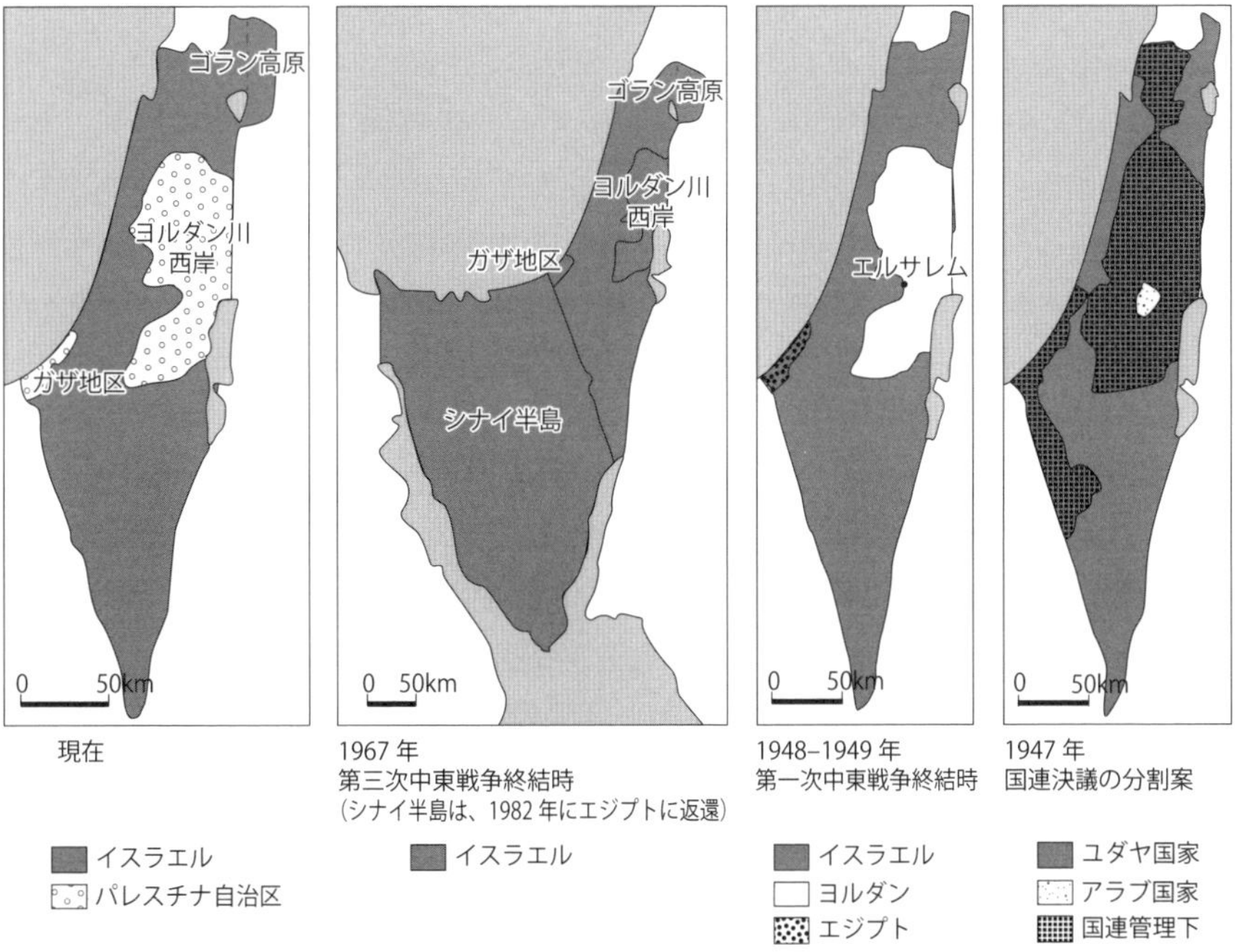

図 2-2　イスラエルの領土の変遷

多様な民族、宗教、文化が入り混じりながら歴史を織り成してきたイスラエルには、種々の文化の結晶のような文化遺産が豊富にある。加えて、当該地域はユダヤ教、キリスト教、イスラム教という世界三大宗教揺籃の地でもあり、それぞれの聖地が集中して存在する。さらにイスラエルが位置する南北わずか四五〇キロメートル程の地域は、ヘブル語聖書の『出エジプト記』や『ヨシュア記』等に「乳と蜜の流れる土地」と記された豊かで多様な自然環境が広がっている。狭小な地域に、地中海に面した肥沃な海岸平野、ガリラヤ湖からヨルダン川、さらに死海に続く海抜下の大地溝帯、海岸平野と大地溝帯の間に位置するなだらかな丘陵地帯、そして南部ネゲヴの荒涼たる岩石砂漠等を擁し、自然地形の変化に著しく富んでいる。この自然地形は、イスラエルに生息する動植物の多様性にも大きく影響を与えており、日本の四国程の面積に二五九〇種類の植物相、三万種以上の動物相を包含している（Yom-Tov & Tchernov 1988）。

イスラエルは国民国家か

現在のイスラエルは国民国家かという問題は、イスラエル建国の歴史的経緯と現在の領域内で暮らす住民の特殊性と深く関わっている。国民国家とは、一六四八年の『ウェストファリア条約』で確立された国家概念の一つで、前提条件として国民・領土・主権を持つことが求められる。この時に言及される国民は、英語でネイションと表現するため、邦訳の仕方によってはNation Stateを民族国家と理解することもできる（塩川 2008, 38-88）。本書で述べる国民国家の国民は、単一民族から構成されるものも多民族から構成されるものも含む。一般的に、多民族で構成された国民は単一民族で構成されたそれよりも、国民の一体性を醸成するための仕掛け、たとえば共通言語（国語）の形成、公教育の整備、国民皆兵制度等が必要となる。

シオニズム運動の指導者であるT・ヘルツルの著書『ユダヤ国家』には、「われわれは民族（a people）であり、ひとつの民族（one people）である（Herzl 1993, 15）」という一文がある。この一文により、ヘルツルが描いた国家の国民の基層にはあるのは宗教ではなく、民族であったことがわかる（大塚 2008, 330）。ただし、ヘルツルが著書の中であえてユダヤ教を強調せずに、民族性にこだわった理由は、ユダヤ教が持つ宗教的特殊性が影響している可能性がある。ユダヤ教は、キリスト教のような教義と信仰を軸とした宗教様式ではなく、むしろユダヤ人社会に共有された衣食住・言語・神話・儀礼・慣習・法体系・生活様式全体を規定する思考的枠組である（市川 2008, 3）。ユダヤ教の思考的枠組に含まれる要素は、すなわち国民国家を構成する国民が持つべき思考に共通する点が多い。

ユダヤ人たちは、中世以来、おもにヨーロッパ諸国とアラブ諸国にまたがって居住し、自治が認められた「民族と宗教が渾然と一体化した総合体（市川 2008, 3）」を形成して暮らしてきた。この共同体の指導者はラビであり、宗教法が社会の規範として用いられていたが、この宗教共同体の性質は、その後のシオニズム思想からは排除された。当時のヨーロッパ全体に脱宗教的な雰囲気が漂っていたこと、そして民族浄化運動による差別やナチスによる虐殺等を経験した一部のユダヤ人たちは、宗教国家の建設よりも、ユダヤ民族の存続を確保するために民族国家の建設を優先させるべきだ、と考えるようになったためである。また、政教分離が徹底された国民国家から構成される国際社会において、国民（ユダヤ人）を宗教のみによって定義するわけにもいかなくなったため、徐々に、新生国家イスラエルのあるべき姿として、宗教主義ではなく、民族主義の国家が認知されるようになった。

一九四七年一一月二九日に採択された国連総会決議一八一に基づき、イスラエルは翌一九四八年五月四日に国民国家を樹立した。しかし、この独立の際に読み上げられた宣言文が、イスラエルの国家原則の所在をあいまいにさせている（臼杵 1998; 2008）。独立宣言では、「ユダヤ民族の国家」や「イスラエル国として知られるユダヤ人国家」という文言とともに、「イスラエル国は、(1) ユダヤ人移民および離散民の集合のために開放され、そのすべての住民の利益のために国家の発展を促進し、イスラエルの諸預言者によって預言された自由、正義、および平和に基づき、(2) 宗教、人種、あるいは性にかかわらずすべての住民の社会的、政治的諸権利の完全な平等を保証し、すべての宗教の聖地を保護し、国際連合憲章の原則に忠実でありつづける[3]」と述べられている。この短い文章には、二つの異なる要素が含まれている。一つ目は(1)の部分で、イスラエルがユダヤ民族の国家、すなわち国民がユダヤ民族という単一民族で構成されることが前提条件であることである。対して、(2)は宗教や人種の区別なくイスラエル国民であれば誰に対してもその諸権利を保障するという国民国家であることを宣言している(臼杵 2008, 28)。(1)のみを突き詰めていけば、ユダヤ人とユダヤ教徒の厳密な境界線があいまいであり、それゆえユダヤ民族の国家であるイスラエルは、ユダヤ教国家であるという解釈を許容することにもなる。イスラエル政府は、(1)を担保するために、一九五〇年に離散状態にあるユダヤ人であれば自動的にイスラエル国籍を取得できる『帰還法 Law of Return』を制定したが、後述するように、同法でも十分な民族規定はされていない。後者の理念は、国内にイスラエル国籍を持つパレスチナ人を包含するという特殊な国民構成を生み出すことになった(臼杵 1998, 63-164)。独立宣言が含む二面性は、法的・政治的な視点から見れば、国民国家でありながら宗教的要素を法的・政治的にどこまで許容するのか、という問いかけになる。対して、宗教的・民族的に見ると、本来ユダヤ教という社会規範の中で暮らしていた民族と異教徒・異民族あるいはユダヤ教的思考を持たなくなったユダヤ人を「国民」としてひとくくりにすることは、ユダヤ人の崩壊につながるのではないか、という危険性をはらんでいるのである。

二　イスラエル国民の特殊性

イスラエル国民の多様性

第二節では、建国後にイスラエル国民となった人々について整理する。イスラエルは「サラダポット」と表現されるほど多民族国家であり、また国家そのものが国民国家と民主国家という二面性を有しているため(臼杵 1998)、イスラエル国民を一枚岩として語ることはできない。二〇一六年の時点で、八五八八万の人口の民族的な内

表 2-1　イスラエルの基本情報

面積	22,000 平方km（日本の四国程度）
人口	858 万人（2016 年 9 月イスラエル中央統計局）
民族	ユダヤ人（約75%）、アラブ人その他（約25%）（2016年9月イスラエル中央統計局）
言語	ヘブル語、アラビア語
宗教	ユダヤ教（75%）、イスラム教（17.5%）、キリスト教（2%）、ドルーズ教（1.6%）（2014 年イスラエル中央統計局）
首都	エルサレム
政体	共和制
元首	ルーベン（ルヴィ）・リヴリン大統領
議会	一院制（120 名）
政府	首相兼外相　ベンヤミン・ネタニヤフ

訳はユダヤ人七五％、アラブ人二五％で、宗教的にはユダヤ教が七五％、イスラム教一七・五％、キリスト教徒二・〇％、ドルーズ教一・六％である（表2‐1）。このような多様性を生み出した要因としては、ユダヤ民族の歴史的経験に起因するものと、イスラエル国家の存立に起因するものがある。

イスラエル国民の出自

古来より世界各地に離散したユダヤ人たちは、ユダヤ教徒であることは共通していたものの、各地の言語・文化を異にする集団を広く意味していた。初期にパレスチナに移民してきたのは、ロシア帝国の西部および中東欧にかけた地域に住み、イディッシュ語あるいはロシア語を母国語としたアシュケナジームと呼ばれるユダヤ人であった。建国後は、イベリア半島に起源をもち、元来スペイン語あるいはラディーノ語を母語とし、北アフリカやオスマン帝国領等に移住してきたスファラディームや、中東諸国に起源を持ち主にアラビア語を母語としていたミズラヒームの割合も増加した。つまりエスニシティという観点からみると、イスラエル国民となるユダヤ人は言語的にも文化的にも多様性を持つ集団と言える（塩川 2008, 127-128）。

こうした言語的・文化的に多様で、ユダヤ教のみに基づいた共同体であったユダヤ人たちを、政治的共同体であるイスラエル国民に転換しようとしたのが、シオニズムである（立山 2000, 31）。シオニズムは、一九世紀末に反ユダヤ主義の激化に対抗するための非宗教的、政治的解決案として生まれたもので、エルサレムにある「シオンの丘」への帰還（すなわちユダヤ人国家の建設）を目標とした政治思想・運動の諸潮流を表す総称である（臼杵 2009, 30）。シオニストたちは、ユダヤ教思想における強制的離散（ガルート）や贖罪（ゲウラー）という概念を政治的文脈に置き換え、ユダヤ人のための国民国家建設こそがガルート状態を脱し得る手段であると信じた。

ただし、シオニズムも決して単一的な思想ではなく、大きく分けて五つの潮流がある。一八九七年に世界シオニスト会議を設立し、ユダヤ人国家建設のための政治活動を始めたヘルツルが掲げた思想は、政治的シオニズムと呼ばれ、主に外交手段を通じて建国を目指すものであった。外交手段ではなく直接パレスチナに移住して、国家の基礎を自らの手で開拓しようとしたロシア出身のユダヤ人たちは実践的シオニストと呼ばれた。実践的シオニストたちは、事実第一回シオニスト会議が開催される以前から、世俗的なユダヤ人国家を目指して入植を開始していた。実践的シオニストたちは労働シオニズムと社会主義シオニズムに分かれるが、どちらも農業を中心とした労働を通じて社会主義国家を成し遂げることを大義としていた。イスラエル国家が誕生する前から農業共同体（キブツやモシャブ）が建設された背景には、実践シオニズムの影響が大きい。修正主義シオニズムは、政治的シオニズムや社会主義シオニズムに対抗する形で一九三〇年代以降に誕生した考え方で、大イスラエル主義をモットーとし、外交手段や労働ではなく武力闘争もいとわない実力行使で国家建設を進めることを目指した。こうした国家建設へのアプローチ法の違いや哲学は、その後結成されるそれぞれの政党に引き継がれ、現在でも国政に大きく影響している（臼杵 2009, 30-48）。

ユダヤ人／教徒の定義

「ユダヤ教徒である」ということもユダヤ人を規定する重要な要素であるが、一義的なものではない。イスラエルは、建国時の独立宣言においてユダヤ教徒でなくても国籍を与えることを宣言したため、国内に多くの非ユダヤ教徒を抱え込むことになった。『帰還法 Law of Return 1950』が発効されると、世界中どこに住んでいても血統によってユダヤ人であることを示せば、イスラエル国籍を取得できるようになった。現在のユダヤ人の定義は、この法律に依るところが大きい。同法律には、ユダヤ人とは「(1) ユダヤ人の母親から生まれた人、あるいは (2) ユダヤ教に改宗した人で、他の宗教に帰依していない人」と定義されている。ただし厳密にいうと、『帰還法』は「ユダヤ人であること」の根本的な説明になっていない。(1) 母親がユダヤ人であるという説明は、婚姻においてたとえ父親が異邦人であっても、その子供はユダヤ人であるという法的解釈を述べているにすぎず、母親がユダヤ人である要件については一切述べていない。(2) のユダヤ教に改宗した人という説明も、いったいどの程度の信仰心を持っていればユダヤ教徒と規定できるのかについては何も述べていない（手島 2008, v）。世俗国家のイスラエルでは、ユダヤ人の定義において宗教と民族が分かちがたく結びついていることが読みとれるが、国民のすべてが熱心なユダヤ教徒であるとは限らない。

ユダヤ人は、一般的に宗教的集団と世俗的集団に分けることができる。[4] 前者の宗教的なユダヤ教徒は、ユダヤ教超正統派、または「神を畏れる者（ハレディーム）」と呼ばれている。ユダヤ教超正統派は、メシアニズムを強く信仰し、[5] 徹底した戒律の厳守を特徴とする正統派に大別される。ユダヤ教超正統派は、世俗的、政治的手法によるイスラエルの地への帰還（＝シオニズム運動）を認めておらず、建国から七〇年近く経った現在でも、国家の存在そのものを否定している人々もいる。一方、同じ正統派でも宗教シオニストは、シオニズム思想とその実践をメシアの到来に備えた営為と解釈している。また後者のヒロニームと呼ばれる世俗的なユダヤ人は、政治的シオニズムや実践的シオニズムに見られるように、正統派集団から見れば世俗的な手法で捕囚時代を終わらせ約束の地に帰還し、生活していると捉えられるのであろう。しかも、確執は神学に対する考え方だけに留まらない。ハレディームは通常聖書の学習と祈りを日課とし、本来イスラエル国民に課せられている兵役義務や納税義務を免除されているため、世俗的なユダヤ人からの批判も強い（臼杵 2009, 5）。

三　イスラエルとパレスチナ自治区との関係

二〇世紀初頭、現在のイスラエル、パレスチナ自治区に当たる地域は、ヨルダン、レバノン、シリアといった国々の一部から構成されるオスマン帝国領の一部であり、主にイスラム教徒、ユダヤ教徒、キリスト教徒が暮らしていた。つまり、イスラエルが建国された地域は、もともと「民なき土地」だったわけではない。

第一次世界大戦で、ドイツとオーストリアを中軸とする同盟国側についたオスマン帝国の領土は、同盟国側に勝利した連合国側であるイギリスとフランスによって分割統治され、パレスチナ地域はイギリスの委任統治領となった。ところが、後にイギリスの「三枚舌外交」と揶揄されるようになる「バルフォア宣言」、「サイクス・ピコ協定」、「フセイン・マクマホン往復書簡」が取り交わされた結果、アラブ系住民が暮らしていたパレスチナ地域に、祖国の復興を目指してシオニストたちが次々に「帰還」してきた。その結果、ユダヤ民族とアラブ民族の対立は深刻なものとなり、イギリスは、この解決を国際連合に委ねた。国際連合は、一九四七年にパレスチナ分割決議を採択し、これに基づいてイスラエルの領土が確定した（33頁の図2-2）。しかし、この決議は、全人口の三分の一に満たないユダヤ民族に、パレスチナ地域の三分の二以上の土地を与えるものだったため、アラブ民族の反発を招くことになった。

こうしてイスラエルは、独立を宣言すると同時に周辺のアラブ諸国と幾度となく戦火を交えることとなった。第一次中東戦争に勝利したイスラエルは、パレスチナ側の領土の八割を占領した。一九四九年の休戦協定によってエルサレムは分割され、西側をイスラエルが、旧市街を含む東側をヨルダンが統治することになった。その後、イスラエルは第三次中東戦争でも勝利し、東エルサレムの他、ヨルダン川西岸地区とガザ地区をも実効支配するようになる。そこで、パレスチナ地域のアラブ民族は、パレスチナ解放機構を結成し、イスラエルに暫定自治政

表 2-2　パレスチナの基本情報

面積	6,020 平方km（ヨルダン川西岸とガザ地区を合わせた面積）
人口	(1) 西岸地区・ガザ地区の人口　約 475 万人 西岸地区　約 290 万人 ガザ地区　約 185 万人 (2) イスラエル国内の人口　約 147 万人 (3) 上記地域以外の人口　約 615 万人 (2015 年推定、パレスチナ中央統計局)
民族	アラブ人
言語	アラビア語
宗教	イスラム教（92%）、キリスト教（7%）、その他（1%）
首都	ラマッラ
元首	マフムード・アッバース大統領
議会	パレスチナ立法評議会（132 名）
政府	ラーミー・ハムダラー首相

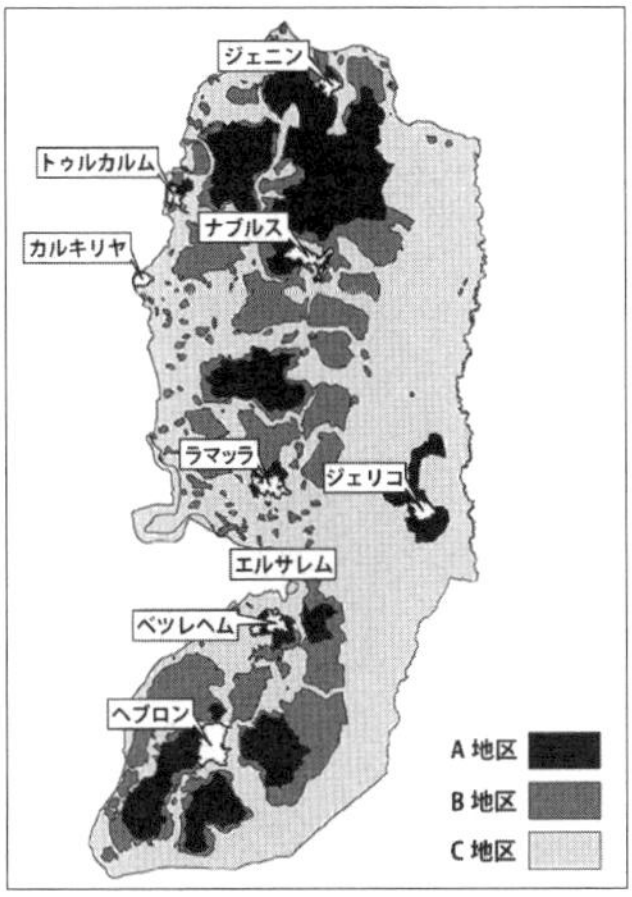

図 2-3　パレスチナ自治区の A, B, C 地区

府の設立を認めるよう求めた。一九八八年にパレスチナ国家の樹立宣言が発表され、つづく一九九三年には暫定自治拡大に関するオスロ合意が署名されたことで、地域差はあるもののパレスチナ自治区における同自治政府による統治が少しずつ行われ始めた（表2−2）。しかしながら、自治区内は未だに自治政府とイスラエル軍によって統治が行われている場所に分けられている。自治政府が、安全保障と文民統制を管轄する地区はエリアA、自治政府が文民統制のみ行っている地区はエリアB、イスラエル軍が安全保障および文民統制両方を管轄している地区はエリアCと呼ばれている（図2−3）。

さらにエルサレムの帰属については、イスラエルとパレスチナの双方がエルサレムを首都としており、未だ解決されない難問として残されたままである。

以上、イスラエル建国後から現在に至るまでの経緯を簡単に述べてきたが、要するに、イスラエルは、中東戦争に勝利して領土を拡大したことにより、全人口の二四%にあたるおよそ一五〇万人のアラブ民族を国内に抱え込む結果となってしまった。結局、パレスチナ地域におけるアラブ民族とイスラエルとの対立は、エルサレムの帰属をめぐる争いを別として、宗教的な違いに起因するというよりも、むしろイスラエルが存立する過程で生じた領土的な争いにともなう民族問題といえる。

立山氏が述べているように、イスラエル社会には三つの対立軸、すなわちユダヤ教において宗教的（正統派あるいは超正統派）か世俗的（非宗教的）か、民族出自の問題としてスファラディームやミズラヒーム（アジア・アフリカ系ユダヤ人）かアシュケナジーム（ヨーロッパ系ユダヤ人）か、そしてそれらが政治的立場に発展した政治的イデオロギーの対立がある（立山 2000, 14）。こうしたユダヤ民族内部の相克に加え、イスラエル国籍を所有するパレスチナ人との関係や、ヨルダン川西岸やガザ地区のパレスチナ人との領土問題を大きな外交問題として抱え込んでいるのである。(6)

第三章　イスラエルの文化遺産マネジメントに関する先行研究

一　考古学・文化遺産の政治利用

民族的アイデンティティと考古学

これまでの歴史が証明するように、「過去」は時の為政者によって政治的に利用され、近代に入ると、それまで為政者と対極にいた市民たちのアイデンティティの拠り所ともなった。国家や民族の歴史を具現化する手法として、考古学が恣意的に用いられてきたことも、多くの研究者が指摘していることである。

B・G・トリガーは、考古学を通じた歴史解釈に影響を与える要因として、「民族主義」、「植民地主義」、「帝国主義」の三つを挙げ、とくに一九世紀から二〇世紀にかけての中近東地域では、帝国主義と民族主義が大きな影響力を持っていたと指摘する（Trigger 1984, 358-9）。パレスチナ地域に限ってみると、帝国主義はイスラエル建国以前に、民族主義は建国以後の考古学の基盤形成において影響を及ぼしたと言える。建国前の考古学を牽引したのは、旧宗主国イギリスを中心とするヨーロッパ諸国やアメリカの研究者であり、彼等が築いた考古学の基礎は、その後のイスラエル考古学において綿々と継受された。聖書を中心とした宗教的関心に裏打ちされた学問の発展は、キリスト教が浸透していた欧米諸国が進めた文化帝国主義の一環だと読み替えることもできる。またイスラエル建国後、考古学研究が明らかにする当該地域の歴史が、イスラエル国民共通の歴史認識の形成に少なからぬ役割を果したことは、まさしく民族主義の興隆と結びついた考古学の典型である（Trigger 1984, 368; 同様の見解として Kohl & Fawcett 1995; Kohl 1998; Meskell 1998; Brown & Hamilakis 2003; Kane 2003; Killebrew 2010 等）。このように強いイデオロギーに影響を受けて発達したイスラエルの考古学は、やがて民族的、宗教的、そして政治的思想と相互に結びついていったという（Silberman 1989; 1990; 1995a; 1995b; Zerubavel 1995; Scham 1998; Abu El-Haj 2001 等）。

イスラエルでは、考古学は「国民的趣味」と表現されてきたが（Abu El-Haj 2001, 1）、その理由はユダヤ民族としてのアイデンティティ形成に考古学が果たした役割が大きいことと無関係ではない。

これまでの先行研究では、イスラエル建国以前の二〇世紀初頭、当該地域の考古学が、新しい歴史・地理意識の造成に一定の役割を果たしたという指摘がなされているが、とくに「イェディアット・ハアレツ運動 Yedi'at HaAretz」を通じて一般にも広く普及していったと言われている（Selwyn 1995, 119-120; Bar-Gal & Bar-Gal 2008, 55）。イェディアット・ハアレツ運動は、入植者たちがパレスチナ地域の景観や自然を、聖書および科学的側面から学ぶスカウト活動のことで、パレスチナ地域の各地に残る遺跡は恰好の教材であったという（Shavit 1997, 55）。これは、イギリス委任統治時代に拡大した商業的な観光とは異なり、パレスチナに滞在していたユダヤ人自身が運営したもので（Katz 1985, 58）、その目的は当該地域の歴史と空間領域を理解することであった。「科学的で物証に基づいた情報や解釈を持ち（中略）土地への帰属意識を高め、（かつてここにいた）英雄や集団の記憶を呼び起こす（Katz 1985, 63）」ような場所が、イェディアット・ハアレツ運動の行き先として選択され、訪問先の遺跡はユダヤ民族の共通の歴史観や地理感覚と結び付けられていった（Katz 1985, 63）。

A・エロンは、一九七一年の著書で、イスラエルにおける考古学について、「プロであれアマチュアであれ、イスラエルの考古学者は知識や学問的な目的のために発掘しているわけではない。国中に散在している古代イスラエル民族に関する遺物を発見し、民族のルーツを手に入れるために発掘しているのである（Elon 1971, 1）」と述べている。エロンは、考古学が民族的アイデンティティを補強すると認識された最初の事例として、一九二〇年代に行われたベト・アルファ遺跡の発掘調査を紹介している（Elon 1997, 40）。ベト・アルファ遺跡の最初の発掘調査は、ユダヤ人考古学者のE・L・スケニクの指揮のもと、入植ユダヤ人たちを中心に進められた。地面に埋もれた歴史を掘り起こすという行為が、パレスチナ住民の反発、経済的困窮、不慣れな土地での新しい生活といったストレスにさらされていたユダヤ人入植者たちを勇気づけたと報告している（Elon 1997; Ilan & Gadot 2010, 105）。ヘブル語聖書にはベト・アルファの名前は登場しないものの、遺跡から検出された紀元後六世紀ころに造られたと考えられるモザイク床には、アブラハムがイサクを生贄に差し出す場面等のユダヤ教と関わりの深いモチーフが描かれている。

当該地域の考古学解釈の根底にあるイデオロギーと現代イスラエルについて闊達に論じたのは、N・A・シルバーマンである。シルバーマンは、一九八〇年代から一九九〇年代にかけて、考古学の歴史解釈によって生み出されたイメージが、現在のイスラエルにおいて如何に政治的な文脈で読み替えられてきたか、そして考古学者が意識的にしろ無意識的にしろ、ユダヤ民族あるいはイスラエル国民のイデオロギーにどれほどの影響を与えてきたのかについて論じてきた（Silberman 1989; 1990; 1995a; 1995b; 1997; 1999）。とくに、マサダ遺跡が持つ歴史的背景と、一九六〇年代にイスラエル政府の全面的支援によってY・ヤディンが実施した発掘調査との間にある政治的歴史解釈については、たびたび事例として取り上げている。マサダ遺跡は、死海のほとりの高台に位置する遺跡で、ローマ時代にヘロデ王の離宮として用いられ、その後ビザンツ時代まで利用されていたことがわかっている。一世紀の歴史家フラウィウス・ヨセフスは、その著書『ユダヤ戦記』の中で、マサダは紀元七三年のローマ軍とユダヤ民族主義者であった熱心党員との戦いにおいて、ユダヤ人たちの最後の砦となった場所であり、民族の誇りをかけて集団自決が行われたと記録している。(1) 一九六三年から六四年にかけて実施された発掘調査の結果、ヤディンは検出された遺構や遺物からマサダ遺跡で起こった劇的な出来事は、ヨセフスの記述の通り「史実」であると解釈した（ヤディン 1975）。シルバーマンは一九九九年の論文で、『ユダヤ戦記』が示すユダヤ民族の不屈の精神が、現代イスラエルのコンテクストにおいて再解釈され、イスラエルの国防における象徴となっていったプロセスを論じている。マサダ遺跡がイスラエルの軍事的神話へと昇華されたことについては、ゼルバヴェル等も指摘している（Zerubavel 1995, 111-112）。今日でも、マサダ遺跡はイスラエル国防軍の公的行事の会場や、新しく加入した兵士たちの歴史学習の場として使用されている。

ただし考古学や文化遺産が、ユダヤ人すべてに良い影響をもたらしたとは考えられていない。たとえば、Y・シャヴィットは、イスラエルの考古学が世俗的なユダヤ民族のアイデンティティに与えた影響を認める一方、超正統派のユダヤ教徒たちが考古学に対して拒否反応を示していることも指摘している（Shavit 1997, 59）。当初、超正統派ユダヤ教徒たちは、第二神殿時代の発掘調査が進み、ユダヤ教の歴史的な系譜が明らかになることに対して好意的であった。しかし、発掘調査によって墓域が発掘されることや考古学そのものが国家樹立のために政治利用されるようになったことで、考古学に対して消極的な態度を示すようになったと指摘している（Shavit 1997, 59-60）。

ハロテ等の論考（Hallote & Joffe 2002）も、超正統派ユダヤ教徒たちが考古学に対して抱く拒否反応について論じているが、それは単なる考古学の政治利用に対する指摘にとどまらず、その背景にある社会的事象にもふれている。ハロテ等によれば、超正統派ユダヤ教徒たちは、一九五〇年代から一九七〇年代半ばまでは考古学に対して何ら反感を持っていなかったものの、一九八〇年代以降その立場を変化させた。とくに、遺跡から出土する人骨の取扱をめぐり、超正統派ユダヤ教徒たちが組織的に抗議活動を行うようになった。ハロテ等はその背景について、出土人骨の人類学的研究を通じてユダヤ民族の民族的血統を明らかにしようとする学界の風潮をけん制する狙いがあったと指摘している（Hallote & Joffe 2002, 88-98）。一九八〇年代、世俗派の政党である労働党とリクード党の議席数が減少し、超正統派を代表する「宗教政党トーラーを遵奉するスファラディー同盟（通称シャス）」が議席数を増やした。シャスは国内のユダヤ教徒を増やすことを目指し、一九八〇年代から一九九〇年代にかけて旧ソ連圏およびエチオピアからのユダヤ移民を大量に受け入れた。その結果、イスラエル社会にはアシュケナジーム以外のユダヤ教徒たちの割合が増加した。こうした状況下において、国内では血統的にユダヤ民族の真正性を証明することに関心が集まり、過去のユダヤ教徒と推定される出土人骨の人類学的研究が活発に議論されていたのである。

また、最初に地形測量や考古学といった手法を用いて聖書の歴史的真正性を証明するという礎を築いたのは、二〇世紀初頭から当地域の統治に深く関わってきたイギリスだったという指摘もある（Silberman 1982, 189-198; Abu El-Haj 2001; Gange & Ledger-Lomas 2013）。一九一三年頃から、パレスチナ地域においても第一次世界大戦に向けた準備が西欧諸国によって開始され、イギリスやドイツを中心に地形測量、交通網整理、そして工事に伴う発掘調査が実施されていた（Silberman 1982, 189）。E・アレンビー将軍がエルサレム入城を果たした一九一七年、イギリスは占領下敵国領政庁 Occupied Enemy Administration を設立した。一九一九年に開催された占領下敵国領政庁の実務担当者会議では、当該地域の文化遺産の管理は考古学研究と観光開発の促進を視野に入れて進められることとなった（Thornton 2012, 197）。この背景には、遺跡整備を通じて地域の歴史と文化を掘り起こし、多民族・多文化で構成される社会に共通の遺産をつくることで、住民らのアイデンティティを強化するという目的があったという（Jarman 1995, 181-182, 188）。

N・アブ・エル＝ハジは、イギリス委任統治時代のパレスチナ地域の住民は、文化遺産の価値どころか、考古学そのものをほとんど理解していなかったと指摘している（Abu El-Haj 2001, 38）。当時、遺跡を含む多くの土地を実質的に管理していたのは、古物の概念を知らない在パレスチナ・ユダヤ人やアラブ人たちであった。アブ・エル＝ハジは、国内の遺物・遺跡を適切に管理し、当地域の住民たちの文化遺産に昇華させることを推し進めたのは、ユダヤ・パレスチナ調査協会と英国委任統治政府古物局 Mandatory Department of Antiquities（以後、英国古物局）が策定した『一九二九年古物条令』であったという。法律によって「古物」の定義を明確化し、イェディアット・ハアレツ運動を通じて視覚的に認識させることで、当該地域の文化遺産マネジメントの素地作りに貢献した（Abu El-Haj 2001, 38, 40-42）。

一方、イスラエルの考古学や文化遺産マネジメントの政治利用に関する言説に対して真っ向から批判を繰り広げているのが、J・セリグマン（Seligman 2013）である。イスラエル古物局の考古学者であるセリグマンは、イスラエル国内の遺跡の発掘調査許可や古物の管理を担う組織の職員として、過去から現在に至るまでの状況を見ても、イスラエルの考古学や文化遺産マネジメントの政治利用は認められないと主張している。たとえば、一九六〇年代に精力的な発掘が行われたハツォル遺跡やマサダ遺跡は、多くの公的資金がつぎ込まれ、聖書考古学者Y・ヤディンや多くのシオニストの若者、イスラエル国防軍によって調査が行われ、歴史書に描かれた世界を再現するような報道がなされたことは認めつつも、同時期に実施された大規模発掘、たとえばアラド遺跡、エラニ遺跡、ネゲヴ地方の諸都市における調査は、ほとんど比較検討されていないと指摘している（Seligman 2013, 183）。また、過去半世紀近くの間に、イスラエル考古学における研究のあり方が変化したことや関心の幅が広がったことを指摘し過去の調査を数例だけ挙げて、考古学や文化遺産マネジメントの特徴を考察しても、全体的な傾向を適切に導き出せないと述べている（Seligman 2013, 184）。

イスラエルにおける国立公園の特徴

イスラエルの国立公園に関する先行研究は、大きく分けて⑴国立公園・自然保護区制度の成立史（Tal 2002; Tsuk 2004; Lissovsky 2012）と、⑵国立公園・自然保護区内で保存・展示されている遺跡のマネジメント（Killebrew 1999; 2010; Bauman 1995; 2004; 岡田 2008; Okada 2012）の二つの視座から論じられてきた。

A・タルは、国立公園・自然保護区制度の成立史をイスラエル社会の環境保護意識の高まりとの関連で論じており、「開発」と「保全」という対極にある活動目的を持つ国立公園局と自然保護局が一つの枠組の中で運営されているイスラエルの国立公園・自然保護区制度の成立過程を描き出している。タルの指摘によれば、イスラエル自然保護協会 Society for Protection of Nature in Israel（以後、SPNI）は、当時すでに政治的な権力を得つつあった史跡開発局によって進められていた遺跡の整備事業を開発行為とみなしていた（Tal 2002, 161）。ＳＰＮＩは、史跡整備の名のもとで進められる開発のみを目的をした国立公園に反対する意見書を政府に提出した。一九六二年、国立公園を管理する部局を検討する国会の法案審議の場では、国立公園局と自然保護局は、それぞれの活動目的が「開発」と「保全」という対極にあるものであり、一つの枠組内で運営していくべきではないという意見が出ていた。しかし、持続可能な部局運営や、アメリカの先例に鑑み、最終的には、一つの法制度の中で国立公園と自然保護区を管理することになった（Tal 2002, 164-166）。

Ｎ・リソウスキーは、一九五〇年代に国立公園・自然保護区制度の黎明期にその作業に携わった人々の発言や叙述の分析を通じて、国立公園に期待されていた役割について論じている。当初、国立公園は国民が共通の歴史認識を確認し、土地とのつながりを強めてもらう場所として設計されたと指摘している（Lissovsky 2012, 64）。イスラエル古物・博物館局 Israel Department of Antiquities and Museums の長官であり、一九五一年からベングリオン首相が立ち上げた遺跡と記念物の整備を検討する委員会の座長を務めていたＳ・ヤヴィンは、国立公園において保存される遺跡や記念物は、過去から綿々と続く故郷の歴史的証拠として、「ユダヤ民族と国家との歴史的な結束を強める」と期待を寄せていたという（Lissovsky 2012, 65）。しかし、リソウスキーは一九五一年に誕生した観光センターが、遺跡や記念物を観光資源として注目し始めたことにより、国立公園により娯楽的な役割が期待されるようになったと指摘している。観光センターが関心を抱いたのは、ユダヤ民族と土地とのつながりを証明するような遺跡ではなく、イスラエルのポンペイ遺跡となり得るようなネゲヴ地方のビザンツ都市であるシヴタ遺跡や、海、草原、そして遺跡があるペリシテ人都市のアシュケロン遺跡であったと述べている（Lissovsky 2012, 66）。

Ａ・Ｅ・キルブルー（Killebrew 1999; 2010）は、文化遺産マネジメントの中でも遺跡展示がもたらす政治性という観点から、とくに国立公園・自然保護区で展示されている遺跡について長年研究を行っている。キルブルーは一九九九年の論文で、イスラエルにおける遺跡展示に深く携わる政府組織を、INPAだと紹介した上で、その成り立ちには当時最も著名なイスラエル人考古学者であったY・ヤディンが深く関わっていたとしている。また彼は、史跡開発局がマネジメントに着手したベト・アルファ遺跡、ベト・シャン遺跡、ベト・シェアリム遺跡、バルアム遺跡、アヴダット遺跡、シヴタ遺跡、ハツォル遺跡、メギド遺跡の選定にも関与していたと指摘している（Killebrew 1999, 18-19）。キルブルーは、文化遺産マネジメントの対象となった遺跡の選定に見られる傾向として(1)バルアム遺跡、ベト・アルファ遺跡、ティベリア遺跡といったローマ・ビザンツ時代のユダヤ教に関する遺跡、(2)ハツォル遺跡やメギド遺跡といったイスラエル統一王国時代で、とくにソロモン王の繁栄をあらわし、古代イスラエル民族の歴史を物語るときに欠かせない遺跡、(3)アヴダット遺跡、シヴタ遺跡といったネゲヴ砂漠にあるナバテア文化、ローマ文化、キリスト教文化が見られる遺跡、の三つを挙げている（Killebrew 1999, 19）。(1)のローマ・ビザンツ時代のユダヤ教に関する遺跡は、入植してきたユダヤ教徒たちから高い関心が寄せられ、(2)の統一王国時代の主要都市遺跡は、過去のイスラエル民族興隆の歴史を表し、一九四〇年代以降周辺アラブ諸国と領域争いをしている新生イスラエルが投影されていたと言う。また(3)のネゲヴ砂漠にあるナバテア文化の遺跡に関心が寄せられた背景には、一九五〇年から一九六〇年代にかけて新規入植者たちのための宅地開発地となったネゲヴ砂漠で多くの緊急発掘が急ピッチで実施されたため、遺跡の発掘および整備が進んだという事情があった。また、厳しい環境下でも生き抜いた先人たちの知恵と技術は、新しく入植するユダヤ人たちのシンボルになっただけでなく、彼等に実践的な利益をもたらしたという（Killebrew 1999, 19）。

世界遺産における文化遺産の政治利用

イスラエルは一九九九年に『世界遺産条約』を締結し、二〇一六年一二月現在で、九件の文化遺産を登録している。(2) 世界遺産制度は、イスラエルが取り入れた最も新しい文化遺産マネジメントの枠組といえるが、ユネスコの世界遺産そのものも文化遺産の政治利用との関わりの中で議論されてきた。見原（2010）やラーキン等（Larkin & Dumper 2009; Dumper & Larkin 2011）は、国際社会全体で文化遺産を保護する世界遺産という制度が、イスラエルないしパレスチナ自治政府における文化遺産の政治利用を防ぎ、適切な文化遺産保護を促進している、と評価する。

見原は、危機遺産に登録されている「エルサレムの旧市街とその城壁群（一九八二年登録）」の保全において、超国家的組織であるユネスコが果たした一定の役割を認めている。従来、イスラエルとヨルダンを含む周辺アラブ諸国とのエルサレムの帰属をめぐる元来の対立の上に、世界遺産としての管理権をめぐる対立があり、さらにエルサレム市街に点在する世界遺産の構成資産がイスラエル当局、ワクフ、およびギリシア正教会管区というように異なる組織によって管理されているため、文化遺産マネジメントの一貫性が保たれてこなかった（見原 2010, 22; 34）。しかし、ユネスコがエルサレム旧市街を世界遺産として登録すると同時に危機遺産にも登録したことが、エルサレムの文化遺産の危機的状況を広く知らしめ、結果的に、国際社会から様々な支援の手が差し伸べられるきっかけを作ったと、見原はユネスコの功績をたたえている。また、『世界遺産条約』の規定には、二カ国以上が主権または管轄権を主張している領域に存在する物件の世界遺産一覧表や危機遺産一覧表への記載は、その紛争の当事国の権利に一切の影響を及ぼすことはないと付されているが、本件に関しては、ユネスコが当時国の仲介役となって、保全を実施するための土台形成や対話促進といった役回りを果たしたことを指摘している（見原 2010, 44）。

対して、世界遺産に登録されたことにより、イデオロギーの表象のための文化遺産の政治利用が加速したという指摘もある。M・レヴィンは、二〇〇三年に文化遺産登録された「テルアビブのホワイト・シティ：近代化運動」を例に挙げ、ユネスコによってテルアビブがドイツのバウハウスで学んだモダニズム建築家たちによって近代化された都市と評価付けされたために、ユダヤ人たちの入植以前から暮らしていたパレスチナ人たちの文化も歴史もかき消されてしまったという（LeVine 2004, 222）。レヴィンは、そこにイスラエルの世界遺産登録戦略と世界遺産の評価基準が持つ西欧至上主義が垣間見られると批判している。イスラエルは世界遺産登録時に、綿々と続くテルアビブの歴史的側面とそこに残るパレスチナ人たちの文化を捨象し、移民ユダヤ人によるモダニズム建築によって設計された当地域の近代化の象徴的都市というイメージが普及するような申請を行ったというのである（LeVine 2004, 222-223）。また、一九九四年の『グローバル・ストラテジー』により、世界遺産選定において近代化遺産が積極的に評価されるようになった結果、その土地に残る歴史的記憶や多様性を全く反映させないまま、ユネスコが方向づけした文化遺産の枠組に適合した本物件が登録されるという結果を招いたと批判している（LeVine 2004, 227-228）。

またC・デ＝セサリも、ユネスコが提唱する文化遺産における価値の普遍化は、かえって国家主体の文化遺産管理を助長していると批判している（De Cesari 2010; 同じ意見としてCuno 2008, 148）。デ＝セサリは、イスラエルやパレスチナ自治区のように未だ国家の主権争いをしており、地域内にある文化遺産の主権が国家以外（たとえばワクフ、ギリシア正教会、フランシスコ修道会といった非政府団体）に属している地域では、文化遺産の価値や管理方法の普遍化を推し進める世界遺産のあり方は、いわゆる西欧的な文化遺産保護の体制が整備されていない弱者（ここでは、パレスチナ自治区）を切り捨てていると指摘している（De Cesari 2010, 309-318）。

二　宗教的イデオロギーと文化遺産

ユダヤ教に関する文化遺産

ユダヤ教に関する文化遺産には、対象とする時代や地域によって含まれるものが異なるが、ここではイスラエル国内に所在し、ヘブル語聖書等に言及される歴史的事象が起こった場所や建造物、そして現在のユダヤ教の発展に寄与した紀元後以降のラビ・ユダヤ教にまつわるものを含む。しかしながら、文化遺産とイスラエル社会について論じられる際、専らユダヤ教徒のアイデンティティの拠り所として引き合いに出されるのは、ヘブル語聖書に登場する事柄や人物ばかりで、紀元後以降のラビ・ユダヤ教にまつわるものはほとんど引き合いに出されない。毎年多くのユダヤ教徒が巡礼旅行にイスラエルを訪れている事実からも、当地域にユダヤ教と深い関わりを示す聖地が多くあることは疑う余地もないが、なぜこれまでイスラエルの文化遺産に係る議論にユダヤ教的な文化遺産が加味されてこなかったのだろうか。先行研究の中でもユダヤ教聖地と近代国家イスラエルの関係性について言及しているのは、D・バル（2004）とG・バル（2008）しかおらず、あまり主要な論点にはなっていない。

ユダヤ教の巡礼の歴史的背景は未だに曖昧としているが、G・バルは十字軍時代から聖人墓崇拝が行われており、一六世紀以降の在パレスチナ・ユダヤ人の増加および欧州からのユダヤ教巡礼者が増えたことをきっかけに本格化したと述べている（Bar, G. 2008, 2-3）。当時の聖地は、ヘブル語聖書の登場人物、たとえばアブラハム、イサク、ヤコブ、ダビデ王や、ユダヤ教国家に関連する場所で主にツファット、ティベリア、エルサレムの周辺に集中していた。また、ガリラヤ湖周辺には、タルムードに登場する人物に関する聖地も豊富であったが、その多くを地元のイスラム教徒が所有していた。そのため、一九四八年以前はそれらが主要なユダヤ教聖地とみなされることはなかった（Bar, G. 2008, 3）。ところが一九四八年のイスラエル建国後、世俗的民族国家として誕生したイスラエルは、新しいタイプの聖地、すなわち民族性に主眼を置いた場所や史跡、たとえば独立戦争の戦争遺跡、戦死者墓地、古代の戦争遺跡を積極的に文化遺産として認定し、ユダヤ教的聖地の優位性は低くなっていったという（Bar, D. 2004, 260-261; Bar, G. 2008, 4）。こうした状況の中で、国家規模での文化遺産の世俗化の流れを変えるべく立ち上がった人物として、D・バル（2004）もG・バル（2008）も宗教省長官S・Z・カハナを挙げている。カハナは、古物局や国立公園・自然保護区制度の枠組以外で、独自にユダヤ教聖地や歴史遺産の整備を開始した人物である（Bar, D. 2004; Bar, G. 2008）。

また、独立直後のイスラエルは、領域的にもユダヤ教に関係のある聖地や史跡の所有権に関して危機に瀕していた。一九四八年に独立を果たしたものの、エルサレムはグリーンラインによって分断され、ユダヤ教の聖地が多く所在する東エルサレムやヨルダン川西岸はヨルダン領となった。これらの地域には、ヘブル語聖書に登場するアブラハムの墓（ヘブロン）、ラケルの墓（ベツレヘム）、第二神殿の西壁（エルサレム）等、ユダヤ教徒にとって重要な聖地が含まれていた。以上のような状況から、カハナはユダヤ教の聖地や史跡だけでなく民族誌学的資料の整備も始め、ユダヤ教にまつわる文化遺産の掘り出しに注力した。一方、こうした過度に宗教に傾倒した彼の行動に対して、メディアや古物局は激しい批判を繰り返した。とくに、カハナが聖地にしようとしたものが遺跡であった場合には、遺跡に神聖性を付加することに古物局は反対したという（Bar, G. 2008, 5）。

G・バル（2008）は、カハナを中心に進められたユダヤ教に関する文化遺産の開発に際して、次の三つの手法が用いられたと指摘している。一つ目は一九四八年以前からユダヤ教徒が所有していた聖地の再整備である（Bar, G. 2008, 6-7）。オスマン帝国とイギリス委任統治政府の時代はステータス・クオによって、あらゆる宗教がそれらの聖地において宗教儀式を執り行う権利、巡礼者の安全の確保、聖職者や関係者の居住許可、施設の所得税・財産税・輸入品税の免税、土地・建物の所有権が保障されていた（Emment 1997; Eordegian 2003; Bar, D. 2004, 260）。ローマ時代以降にユダヤ教の中心地であったガリラヤ湖周辺には、タルムードと関わりの深い人物やラビの墓が多くあったが、建国直後のイスラエルでは全国的に有名な聖地という位置付けは与えられていない。しかし、一九五〇年以降の宗教省の働きかけにより、ガリラヤ湖周辺の聖地の文化や歴史の重要性が改めて喚起され、ユダヤ教徒にとってエルサレムと並んで重要な巡礼地になっていった。とりわけ、ガリラヤ地方のメロンにあるシモン・バル＝ヨハイの墓、ティベリアにあるモシェ・ベン＝マイモンの墓、メイル・バアル＝ハネスの墓は重要な巡礼地として発展した（Bar, G. 2008, 7）。二つ目は、一九四八年以前はイスラム教徒が所有していた聖地をユダヤ教の聖地へと改変する方法である。たとえば、エルサレムの「ダビデ王の墓」とされる場所には、イスラム教の聖人の墓もあり、一九四八年以前はイスラム教徒がその場所を管理していた。しかし、イスラエル政府はステータス・クオに則って、その場所の管理権をイスラム教徒から譲り受け、「ダビデの墓」としてユダヤ教聖地の色合いを強めていった[3]（Bar, D. 2004, 262-266）。このように、イスラム教徒が管理していた場所であると同時にユダヤ教とも関連のある場所は、その管理権をイスラエル政府が取得し、カハナの積極的な種々の取組を通じて、徐々にその「場」のユダヤ教聖地化が推し進められた（Bar, G. 2008, 7-9）。三つ目は、それまでとくに聖地という認識がなかった場所に新たに聖地を作り出すという手法であった（Bar, G. 2008, 10）。宗教省が行ったユダヤ教関連遺跡に関する全国調査によって新たに掘り起こされた情報をもとに、その場所に聖地としてふさわしい物語が付されていった。この時期に追加された聖地としては、ベエル・シェバにある「アブラハムのタマリスク」、エルサレムにある「ライオンの洞窟」、そしてエシュタオルの「破壊の石」等がある（Bar, G. 2008, 10）。

聖地に関する文化遺産

聖地に関わる文化遺産マネジメントについての先行研究では、複数の宗教の聖地が同じ場所に重複しているエルサレムが取り上げられることが多い。事実、一九七四年にユネスコ総会で決議された「イスラエル非難決議」を通じて、国際社会はイスラエルが歴史的な土地であるエルサレムを不法に改変し、遺跡の破壊を伴う発掘調査を継続していることを強く非難している（Cuno 2008, 149）。このことからもうかがい知れるように、本事項に対するイスラエルおよび国際社会の関心は高く、同時に警戒心もひときわ強い。

エルサレムにおける考古学や文化遺産に関する批判的論考が多い背景には、以下の理由が挙げられる。すなわち、エルサレムにはユダヤ教、キリスト教、イスラム教という三つの宗教の聖地が集結しており、その聖地管理主体が政府機関、宗教団体、非政府団体と多様であるにもかかわらず、イスラエル政府が文化遺産マネジメントという名のもとに一元的管理を推し進めようとしているからである。しかし、エルサレムの帰属問題はイスラエルと周辺アラブ諸国との間で未だ政治的に解決されていないため、イスラエル政府が一元的な文化遺産マネジメントを推し進めることは、事実上、文化遺産を通じたエルサレムの支配につながる。このような前提のもと、エルサレムにおける考古学や文化遺産マネジメントに関する論考において、とくに事例として取り上げられるのがユダヤ教の聖地である第二神殿の西壁とイスラム教聖地のハラム・アッ・シャリフである（Abu El-Haj 1998; 2001; Greenberg 2009a; 2009b; Cohen-Hatrab 2010; Jordan 2011; Mizrachi 2011 等）。

ユダヤ教の聖地である第二神殿西壁とイスラム教の聖地であるハラム・アッ・シャリフは、東エルサレム旧市街に位置している。ヘブル語聖書によれば、ソロモン王は神殿の丘に壮麗な神殿を建設したが（列王記上六章一―七節）、新バビロニアの軍勢によって滅ぼされた。その後、バビロン捕囚から帰還した人々によって第二神殿が再建され、ヘロデ王の時代に大改築が施された。しかし、バル・コクバの戦い（第二次ユダヤ戦争）に敗れたユダヤ人はエルサレムから追放され、第二神殿と城壁はローマ軍によって破壊された。ササン朝ペルシアがローマ帝国を滅ぼした後、ウマイヤ朝カリフによって神殿があった丘に岩のドームとアル・アクサモスクが建設された。その後、オスマン帝国時代にスレイマン大帝によって城壁が再建され、現在の西壁／ハラム・アッ・シャリフの原型が完成した。オスマン帝国時代の西壁／ハラム・アッ・シャリフ周辺は、アラブ人住宅地が密集していたが、一九四八年のイスラエル建国を契機として、西壁／ハラム・アッ・シャリフ周辺はユダヤ教徒専用の礼拝用の広場（西壁広場）に改変されてしまった。それ以後、西壁／ハラム・アッ・シャリフの所有権をめぐってはユダヤ教徒とイスラム教徒が衝突し、ひいてはエルサレムの帰属権をめぐる問題としてイスラエル政府とパレスチナ自治政府双方にとって最重要課題となっている。

アブ・エル＝ハジは、一九六七年の第三次中東戦争以降における当該地域の様相を詳細に検討しながら、西壁／ハラム・アッ・シャリフ周辺の考古学調査と文化遺産管理が、イスラエルによる政治的行為、すなわちエルサレム帰属権を主張するための手段として使用されてきたと主張する（Abu El-Haj 1998; 2001）。アブ・エル＝ハジは、第三次中東戦争直後にヘブル大学のB・マザール等によって行われた発掘調査の目的が、建国以来悲願であった科学的な考古学調査を通じた第一・第二神殿時代のユダヤ社会の復元であり、いわゆるユダヤ民族の象徴となる文化遺産となりうる時代を選択的に研究していたと指摘する（Abu El-Haj 1998, 168-169）。そして、考古学者による恣意的な研究とその結果は、自らのルーツを求めるイスラエル市民に熱狂的に迎えられていたという（Abu El-Haj 1998, 169）。ただし、西壁の考古学調査に懸念を示す利害関係者がいたことも留意すべきこととして記されている。その利害関係者とは、宗教省と超正統派ユダヤ教徒たちである（同様の指摘としてCohen-Hattab 2010, 131-132）。考古学調査に反対の意を表明した人々にとって、西壁はユダヤ教にとって神聖な儀礼空間であり、考古学調査によって宗教の尊厳を傷つけられたり、聖跡である西壁そのものを破壊されたりすることに強い危機感を抱いていた。これは、イスラエル側の考古学調査によって、イスラム教の聖地であるハラム・アッ・シャリフが破壊され、ユダヤ教の神殿が再建されるのではないか、という憶測が広まったアラブ系住民たちによる考古学への拒否感にも通ずるところがある（船津 2011, 123）。

ところが、アブ・エル＝ハジは二〇〇一年の著書で、超正統派ユダヤ教徒たちと宗教省が考古学調査を含む文化遺産マネジメントに積極的に取り組んでいる状況を報告している。アブ・エル＝ハジは、宗教省が後ろ盾となり、西壁遺産財団が管理・運営している西壁トンネルツアーを事例に挙げつつ、宗教的なユダヤ人による文化遺産マネジメントを次のように評価している。「西壁トンネルの宗教儀礼とヘリテージ・ツーリズムの本質は、これまでイスラエルにおける考古学調査やユダヤ教地区にあるほかの考古学博物館が見せてきた（エルサレムの）歴史表象の基底をなしてきた世俗的ナショナリズムへの挑戦である（Abu-El Haj 2001, 202）。」

三　観光と文化遺産

文化遺産観光

二〇一六年、イスラエルには世界各地から約二九〇万人以上の観光客が訪れた。一九九〇年代末から始まったインティファーダの影響で、一時は観光客数が伸び悩んだものの、二〇〇三年頃からゆるやかではあるが再び順調に観光客数を増やしている。国の周囲をアラブ諸国に囲まれているため、近隣諸国からの大規模な観光客が見込めない上に、決して平穏な治安状態ではないという条件下で、これだけの集客力があるのは、イスラエルが持つ文化の多様性と歴史の深遠さゆえであろう。イスラエルにとっても、観光は経済的資源だけでなく、外交政策的にも重要なツールの一つである（Stock 1977）。二〇一五年に観光省が、観光客二万人を対象に行った調査では、その約三割弱が巡礼を目的にイスラエルを訪れていることがわかった（Israel Ministry of Tourism 2016, 11）。巡礼旅行の旅程に頻繁に含まれる考古遺跡や歴史的景観は、イスラエル有数の観光地となっている。少し古いデータだが、二〇〇〇年から二〇一二年までにイスラエルを訪れた観光客のうち、平均五割以上がエルサレムにある西壁やヴィア・ドロローサを訪れている（表3－1、表3－2）。

文化遺産観光（ヘリテージ・ツーリズム）とは、字義通り「文化遺産」を対象とした観光である。巡礼旅行者や冒険家による記念碑や聖地をめぐる旅は、紀元後一世紀頃から行われていたようである。ただし、石森（1997）が述べているように、観光の発展の歴史は交通機関の発展の歴史とも深く関わっているため、ヨーロッパからの旅行者がパレスチナに頻繁に訪れるようになるのは、第一次観光革命後（一八六〇年代）である。第一次観光革命とは、ヨーロッパで鉄道の整備に伴う国内観光旅行の大衆化が本格化するとともに、いわゆる大旅行（グランドツアー）や富裕階層が「オリエンタリズム」を求めて東地中海、アフリカ、アジアへと海外旅行を開始した時期であ

表 3-1　西壁を訪れた観光客の割合

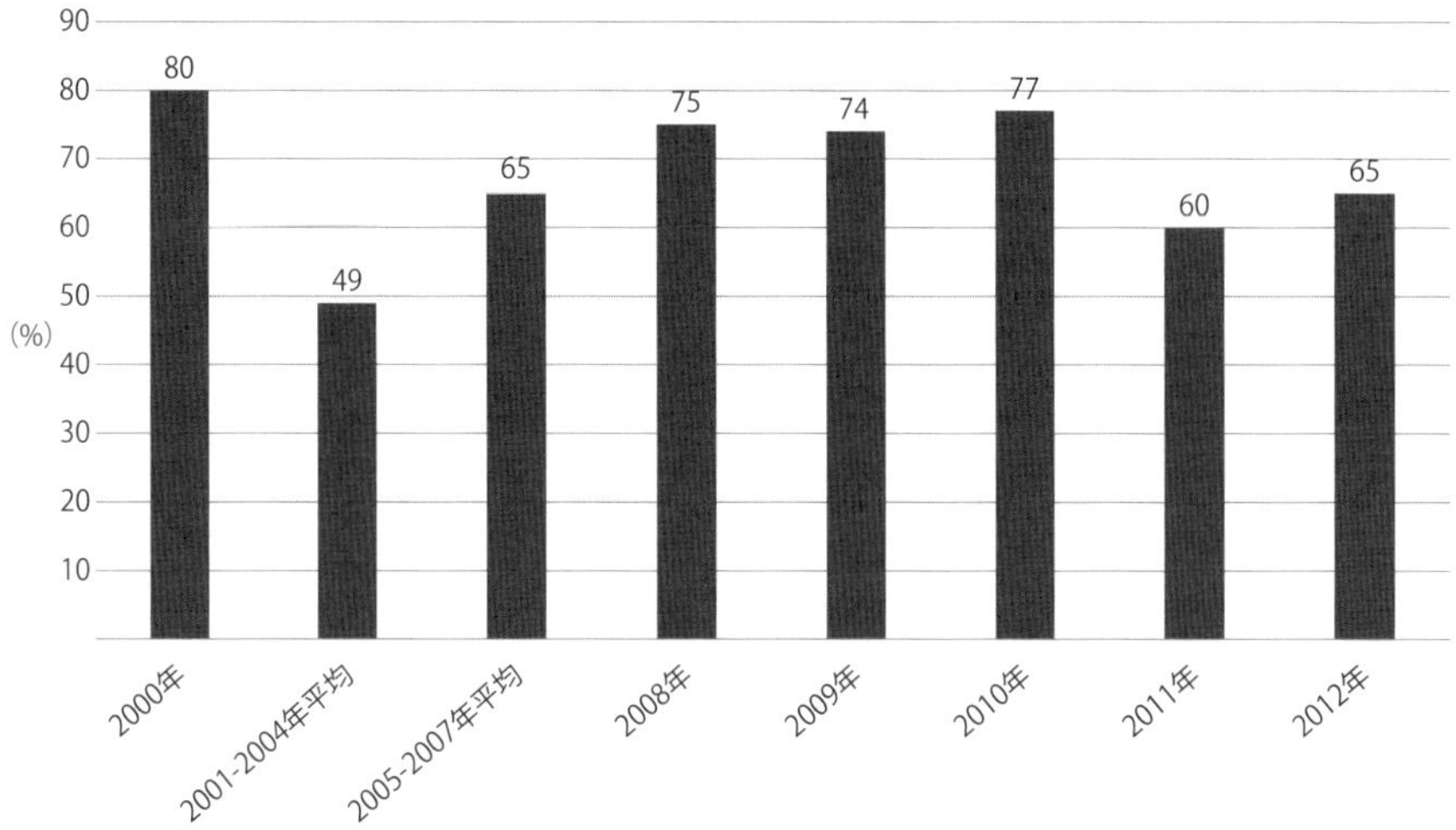

表 3-2　ヴィア・ドロローサを訪れた観光客の割合

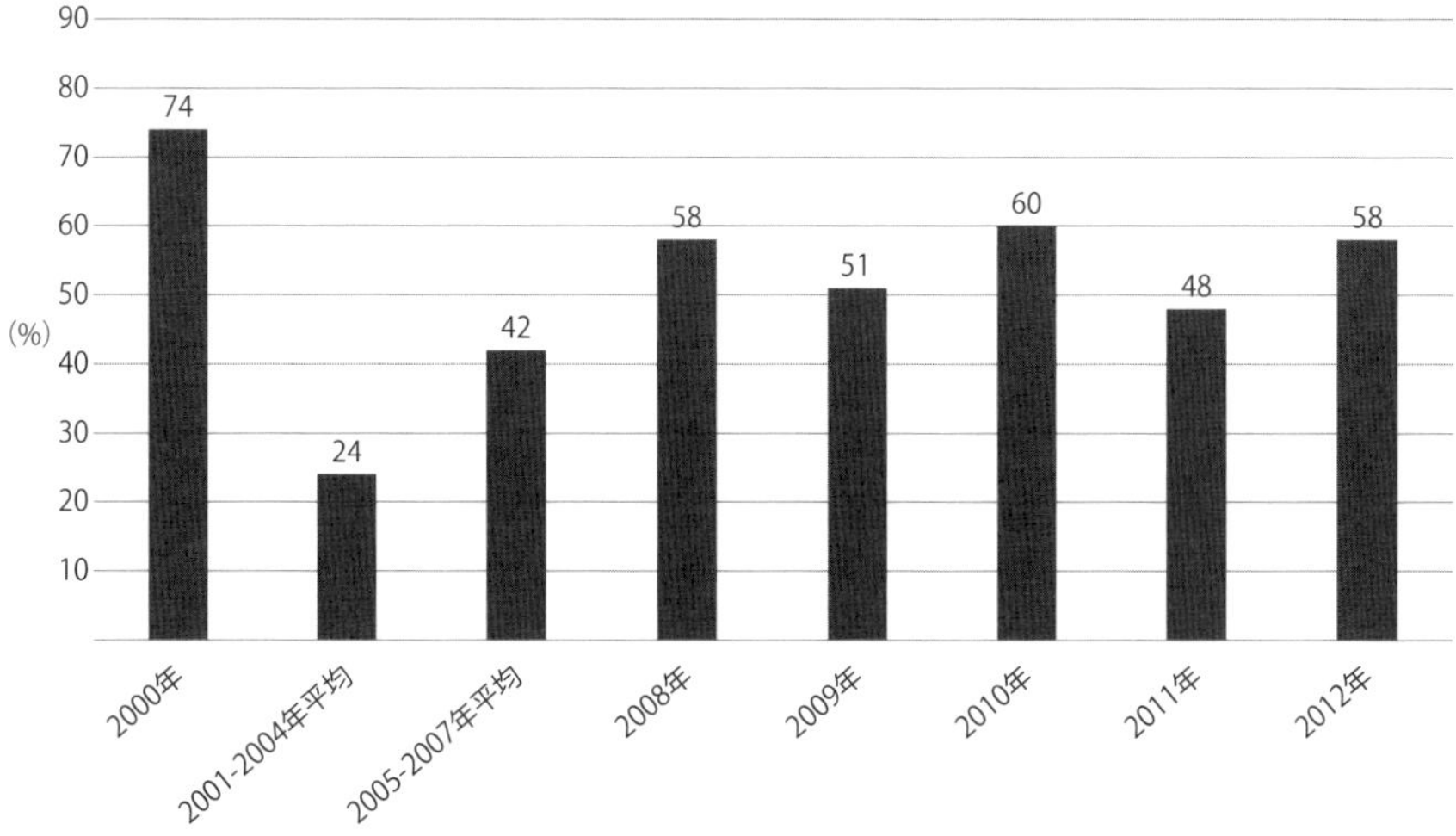

る（石森 1997, 11-22）。二〇世紀にシオニズム運動とともに活発化したイェディアット・ハアレツ運動は、一般の観光と同じく、パレスチナ地域に残る史跡等をめぐるツアーの一つといえるが、上記で述べた商業目的の観光とは異なり、旅行者の信仰の礎である聖書の歴史や地理を学び、土地との結びつきを強めるという特異な性質を持っていた。

イギリス委任統治時代の文化遺産観光

三大一神教の聖地があり、東西南北の交通の要所として古来より多様な文化・民族が交流することで形成されてきたパレスチナ地域の文化的な景観は、観光地としての魅力を十分に備えていた。一九世紀半ば以降、ヨーロッパからの観光客や各地のシオニストたちが、当地を頻繁に訪れるようになっていたが、イスラエル建国前のパレスチナ地域における観光に画期が訪れたのは、第一次世界大戦後であった（Cohen-Hattab & Katz 2001, 169）。一九世紀末から第一次世界大戦まで、観光客数の増加に伴い、宿泊施設を中心とする観光整備が急ピッチで進められた。第一次世界大戦で一時的に中断した観光開発も、イギリス委任統治政府主導で再開された。ジャーマンが指摘しているように、占領下敵国領政庁局長たちは、パレスチナ地域に残る遺跡や歴史的建造物を観光資源の一つに据えることで、当該地域の歴史と文化の掘り起しを推し進め、多民族・多宗教社会に共通の文化遺産を作ることを目指していた（Jarman 1995, 181-182）。それゆえに、占領下敵国領政庁は文化遺産を保護し、それらを歴史や考古学を学ぶ学生、地域の住民、そして観光客に公開することが肝要だと考えていたようである。また一六世紀から一九世紀にかけてのヨーロッパでは、グランドツアーと呼ばれるヨーロッパの上流階級の子弟が教養を身に付けるため、あるいは余暇の一環としてヨーロッパあるいは南レヴァント地域の諸都市を訪れる旅行スタイルが流行していた（Tower 1985）。イギリスの委任統治下に入り、情勢が安定したパレスチナ地域では、こうした社会的な背景を受け、ヨーロッパ系のホテルや旅行会社が積極的に参入し、グランドツアー客たちを受け入れるべく整備を進められた。一九二四年には、延べ七万人を超えるヨーロッパからの観光客がパレスチナを訪れた。一九三〇年には、パレスチナを訪れた四万人の観光客のうち、一割がシオニストであったといわれている（Berkowitz 2013, 222）。

このように、ユダヤ教、キリスト教、そしてイスラム教徒を含む多くの観光客がパレスチナ地域を訪れるようになると、アラブ人もユダヤ人も、観光を経済的利益目的だけではなく、観光を対外政策のツール、すなわちパレスチナ地域の主権を観光を通じて観光客に示し始めたという（Cohen-Hattab 2004, 64）。二〇世紀の前半期までは、アラブ人が経営する観光事業の方が優勢であったようで、アラブ人の観光ガイドはヨーロッパからの観光客を専らアラブ人が経営する店に連れて行った（Cohen-Hattab 2004, 64）。しかし、エルサレムの所有権問題がユダヤ人とアラブ人の間で顕在化してくると、ユダヤ人側も組織的な観光の基盤整備作りを始めた。

二〇世紀初頭のユダヤ人たちによる文化遺産観光としては、イェディアット・ハアレツ運動が事例として取り上げられる。とくに、早い時期に入植してきたシオニストたちは、キブツやモシャブごとにイスラエル各地を回り、自らの祖国を聖書だけでなく、実際に残る歴史的景観を通して確かめていった。ヨーロッパからパレスチナ地域を訪れるグランドツアー客や観光客とは異なり、イェディアット・ハアレツ運動の参加者は、最終的にパレスチナ地域への定住を目指しており、自分の祖国となる地域の歴史や地理に関する知識をツアーの訪問先で取得していっていた。このスカウト運動は、建国後も様々な形でイスラエル社会に残った。その一つとして、国立公園や自然保護区が当該地域の歴史と地理を学ぶ場所として機能するに至ったことは多くの研究者によって指摘されている（Bauman 1995, 21; Selwyn 1995, 119-120; Shavit 1997, 55; Bar-Gal & Bar-Gal 2008, 55）。

イスラエル建国後の文化遺産観光

イスラエル建国前後しばらくは、周辺のアラブ諸国との領域争いや国土開発の基盤整備のため、観光開発は立ち遅れていた。しかし、一九五七年にイスラエル建国一〇周年を迎える頃には、安定的な観光客数が確保され、政府も観光産業開発の重要性を認識し始めた。

　この時期から活発化するイスラエルの観光開発と文化遺産マネジメントについては、R・ストック（Stock 1977）、G・パット（Patt 1990）、J・バウマン（Bauman 1995; 2004）等が論じている。彼らはそろって、初期のイスラエル観光の立役者であり、文化遺産観光を方向づけた人物として一九五二年から首相室長官を務め、のちにエルサレム市長を歴任するT・コレックを挙げている。一九五七年にイスラエル政府観光法人 Israel Government Tourism Corporation が設立され、イスラエル各地の観光整備が進む中（Patt 1990, 103）、アッコ、ガリラヤ湖周辺、ベト・シャン、そしてエルサレムの遺跡や歴史的建造物の保護が行われた。アッコに関しては、一九六七年に古代アッコ開発有限会社 Old Acre Development Ltd. が設立され、十字軍時代やイスラム時代の歴史的建造物が保護・整備の対象となった。また、キリスト教聖地が点在するイスラエル北部のガリラヤ湖周辺では、湖の周辺に遊歩道が整備され、景観や自然環境を享受しながらガリラヤ湖周辺に散在する遺跡を堪能できるような環境づくりがされた。ガリラヤ湖周辺には、ユダヤ教やキリスト教に関連する遺跡が多いため、経済的利益を生み出すキリスト教巡礼者を対象とした整備が実施されたという指摘もある（Stock 1977; Bauman 1995, 2004; Silberman 1997）。

　一九六四年以来、文化遺産観光の促進に大きく貢献してきたものとして国立公園・自然保護区制度を挙げているのは、バウマン（Bauman 1995; 2004）、キルブルー（Killebrew1999; 2010）、そして岡田（Okada 2012）である。キルブルーは、国立公園・自然保護区設立当初から一九六〇年代頃までは、ユダヤ教礼拝施設シナゴーグの遺構やダビデ、ソロモンが業績を残した古代イスラエル王国時代の遺跡が積極的に展示されてきたことを指摘している（Killebrew 1999, 19）。確かに、こうした遺跡もイェディアット・ハアレツ運動のようなスカウト活動や観光地として人気を博したが、現在ではヘブル語聖書とは直接的に関わりのないマサダ国立公園、カエサリア国立公園やベト・シャン国立公園といった場所の方が人気が高くなっている（Killebrew 2010, 134）。またバウマンは、国立公園や自然保護区内の遺跡展示がイスラエル社会の集合的記憶の形成に果たした役割を確認した上で、イスラエルの観光産業の稼ぎ頭である国立公園と自然保護区が、国際情勢や市民・観光客の余暇形態の変化に影響を受けながら、そのあり方を変化させてきたことを指摘している。観光資源の一つである国立公園や自然保護区に対する利用者の心理的変化の原因として、バウマンは、教育的・物見的な観光から体験型観光を求める余暇形態への転換が全世界的に起こったこと、そしてイスラエル社会の中に、これまでのようなシオニズムに傾倒した思想ではなく政治的に中道的な立場を取る人々が現れたことを挙げている。とくに一九九〇年代にシオニズム思想を可視的に支えてきた歴史展示や（Bauman 1995, 21）、そうした歴史観普及の場としての国立公園に対しても疑問の声が上がるようになり、結果として国立公園のあり様が変化したと述べている（Bauman 2004, 208-210）。

四　先行研究の課題と本書の立脚点

ここまで、パレスチナ地域とイスラエルで実施されてきた文化遺産マネジメントに関する先行研究を再考してきた。再検討に際して、考古学・文化遺産の政治利用、宗教と文化遺産、観光と文化遺産の三つの視点を設定した。先行研究からは、少なくともイギリス委任統治時代から、イスラエルの考古学と文化遺産マネジメントは時の為政者によって様々な期待を受けながら発展してきたことが明らかになった。ただし、一概にすべてのユダヤ人によって考古学が支持されてきたわけではなく、シオニズムに傾倒した世俗的なユダヤ人と超正統派ユダヤ教徒たちとでは、それぞれ考古学に対して抱いてきた感情が異なることも注目に値する。

考古学・文化遺産の政治利用を扱った先行研究の問題点として、議論で取り上げられる事例が偏っていることが指摘できる。論考の多くが、そうした現象が起きた建国直後から一九七〇年代頃までを対象としている。そして、その根拠としている事例がマサダ遺跡、ベト・アルファ遺跡、そしてエルサレムの遺跡群といった限られたものであることが明らかになった。確かに、マサダ遺跡はヤディンによる大規模発掘が行われ、その成果は、ユダや民族性を物語る根拠として広く一般的に知られた。さらに、国内有数の観光地となった同遺跡の整備も、他の遺跡とは、そのレベルにおいて一線を画している。このような特殊性は、エルサレムに所在する遺跡群でも同様に見られ、さらに「聖地エルサレム」の帰属をめぐり、政治的にも注目を浴びている。ただし、このような考古学や文化遺産マネジメントに認められる政治性が、イスラエルの考古学・文化遺産マネジメント全体の特徴として一般化できるかどうかは、十分に検証されているとは言えない。

また、別の問題としては、本来は別の行為である発掘調査と文化遺産マネジメントが密接な関係を持ちながら理解されてきたことが看取できる点である。まさに、遺産化のために遺跡に付与される価値には、しばしば考古学者が提示した学術的評価が強く反映した事例が見られる。とくに、イギリス委任統治時代から一九八〇年代までは、これらの考古学的解釈にヘブル語聖書やその他の文献資料の記述が、積極的に参照されたことは留意しておくべきことである。たとえば、メギド遺跡、ハツォル遺跡、ゲゼル遺跡そしてダン遺跡等は、聖書に描かれたイスラエル王による統治の痕跡を色濃く残す遺跡という考古学的評価が与えられ、それは遺跡の保存計画や遺跡を活かした観光にも強い影響を与えたと理解されている。

国立公園・自然保護区制度における遺跡の遺産化については、キルブルー（Killebrew 1999; 2010）、バウマン（Bauman 1995; 2004）、岡田（岡田 2008; Okada 2012）といった限られた論考しかない。また、観光学からの研究も十分な議論に至っていない。なぜ、考古遺跡がイスラエルの中心的な文化遺産マネジメントして選出されたのか、どのような法制度の中で遺跡が遺産化されるのか、遺跡の遺産化あるいは文化遺産マネジメントを担うのは政府だけなのか、といったイスラエルの文化遺産マネジメントを考える上で基本となる点に触れている論考は、キルブルー（Killebrew 1999）、ツク（Tsuk 2004）、リソブスキー（Lissovsky 2012）の一部に限られている。

そこで本書では、これまでイスラエルの文化遺産研究で論じられてこなかった遺跡の遺産化について取り上げることで、イスラエルにおける文化遺産、とくに遺跡のマネジメントの特徴とその歴史的全体像を解明する。個別事例による帰納的な推察に終わらないために、イスラエルの文化遺産の中核を担ってきた国立公園・自然保護区制度の枠組で実施された遺跡のマネジメントについて、法制史に関する分析と実際の遺産化に関する分析を行う。国の文化政策で行われた遺跡のマネジメントの法制史とその実態が解明されることは、イスラエルの文化遺産マネジメント研究の一つの明確な指標となると考えられる。

第Ⅱ部　法制度から見たイスラエルの文化遺産マネジメント

第四章　イスラエルの文化遺産マネジメントの歴史

第四章では、オスマン帝国末期から現在に至るまでにパレスチナ地域／イスラエルで実施された文化遺産に係る法制史を通時的に辿りながら、とくに画期となった法律や出来事について叙述する。

一　オスマン帝国時代

パレスチナ地域における古物の調査・保護に関する規定は、オスマン帝国時代に誕生した。一六世紀以降、長距離の移動手段が安定的に供給されるようになったことで、冒険家や巡礼者たちの行動範囲が広がった。さらに、出版技術が向上したため、冒険家や巡礼者たちの手記が広く世間に読まれることとなり、オリエント地域の古代文明の存在が西欧諸国で広く知られるようになった。また、ナポレオンの遠征時に書かれた一九巻に及ぶ『エジプト誌』や、P・E・ボッタとA・H・レイヤードによるアッシリア時代のメソポタミアを紹介した書物は、オリエント地域に残る古代文明の質の高さを伝える役目を果たした（岡田 2008, 19-20）。

一九世紀末から二〇世紀のパレスチナ地域には、こうした背景の下、好古趣向や聖書に対する宗教的関心を持った西欧諸国の研究者や探検家が頻繁に訪れるようになった。しかし、一八八四年まで、オスマン帝国政府には古物の調査や保護に関する法律がなかったため、オスマン帝国内にある古物が研究者たちによって不法に国外に持ち出されたり、破壊されたりする事態が頻発した。そこで、オスマン帝国は国内にある古物の保護の必要性を強く感じ（Kersel 2006, 74）、一八八四年に『オスマン帝国古物法 Ottoman Law of Antiquities1884』を施行した。『オスマン帝国古物法』では、「発掘調査中に検出された遺物や遺跡は、すべてオスマン帝国博物館（現在のイスタンブール考古学博物館）がその所有権を所持する」ことを定めた（Gibson 1999, 136; Kersel 2008, 25）。さらに、発掘調査には許可申請を義務づけし、古物の無断持ち出しや破壊を禁止した（Glock 1994, 73）。

西欧諸国の中でも、イギリスは先陣を切ってパレスチナ地域の調査に乗り出した。一八六五年、イギリス政府の出資によって、英国パレスチナ調査財団 Palestine Exploration Fund がロンドンに設立された。当財団の活動目的は、パレスチナの考古学、地理、地学、自然環境の科学的調査の実施であり、とりわけ聖書の世界を再構築するための情報収集に重点が置かれ（Grove 1869, 1-2）、考古学分野では、ユダヤ教やキリスト教と関わりのある遺跡が主な調査対象であった（Killebrew 1999, 17; Gavish 2005）。第一次世界大戦前までに、イギリスの他にアメリカ、フランス、ドイツといった国々が、エルサレムに考古学研究所を設立した。一方で、西欧諸国がパレスチナ地域の考古学調査を開始した当初、聖書時代[1]以降、とくにイスラム時代の遺跡や遺物は、研究者たちの興味の範疇外にあったか、古物として認識されていなかったため、記録されなかったり破棄されたりしたようである（Killebrew 1999, 17）。またこの時期は、考古学的な発掘調査だけでなく、イギリスのビザンツ研究財団 Byzantine Research Fund やアテネ・イギリス学院 British School at Athens 等が中心となって歴史的建造物や美術品の調査も実施された。とくに一九〇八年から一九〇九年にかけて、W・ハーヴェイによって行われたベツレヘムの聖誕教会の調査では、美術史的観点からの情報だけでなく、文化財保存に必要な教会堂および内部の装飾品の保存状態が克明に記録された（Cohen 2011, 101）。

一九一二年には、考古学や歴史地理学に関心を持っていた在パレスチナ・ユダヤ人たちが中心となり、ユダヤ・

パレスチナ調査協会Jewish Palestine Exploration Societyが、一九一四年には古物開拓協会Society for the Reclamation of Antiquitiesが設立された。前者は実施される発掘調査を資金的に支援することを目的としており、後者はユダヤ民族自身による考古学調査および研究を目的としている。一九二〇年に二つの組織が統合された後も、過去に存在したと考えられているユダヤ民族の国家に関する歴史地理学的、考古学的な研究は継続された。一九二〇年のハマト・ティベリアス遺跡、一九二九年のベト・アルファ遺跡は、本組織による発掘調査の嚆矢と言えよう(Silberman 1997, 62-81)。

二　占領下敵国領政庁時代

イギリスがパレスチナ地域とトランス・ヨルダン地域に占領下敵国領政庁を設立し、当地域の統治に向けての体制整備を進めていく中、イギリスにとって文化遺産マネジメントは関心の高い課題の一つであった。一九一九年には、占領下敵国領政庁の局長会議においても、古物や歴史的建造物の保護、不法な発掘・売買・輸出の禁止、古物や歴史的建造物を管轄する部署の創設等について論じられている(Jarman 1995a, 77)。イギリスによる初期の文化遺産マネジメント構想には、のちにエルサレムの民政長官となるR・ストーズ、建築家E・T・リッチモンド、建築家であり工芸にも造詣が深いC・R・アシュビーたちが関わっていた。

かつてカイロのアラブ美術保存委員会のメンバーであったストーズは、その経験を活かし、イギリスの都市協会をモデルとしたプロ・エルサレム協会Pro-Jerusalem Societyを一九一八年に設立した。エルサレムの文化遺産を保護することを目的としたプロ・エルサレム協会の初代会長には、芸術と工芸を基軸にしたコミュニティ創りを目指すウィリアム・モリスに傾倒し、当時カイロのスルタン訓練大学で教鞭を執っていたアシュビーを迎え、一九二〇年から始まるイギリス委任統治下での文化遺産マネジメントの準備に注力した。プロ・エルサレム協会の事業には、統治領内に暮らすユダヤ人、アラブ人、イギリス人、アメリカ近東学院American School of Oriental Research、ギリシア正教とアルメニア正教の司教、フランシスコ修道会とドミニカ修道会の修道士たちも支援者として携わっていた（Thornton 2012, 198）。プロ・エルサレム協会の活動目的が、エルサレムの文化遺産の保護やそれらを楽しむことができる施設の運営にあったことから（Ashbee 1921, vii）、同協会は悉皆的なエルサレムの文化遺産調査や修復作業に従事した。一九二一年に出版されたプロ・エルサレム協会の活動報告書（Ashbee 1921）では、一九一八年からイギリス委任統治政府の開始前にプロ・エルサレム協会が実施した文化遺産保護活動やエルサレムの文化遺産マネジメントに関する構想が記されている。その後の当地域で実施された文化遺産に関する諸活動において、プロ・エルサレム協会の果たした役割は少なくない。とりわけ、一九二一年の活動報告書で提案された公園システムPark Systemは大変興味深い。エルサレム公園システムは、旧市街の文化遺産を、公園や森林の中で保存することを提唱した考え方で（Ashbee 1921, 19）、ここでは、城壁で囲まれた旧市街をエルサレム公園システムの中心施設、エルサレム要塞をその入口とみなしている（Ashbee 1921, 19-21）。アシュビーがエルサレム公園システムで提案した文化遺産保護のためのゾーニングは、その成立過程を考慮すると、二〇世紀初頭のエルサレムの都市計画概念の原型に位置づけることができる。

わき道にそれるが、ここで二〇世紀初頭のエルサレムの都市計画について少し述べたい。エルサレムの民政長官ストーズは、占領下敵国領政庁の担当者たちと長期的な都市計画について協議を持ち、エルサレム旧市街および周辺に所在する文化遺産を保存しつつ、近代的な都市づくりを目指すことで合意した（Gitler 2003, 41, 49）。ストーズがこの二つの目的を果たすために、まず着手したのが、領域内の建造物に対する規制であった。民政長官着任後、ストーズはすぐにエルサレムの旧市街およびその周辺半径二五〇〇メートル以内にある古物の改変や破壊を禁止した（Ashbee 1920, P. V.）イギリスの委任統治期間に、合計五枚のエルサレム都市計画図が提出されている（Pullau & Sternburg 2012）。アシュビーが一九二一年に提唱したエルサレム公園システムは、一九一八年にW・マクリーンによって作成されたものと一九一九年にP・ゲッデスによって作成されたものが参照された（Gitler 2003, 41-42）。マクリーンもゲッデスも、エルサレム旧市街と周辺の開発地域を分断する地帯としてベルト状の緩衝地帯を設けている。ゲッデスに至っては、この緩衝地帯を「公園緑地帯」と位置づけ、その中に文化遺産保護地帯を含めている。公園緑地帯は、イギリスの植民地都市計画でよく見られる概念で、パークランドやグリーンベルトと呼ばれ、公共の休憩所、レクリエーション空間等を確保するための空間に用いられた。ゲッデスは、公園緑地帯を、文化遺産を保護するためにその他の開発地域と区別するための境界として設定したのである（Rubin 2011, 239）。アシュビーが一九二一年に提唱したエルサレム公園システムも、先立つ二つの都市計画図を踏まえて作成されている。アシュビーがエルサレム公園システムとして設定した範囲は、ゲッデスが公園緑地帯として区分けしたそれに重複する部分が多い。

アシュビーのエルサレム公園システムは、遺跡の保護のみならず、深遠な歴史を持つエルサレムの歴史的景観を空間として保存しようとする意気込みが看取できる。従来、各宗教の聖地はそれぞれの管理者によって管理されており、宗派を超えて、それらがエルサレムの歴史的景観を構成する重要な文化遺産であるという、いわば非宗教的な価値は、イギリスの委任統治政府まで認識されていなかった。エルサレムの都市計画者たちが、ゾーニングによって文化遺産保護地帯とそれ以外の地帯とを明確化したことは、時代、文化、宗教にとらわれず、エルサレムを構成する文化遺産を空間的に保存しようとする思想として、一九四八年にA・シャロンによって提案された国立公園に連なっていく。

また、プロ・エルサレム協会は、文化財保護法の原案ともいえる「古物に関する宣言 Antiquities Proclamation」を起草している（Ashbee 1921, 78）。この宣言は、占領下敵国領政庁が管轄するパレスチナ地域にある動産・不動産の遺物や記念碑を保護するために設けられた。この宣言においては古物を「一六〇〇年以前」のものと規定し、その帰属は占領下敵国領政庁としている（Antiquities Proclamation, 2, 1）。宣言は、一一条項から構成されており、占領下敵国領政庁の許可なく、古物や歴史的建造物の復元、移動・処分・改変・破壊を行うことを禁じ、万が一それらを発見した場合には、占領下敵国領政庁に三〇日以内に届けるよう義務付けている（Antiquities Proclamation, 3, 3, 4, 5, 6）。この宣言は、一九二〇年から始まるイギリス委任統治政府による文化遺産行政の基盤的役割を果たした。

三　イギリス委任統治時代

一九二〇年にイギリスの委任統治が開始されると、領域内の古物の保護・管理に関する法律が立法され、この法律をもって英国古物局が設立された（Cohen 2011, 105）。初代の英国古物局長には、リバプール大学の考古学部の教授であったJ・ガースタングが就任し、職員はイギリス人、パレスチナ人、ユダヤ人で構成された（Glock 1994, 74）。また、英国パレスチナ調査財団、エルサレム・フランス聖書考古学学院 École Archéologique Française de Jérusalem, パレスチナ・ユダヤ考古学協会 Jewish Archeological Society of Palestine, フランシスコ修道会聖地管理局 Custodia della Terra Santa, フィラデルフィア大学から構成される諮問機関が、発掘調査の許可制度や出土品の保護・管理に関して、英国古物局を側面支援していた（Civil Administration of Palestine 1921; Cohen 2011, 104）。英国古物局の最初の仕事は、統治領内にある古物の総合的な管理のための台帳作りであった。一九四八年のイスラエル建国まで、英国古物局は三七八〇カ所の遺跡を確認し、その内の二〇四八カ所を保護記念物として登録した（Amiran 1953, 58; Glock 1995, 50）。台帳のリストには、一八七二年から一八七七年の間にパレスチナ調査財団が実施した西パレスチナ調査で確認された遺跡、一九一八年以降にプロ・エルサレム協会によって確認された遺跡、そして一九二九年から一九四七年までに英国古物局が確認した遺跡が含まれている（Israel Department of Antiquities and Museums 1976, iii）。加えて、悉皆調査の結果、とりわけ遺跡保存の必要性が認められた遺跡においては、清掃を行ったり、管理人を配置したりする等、遺跡保護の対応がとられた(2)（Jarman 1995a, 327-328）。

英国古物局のもう一つの重要な任務は、考古学調査および文化財保護法の整備であった。ガースタングは、すでにイギリスやパレスチナ地域周辺で施行あるいは提案されていた古物に関する法律や宣言を参考にし、英国古物局に設置された諮問機関と協議を重ねながら法案を作成した[3]（Gibson 1999, 137）。一九二〇年に立法された『一九二〇年古物条令[4]』は、全部で八条項という簡易なもので、その一項目では古物の定義、二項目は古物発見時の手続き、三項目と四項目は古物の破壊・持ち出しの禁止、五項目から八項目においては発掘調査の申請手続きや出土遺物の管理について規定している（Bentwich & Goadby 1924, 251）。本条令において、古物は次のように定義された。

紀元後一七〇〇年以前のあらゆる建造物、また、あらゆる人間活動による生産物のことを意味する。[5]

『一九二〇年古物条令』には、古物の取扱や発掘調査に関する条項はあるものの、遺物・遺跡の修復に関しての言及はない。しかし、イギリス委任統治政府は遺跡を保存・修復し、整備された遺跡が地域の遺産となり、住民の地域的アイデンティティを助長することを期待していた（Jarman 1995a, 181-182）。そこで、すでにエルサレムに残る城壁や歴史的建造物の修復等を行っていたプロ・エルサレム協会に、領域内の遺跡や歴史的建造物の保存・修復の業務を委託した（Cohen 2011, 104）。この時期に、プロ・エルサレム協会が取り組んだ修復作業は、エルサレム要塞関連遺跡群で、エルサレム要塞の塔の石積み、屋根、入口や窓の図面を取り、保存状態を記録した上で、修復を行っていった（Ashbee 1924, 5-12）。エルサレム要塞の延長線上にあるエルサレム城壁もまた、プロ・エルサレム協会の修復案件の一つであり、損壊していたり、草木が繁茂して歩くことができなかったりする個所の修復が行われた（Ashbee 1924, 12-13）。

『一九二〇年古物条令』の九年後に発令された『一九二九年古物条令[6]』では、古物の定義が次のようにより具体的に示された。

（1）紀元後一七〇〇年以前に人間の営為によって建設され、形作られ、刻まれ、建立され、製造され、改変された動産・不動産・土壌の一部等のあらゆるもの、また、それらが紀元後一七〇〇年以降に追加、改修されているものも含む。

（2）紀元後六〇〇年以前の人骨や動物骨。

（3）英国古物局が古物だと宣言した紀元後一七〇〇年以後の建造物や構造物。[7]

さらに、遺跡の保存・修復に関する条文も明記された。例えば、遺跡や記念物がすでに個人の財産として登録されており、なおかつ保存・修復作業が必要な場合は、公的基金を使用してその作業を行えるよう英国古物局が協力することが一九項に記されている。[8] 特筆すべき点は、個人所有の遺跡や記念物への英国古物局の介入が、宗教施設に対しては行われなかったことである。同法の一九項および遺跡の登録について定められている二〇項においても、宗教的な目的で引き続き使用されている記念物等については、英国古物局の管轄外とすることが明記されている（Antiquities Ordinance No.51, Article 19 (1), Article 20）。これは、『一九二〇年古物条令』には記載がなかった条項である。当時、宗教遺物や聖地の中にある古物の多くは、それぞれの宗教団体によって管理されていた（Killebrew 1999, 18）。

古物の定義および英国古物局の古物に対する管理権限を明確にした『一九二九年古物条令』の目的を、アブ・エル＝ハジは次のように述べている。すなわち、⑴法律によって古物の定義を具体的に示すことで、在パレスチナ・ユダヤ人やアラブ人たちに、古物の概念を理解させること、⑵古物と聖地・聖跡を「死んだ記念物 dead monument」と「生きた記念物 living monument」、あるいは「世俗的記念物」と「宗教的記念物」というように峻別し、それぞれの管理権限を明言することであった。見方を変えれば、宗教的な目的で使用されている古物以外を、法律によって「古物」と規定し、英国古物局の一元管理下に置くための方策だったとも言える。

古物の保護に関して一九二〇年に設立された英国古物局が担ったもう一つ重要な任務は、博物館施設の建設であった（Jarman 1995a, 327）。博物館施設建設の要望は、一九一八年に設立されたプロ・エルサレム協会からも挙げられており、一九二〇年の段階ではすでに建物の建設が開始されていた。英国古物局の建物と隣接した場所に、パレスチナ考古学博物館が建設され、一九二一年の一〇月三一日に高等弁務官たちに対して完成披露が行われた。パレスチナ考古博物館には、すでにオスマン帝国政府によって収集されていた文化財や、英国パレスチナ調査財団によって発掘されたベト・シェメシュ遺跡やアシュケロン遺跡、あるいは英国古物局が購入した遺物が収められた。遺物を収める所蔵施設の他、それらの展示室や資料図書館等も設けられた。しかし、遺物の量が収蔵庫の許容量を超え、またJ・D・ロックフェラー卿から寄付の申し出があったことから、一九三〇年に新しいパレスチナ考古学博物館の建設が始まり、新しい建物は一九三八年に開館した[9]（Gibson 1999, 132）。

第一次世界大戦のために活動を一時休止していた古物開拓協会は、一九二〇年にユダヤ・パレスチナ調査協会として考古学調査を再開した。ユダヤ・パレスチナ調査協会は、英国古物局と協力し、主に第二神殿時期もしくはそれ以降（ローマ時代からビザンツ時代以降）のシナゴーグやユダヤ人の墓地を中心に調査を進めた（Killebrew 1999, 18; Kersel 2006, 51）。ユダヤ・パレスチナ調査協会が携わった代表的な遺跡調査は、先ほど述べたハマト・ティベリアス遺跡のシナゴーグとベト・アルファ遺跡のシナゴーグの他に、エルサレムの城壁、アブサロムの墓、ベト・シェアリム遺跡、ベト・イェラ遺跡等がある。一九二〇年代から一九四〇年代にかけてユダヤ・パレスチナ調査協会が発行した学術雑誌の中には、多くのローマ・ビザンツ時代のシナゴーグや墓に関する報告が収録されている（Mayer 1925; Maziè 1925; Slousch 1925; Sukenik 1925; Pinkefeld 1939; Mayer & Reifenberg 1942）。これは、ユダヤ・パレスチナ調査協会の活動目的と深く関わっており、同協会がシナゴーグや墓の調査事例を増やせば増やすほど、ローマ・ビザンツ時代のユダヤ教徒に関する物質文化の変遷が明らかになっていった。豊富な発掘資料から、過去のユダヤ社会を探る試みは、考古学資料から自らの起源を探り、現在のユダヤ民族とのつながりを確認する同協会の活動目的と合致していた。

四　イスラエル建国後①——国土開発と文化遺産マネジメント

一九四七年一一月二九日に採択された国連総会決議一八一（通称、パレスチナ分割決議）に基づき、イスラエルは一九四八年五月一四日に独立宣言を行った。しかし、国連が提示したパレスチナ分割決議による土地分配では、聖書に関わる文化遺産が多く所在していた東エルサレムがヨルダン領に組み込まれてしまったため、イスラエルの文化遺産行政のスタートとしては厳しい状況であった。さらに、東エルサレムには、イギリス委任統治時代に考古学調査や古物の保護・管理の中心であったパレスチナ考古学博物館とヘブル大学スコポス山キャンパスがあったため、イスラエル政府は多くの文化遺産へのアクセスを断ち切られてしまった（Gibson 1999, 136; Hallote & Joffe 2002, 85）。

イスラエル政府は、英国古物局が実施していた業務を担う新しい組織、イスラエル古物・博物館局を設置し、建国後も引き続き発掘調査を実施していたが、法制度はイギリス委任統治時代のものを引き続き使用していた。つまり、一九七八年に『イスラエル古物法』が立法されるまで、イギリス委任統治時代の『一九二〇年古物条令』およびその改正法が、建国後三〇年近く用いられていたのである[10]（表4－1）。

またイスラエル政府は、建国直後から注力した観光産業の目玉の一つとして、遺跡の活用に注目していた。目ぼしい資源がなかったイスラエルにとって、外貨獲得の手段の一つが観光産業であり、世界中のキリスト教徒やユダヤ教徒の関心を呼び起こせる当該地域の文化遺産はまさに金の卵であった。

ドイツからの移民者である建築家A・シャロンは、イスラエルの独立宣言を行った一週間後に、国土開発案を携えて政府に赴いた。この国土開発案は、通称「シャロン計画」と呼ばれ、実質的な国家建設の基本計画であった（Lissovsky 2012, 64）。シャロンは、国家基本計画における理念を説明した際に、国立公園建設は国民の余暇および精神的土台を創り出すために不可欠であると述べている（Sharon 1952, 71）。さらに、そうした場所に古代の遺跡があることの意義を次のように述べている。

表4-1　パレスチナ地域／イスラエルの古物保護に関する法律

1884年	オスマン帝国古物法（オスマン帝国）
1920年	古物条令（イギリス委任統治政府）
1929年	古物条令（イギリス委任統治政府）
1930年	古物規定（イギリス委任統治政府）
1934年	古物条令（イギリス委任統治政府）
1953年	古物命令（イスラエル政府）
1959年	古物規則（イスラエル）
1963年	国立公園・自然保護区法（イスラエル）
1966年	暫定古物法第51号（ヨルダン）
1978年	イスラエル古物法（イスラエル）
1989年	イスラエル古物局法（イスラエル）
1992年	国立公園・自然保護区・国立史跡・記念史跡法（イスラエル）
1998年	国立公園・自然保護区・国立史跡・記念史跡法（イスラエル）
2002年	イスラエル古物局法改正法（イスラエル）

〔図4-1に示されている〕自然区域〔自然保護区〕と余暇区域〔国立公園〕の中には、重要な史跡も含まれている。なぜなら、イスラエルは非常に歴史的な場所だからである。私たちがどこに行こうが、必ず私たちの国家の過去の栄光、たとえば考古学者に未だ発掘されていない巨大な建造物、古代の墓、あるいは古いテル〔遺丘〕に出会うであろう。こうした史跡に価値があるのは、単に科学的な理由だけではない。それらは、私と土地と土地の崇高な歴史とを結び付けてくれる。我々の目的は、植林活動やハイカーや観光客のためのウォーキングコースが含まれる国家計画において、自然保護区と国立公園が史跡と一体化することである。（Sharon 1949）

シャロンの発言からは、現在も残る歴史的景観を保護する場所として国立公園と自然保護区が想定されていることがわかる。その理由は、国立公園と自然保護区を通じて国家が提供すべき「故郷」の歴史・文化を早々に規定する必要があったからで、この点はシャロン以外の複数の政府機関関係者も指摘していた（Lissovsky 2012, 64）。

ＩＮＰＡの考古遺産部計画開発課の責任者であるＴ・ツクが編集したＩＮＰＡ四〇周年史においても、文化遺産の保護に対する動きが、観光開発の事業と関わりが深かったことが読み取れる（Tsuk 2004, 3）。一九五四年に設立された観光センターの運営者の一人、Ａ・エゼルは、同年にテルアビブで開催された国際博覧会レヴァン

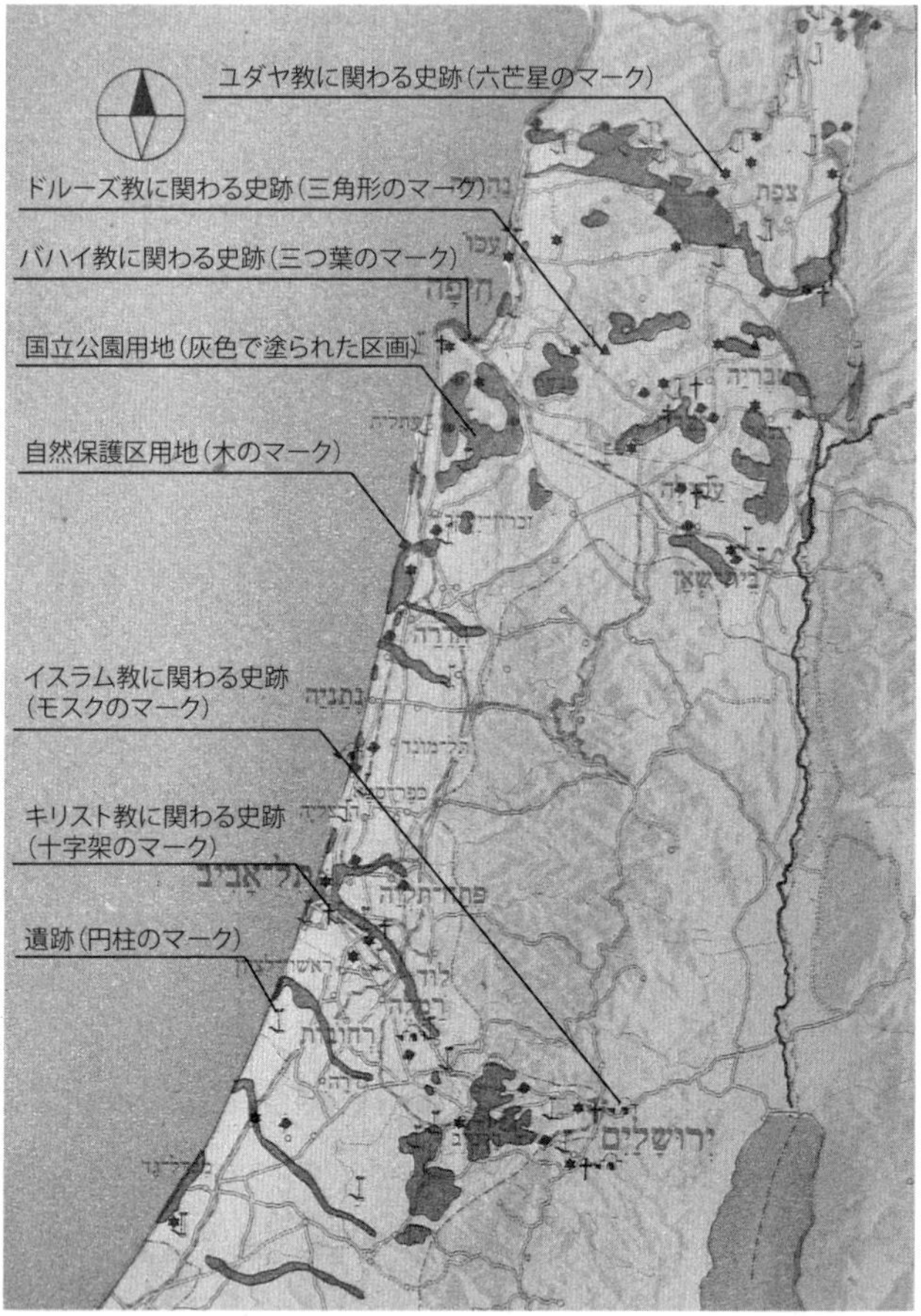

図 4-1　シャロン計画で示された文化遺産や国立公園用地の位置

ト・フェアの立役者である。エゼルは、さらにエルサレムに国際展示場を開設し、引き続き国際社会に対してイスラエルをアピールする機会を創り続けた。こうした観光促進に携わる中で、エゼルはイスラエルの歴史と文化を視覚的に有効な方法で紹介できる施設の必要性を感じ、聖書にまつわる遺跡と風光明美な景観に注目し始めた（Tsuk 2004, 4）。エゼルの部下で、のちのＩＮＰＡの中心人物となるＤ・レヴィンソンは、遺跡や歴史的建造物が国外からの観光客増加にどのように貢献しうるかを検討するため、外務省やイスラエル古物・博物館局の職員と意見交換を行った。その中で、数人の考古学者の意見を聞いたレヴィンソンは、遺跡の中でもとくに鉄器時代、ビザンツ時代、前期イスラムから十字軍時代が注目すべき遺跡だと判断した。そして、観光客にとって魅力のある遺跡の選出を行うため、[11]レヴィンソンは各時代の専門家と共に観光開発の可能性がある遺跡踏査を行ったものの、経年劣化や建国前後から続く対アラブ戦争のために、多くの遺跡が荒廃している状況を目の当たりにした。当時、イギリス委任統治時代の体制を引き継いだイスラエル古物・博物館局は存在していたものの、その業務はもっぱら発掘調査の管理と出土遺物の記録・管理にとどまり、遺跡の保護・整備を行う機関は存在していなかった。そこでレヴィンソンは、政府に対して荒廃した遺跡の保護に取り組む必要性を強く訴えた（Tsuk 2004, 4-5）。

一九五四年五月、レヴィンソンは考古学者や政府官僚をメンバーとした委員会を立ち上げた。委員会は、考古遺跡の保護と活用を推進する目的で設立され、「歴史・考古・宗教遺跡改善委員会」と名づけられた。[12]委員会には、財務省、宗教省、労働省から予算が捻出された。労働省から予算が出た理由としては、荒廃した遺跡の清掃および整備が失業者のための雇用創出事業につながるという理由からであった。

遺跡の保護と活用の基盤作りに着手したエゼルとレヴィンソンには、すでに遺跡を国立公園のような空間で保護し活用していくという構想があったようである。その証拠に、当時イスラエル内で、最も有名な景観設計の建築家であるＤ・タナイとともに、各遺跡の修復作業だけでなく、遺跡周辺の整備も実施していた。その中でも、エルサレム一帯は重要視されていたようで、一九五四年に当時のエルサレム市長、内務省の政府官僚、古物局の考古学者で構成される「エルサレム市街改善委員会」を別個に設けた。

五　イスラエル建国後②——史跡開発局の誕生

一九五四年、ベングリオン首相の諮問機関として、歴史・考古・宗教遺跡改善委員会と考古遺跡保存委員会が設立された。翌年の一九五五年には二つの委員会が合併して、国内の遺跡や歴史的建造物の管理と保護を専門に行う首相室付きの史跡開発局が誕生した（Tsuk 2004, 3）。当時、史跡開発局の中心人物であったのは、のちのエルサレム市長となるT・コレックであった（Killebrew 1999, 18; Tal 2002, 161; Tsuk 2004, 7）。コレックは、財界や軍事方面で政治的権力を持っていたY・ヤナイを局長に据え、さらに史跡開発局を首相室直属の組織にした。その理由として、レヴィンソンは「史跡開発局が行う業務が、どの省庁にも合致しなかったから」と述べているが（Tsuk 2004, 8）、理由は他にもあったようである。ベングリオン首相がヘブル語聖書の研究サークルを自宅で開催しており、そのサークルにヤディン等の考古学者が参加していたことからも（サンド 2010, 176）、ベングリオン首相が、ヘブル語聖書にまつわる遺跡の開発に、多少なりとも関心を払っていたことは想像に難くない。史跡開発局の活動目的は、国内にある遺跡や歴史的建造物を保護するとともに、観光資源として活用することでもあったが、この段階では、史跡開発局が遺跡等を保護するための法制度は設けられていない。

史跡開発局の中で、遺跡の選定および清掃・整備計画に影響を与えたのは「景観改善協会」と呼ばれる各界の有識者で構成された諮問委員会であった。イスラエル考古学の発展に貢献した聖書考古学者ヤディンを筆頭に、ジャーナリストのA・カールバック、B・S・ロスチャイルド、建築家のシャロン、詩人のZ・アハロン、そして建築家のタナイがメンバーとなっていた。

歴史・考古・宗教遺跡改善委員会、考古遺跡保存委員会、史跡開発局が活動した一九五四年から一九五五年は、イスラエルにおける文化遺産マネジメントの黎明期に位置づけられる。この時期に行われた作業は、主に(1)観光開発に適した遺跡の選定、(2)選定された遺跡の清掃および整備、の二点であった。史跡開発局は、観光センターと共同で国内に残る遺跡と歴史的建造物を踏査し、選定した三三カ所に対して、一九五四年から一九五五年にかけて整備を実施した（Tsuk 2004, 5-6, 図7－1参照）。史跡開発局の職員と臨時雇い労働者の主な仕事は、荒廃した遺跡や歴史的建造物の清掃を行い、可能な限り倒壊した石組等を元に戻すという単純な作業であった。しかし、とくにヘブル語聖書にゆかりの深いハツォル遺跡、メギド遺跡、ユダヤ教の歴史において重要であるベト・アルファ遺跡、ベト・シェアリム遺跡、バルアム遺跡、壮麗なローマ時代の都市遺跡が残るベト・シャン遺跡、アヴダット遺跡、シヴタ遺跡、カエサリア遺跡では、整備した上で一般の人々が安全に見学できるような環境整備が行われ、一般公開されるに至った。こうした遺跡の入場者は、一九六一年から一九六二年にかけては三六万五六八〇人、翌年には約三倍の九九万三八二〇人にまで増加した（Killebrew 1999, 19）。

歴史・考古・宗教遺跡改善委員会、考古遺跡保存委員会、史跡開発局によって、遺跡や歴史的建造物の選定や整備が行われる一方で、それらを観光資源として活用する準備も進められていた。一九五七年、イスラエル政府観光法人 Israel Government Tourism Corporation（以後、ＩＧＴＣ）が設立され、各地の観光整備が開始された（Part 1990, 103）。とりわけ、遺跡や歴史的建造物を活かした開発が推進された地域はアッコ、ガリラヤ湖周辺、ベト・シャン、そしてエルサレムであった。中でも、一九六七年に古代アッコ開発有限会社 Old Acre Development Ltd. が設立されたアッコでは、十字軍時代やイスラム時代の歴史的建造物の保護・整備を進められた。ベト・シャン遺跡では、一九六〇年代からテルや下の町に広がるヘレニズム・ローマ時代の都市遺跡が調査されていた。一九八五年にＩＧＴＣがベト・シャン観光開発管理部 Beit She'an Tourism Development Administration を立ち上げると、ベト・シャン周辺の雇用促進のために国内外からの四つの発掘調査隊を受け入れ調査を拡大した。また政府からＩＧＴＣを通して、通常の予算に加えて、五年間で三〇〇万シェケル（約一千万円）が発掘調査資金として投資された（Parr 1990, 112-113）。エルサレムでは、一九六七年に東エルサレムが併合されると、ＩＧＴＣが立ち上げた東エルサレム開発有限会社 East Jerusalem Development Ltd. によって文化遺産の保存と整備が進められた（Parr 1990, 110）。

文化遺産の活用のための素地作りが進む中で、文化財保護の法整備には大きな変化は起こっていない。『一九二〇年古物条令』とその改正法をもとにして、一九五九年に新たな規則が発行された。『一九二九年古物条令』と比較してみると、『一九五九年古物規則』は非常に簡素な内容となっており、前者が三〇条項あったのに対し、後者は一二条項しかない。古物の定義も、前者のような詳細な定義はなく、後者では一九二九年の条令に準ずるとなっているのみである（Antiquities Rules 1959, Article 1）。発掘に関する手続き、出土遺物の管理、遺跡の管理の免責等については全く言及されていない。つまり一九五九年の規則は、ほぼ『一九二九年古物条令』を踏襲しており、数項の追加があっただけのものと言える。数少ない追加条項は、博物館管理に関する項目と遺跡を監督する遺跡管理人の設置に関する項目であった。

六　イスラエル建国後③――国立公園・自然保護区の誕生

遺跡が、観光資源としての可能性を十分に持っていると認識した史跡開発局は、遺跡を一般公開するための枠組作りに着手した。注目すべきは、当初、史跡開発局は、自然環境の保護に関する活動をほとんど行っていなかったという点である（Tal 2002, 37）。しかし一九六三年、イスラエルの国会では、『一九六三年国立公園・自然保護区法』が通過し、翌年から国立公園局 National Park Authority と自然保護局 Nature Reserves Authority が前述の法律に則って、国内の考古遺跡や歴史的建造物等の保護・活用を実施することが決まった。

本節では従来、考古遺跡や歴史的建造物を保護する枠組であった国立公園局と外界から遮断することで自然環境を保護する自然保護局が同じ体制の下で運営されるようになった経緯について述べる。

イスラエルにおける自然保護運動の高まり

元来、ユダヤ人にとって自然環境に対する関心は、シオニズム思想の中でも重要な位置を占めていた（Tal 2002, 19-25）。「約束の地」への帰還を希求していたシオニストたちにとって、当地域の景観や自然環境への理解は、新しく生まれる国家への理解でもあった。国家建設後も、ユダヤ民族の故郷として「相応しい」景観づくりは国土開発において重要なスローガンとなっていた（Amiran 1978, 115; Fenster 2004, 403-407; Bar-Gal & Bar-Gal 2008; Tal 2008, 120-121）。しかし、一九六〇年代から大規模灌漑や建国以来続く国土開発による自然破壊が表面化し、イスラエル社会の環境破壊に対する関心も高まってきた（Tal 2002, 113-139）。それまで、政府内に自然環境保護を主たる目的とした組織がなかったため、自然環境の管理は主に、農業省と非政府団体のユダヤ民族基金 Jewish National Fund が中心となって実施していた。[13] ところが、農業省の主たる目的は、国内の農業基盤の構築であり、持続可能な自然環境の保全ではなかった。また、非政府団体として自然環境管理を担っていたユダヤ民族基金の手法も、原生種の保全を意識した植樹ではなかったため、イスラエル社会から批判を浴びていた。とくに、イスラエル北部にあるフラ湖周辺でユダヤ民族基金が行っていた環境整備事業に対しては、強い批判が寄せられていた（Tal 2002, 113-139）。

史跡開発局と自然保護団体による政府への働きかけ

以上のような自然環境管理のあり方に危機感を持ち、イスラエル政府に働きかけたのはＳＰＮＩであった。ＳＰＮＩの初代代表のＡ・アロンは、急激に進む国土開発によって自然環境が破壊されているにもかかわらず、国として対応する組織が存在しないことに問題を感じていた。また、当時すでに政治的な権力を得つつあった史跡開発局によって、文化遺産の保護と活用という名目の下、遺跡周辺の開発が進められていることに対しても懸念を示していた（Tal 2002, 161）。ＳＰＮＩは、史跡開発局の行為が自然環境を破壊する「開発」になりかねないと判断していたようである。

一九六二年、国会で開かれた国立公園を管理する組織を検討する法案審議の場では、国立公園局と自然保護局は、それぞれの活動目的が「開発」と「保全」という対極にあるものであり、一つの枠組内で運営していくべきではないという意見が出ていた。しかし、持続可能な部局運営や、アメリカの先例に鑑み、最終的には、一つの法制度の中で国立公園と自然保護区を管理することになった（Tal 2002, 164-166）。

国立公園・自然保護区法の成立

一九六三年、国立公園と自然保護区の組織法、計画法、管理法として、『一九六三年国立公園・自然保護区法』が制定され、翌一九六四年に史跡開発局は、国立公園局と自然保護局の二つの組織に再編成されて、新たなスタートを切った。当時、内務省管轄下の国立公園局が国立公園を、農業省管轄下の自然保護局が自然保護区の管理運営を担った。初代の局長は、国立公園局がヤディン、自然保護局は元ＳＰＮＩ職員のＵ・パズが務めた（Tal 2002, 161; Tsuk 2004, 9）。

国立公園局と自然保護局が独立したことにより、いくつかの点で従来の運営方針が変更された。その一つは、財源である。首相室付きの史跡開発局には、財務省から毎年予算が配当されていた。しかし一九六三年以後、部局として独立した国立公園局は、管理する国立公園で入場料を徴収するようになった。これは組織改編に伴い、財務省からの配当がなくなったり、独立採算制を取り入れざるを得なくなったためである。国立公園は遺跡の保護・活用の場としてだけではなく、安定した入場料確保のため、「集客力がある魅力的な空間」でなければならなくなった。

二つ目は、中央政府の一組織として、国立公園の開発を拡大していく中で、その他の省庁、地方政府、そして各宗教団体と、土地の権利をめぐる調整が必要となったことである。法整備については、第七章で詳述するが、政府内でも少なくとも宗教省、防衛省、イスラエル古物・博物館局と土地の管理をめぐり調整する必要が出てきた。基本的に、イスラエルの国立公園あるいは自然保護区に指定された場所は国有地であり、国有地の土地管理から開発計画に至るまでイスラエル政府がその決定権を持っている。しかし、実質的な各地域の管理は、地方政府が担うことになるため、新しい国立公園を設立する際には地方政府との調整も必要となる。

また、国立公園局発足当時は、遺跡や歴史的建造物の保護と活用を通して観光を促進することに主眼が置かれていたものの、国立公園開発を拡大していく中で、その目的もまた多様化していった。多様化の背景には、主に独立採算制を採用したことと国立公園指定面積の拡大が挙げられる。先述したように、一九六四年以降、独立採算制を取り入れた国立公園局にとっては、いかに国内外から多くの観光客を集客するかが重要な課題であった。そのため、遺跡や歴史的建造物の保護と活用に加え、来訪者が散策できる周遊路を設け、家族連れや幅広い年齢層が楽しめるよう遊具やプールを配する娯楽色の強い空間づくりが求められるようになった。文化遺産の保護と活用に加え、先述したような空間づくりをするためには、周辺にある自然保護区との調整が行われ、時には国立公園と自然保護区が同一地域に存在するという地域も出てきた。

国立公園局と自然保護局という二つの組織が、『国立公園・自然保護区法』という単一の基本法の下で運営される体制は一九九八年まで継続された。しかし、その内容は、数次にわたる改正や追加条令によって約三〇年間の間に大きく変わっていった。

七　イスラエル建国後④——第三次中東戦争後

一九六七年の第三次中東戦争以前、ヨルダン川西岸は、ヨルダン領であった。西岸地区では、一九四八年にヨルダン古物局が誕生し、前イギリス委任統治政府の行政官で考古学者のG・L・ハーディングが、長官として任務にあたっていた。しかし、考古学調査は、主にイギリス委任統治時代からの継続としてクムラン、テル・エル・ファラ（北）、テル・バラタ、タアナク、ドタンといった遺跡の調査が、海外の研究機関によって行われた程度であった（Silberman 1997, 72-73）。

一九六七年の第三次中東戦争以後、イスラエルは元ヨルダン領であった東エルサレムを含むヨルダン川西岸、元シリア領であったゴラン高原、元エジプト領であったシナイ半島を支配下に治めた。(14) このような領土拡大に伴い、国内の文化遺産の管理をめぐる状況にも変化が生じた。一つ目は、イスラエルが東エルサレムを併合したことにより、パレスチナ考古学博物館とヘブル大学スコポス山キャンパスの考古学部が、イスラエルの主権管理下に入ったことである。二つ目は、同じく東エルサレム併合により、イスラエル政府の宗教省や古物局が、東エルサレムに所在するヘブル語聖書の記述に関連する聖跡や遺跡を管理できるようなったことである。ヨルダン川西岸にあるユダヤ教聖地の管理と保護の徹底のため、一九六七年に『聖地保護法 Protection of Holy Places Law 1967』が発効された。『一九六三年国立公園・自然保護区法』の中でも、指定地域に聖地が含まれる場合は、宗教省と協議の場を持つことが定められている。(15)『聖地保護法』が制定されたことで、文化財と聖地の住み分けが明確化され、聖地およびその周辺の開発を規制すると共に、聖地保護と管理の主導権が宗教省に一元化されたと言えるだろう。また、これまで十分な調査が実施されていなかった東エルサレム、ゴラン高原、シナイ半島等の地域で考古学調査が開始されたことにより、当地域の歴史像を復元する新たな発見がなされたことは言うまでもない。

文化遺産を取り巻く状況が大きく変化した第三次中東戦争終結一一年目にして、政府はイスラエル独自の『イスラエル古物法』を施行した。その内容は、『一九二〇年古物条令』とその改正法を踏襲しているものの、いくつか注目すべき修正や追加項目がある。

その一つは、古物の定義における、人骨および動物骨の取扱である。『イスラエル古物法』では、古物を下記のように解釈している。

（1）紀元後一七〇〇年以前に人間によって造られたあらゆるもの、また、それらが紀元後一七〇〇年以降に追加、改修されているものも含む。

（2）紀元後一七〇〇年以後に人間によって造られたものであっても、古物局長が古物だと認めた建造物や構造物。

（3）紀元後一三〇〇年以前の動物骨、植物遺体。(16)

『一九二九年古物条令』では、「紀元後六〇〇年以前の人骨および動物骨」を古物に含めているが、(17)『イスラエル古物法』では紀元後一三〇〇年以前のものに変更されている。また、『一九二九年古物条令』では古物に含まれていた人骨が、『イスラエル古物法』においてはその定義から除外されている。これは、発掘調査において人骨が検出された場合でも、古物とはみなさないということであるが、これは、一度埋葬された人骨および墓を、他人が暴くことを禁じているユダヤ教に配慮したためである（Einhorn 1997）。一九七〇年代半ばから、超正統派ユダヤ教徒たちによる考古学調査への批判が高まっていたことは、ハロテ等も指摘していることであり（Hallote & Joffe 2002, 88-89）、人骨が古物の定義から除外された背景には、こうした社会背景が関わっていると考えられる。また、人骨の代わりに、植物遺体が古物の定義に加えられた。これは、科学技術の進歩によって古環境の復元や過去の人々の営みを知ることができるようになったという理由だけでなく、イスラエルの考古学研究のあり方に変化が生じたことも関係している。一九八〇年代、それまでイスラエルの考古学の主流であった「聖書考古学」が、ニューアーケオロジー論者であるディーバー等によって痛烈に批判された。ディーバー等は、聖書学の一部として考古学を扱うことを問題視し、イスラエルの考古学も世界考古学の一部として研究されるべきだと指摘した(Dever 1980; 1985; Glock 1985)。アナール学派やプロセス考古学の台頭も追い風となり、イスラエルの考古学は従来のようにテキストに沿った歴史事象を追及する学問から、文化変化の過程をとらえる人類学的研究へと移行したこうした学界内の変化が、古物の定義にも反映したと考えられる。

また、一九八〇年代からテルアビブやアッコのような大都市を中心に再開発が始まると、イスラエルにおける発掘調査のあり方に変化が生じた。一つ目の変化は、都市開発に関する法制度が見直されたことにより、文化遺産保護に関する地方政府の責任が明確化されたことである。一九九一年に改正された『計画建設法修正第三一号Planning and Building Law, Amendment 31 1991』によれば、都市開発の緊急発掘において検出された古物の取扱について下記のように定めてある。

史跡保存大綱 Site Preservation Scheme は地方大綱に準ずる。(中略) 史跡保存大綱は、地方行政委員会または利害関係者によって準備されるべきである(18)

この条文からは、開発時に検出された史跡の保存を担うのは、中央政府ではなく地方自治体であることがわかる。一九九二年には、各地域の開発を担当する地方計画局の中に史跡保存委員会が設けられたことからも(Amit-Cohen 2005, 292-293)、文化遺産マネジメントに関する権限が、国家計画委員会だけでなく、地方計画委員会に付与されたことがわかる。

二つ目の変化は、一九八〇年代に起きた大都市を中心とする再開発が、郷土史への見直しという副産物を生み出したことである。建国から三〇年近く経ち、都市の再開発が進められる中で、二〇世紀初頭の建造物等が多く取り壊されることとなり、街並みもかつての面影を徐々に失っていった。こうした状況の中で、とくにキブツやモシャブの住民を中心に、二〇世紀初頭の入植の歴史にまつわる地域史の掘り起しとそれらを保存する動きがにわかに活発化した。各地に郷土資料館が建設され、地域から発掘された遺物から入植期に使用された民俗資料等の展示が行われた（Katriel 1997）。

そして三つ目の変化は、都市の再開発に加え、一九八〇年代以降の人口増加に伴う新しい雇用の必要性から、都市部を中心に実施された多くの緊急発掘によりもたらされた。緊急発掘は、必ずしもユダヤ民族／宗教とは強い結びつきのない遺跡も対象とするため、国内の遺跡の全体数に対して、ユダヤ民族／宗教に直接関わる遺跡の割合が減少した（Killebrew 2010, 131-133）。

八　イスラエル建国後⑤――国立公園・自然保護区の発展

イスラエル自然・国立公園保護局の誕生

一九六四年から約三〇年間続いた、一つの法制度の下、二つの組織がイスラエルの自然・文化遺産を保護・活用する体制は、一九九八年に転換期を迎える。一九九八年に『一九九八年国立公園・自然保護区法』が国会で成立し、国立公園局と自然保護局が統合して一つの組織となった（Killebrew 1999; Tsuk 2004）。新しい組織の名前は、イスラエル自然・国立公園保護局 Israel Nature and National Parks Protection Authority（以後、ＮＮＰＡ）である。

一九九八年以後、組織名の改変が二回、法律の改正が二〇〇二年と二〇〇五年に行われている。

国立公園局と自然保護局が統合されたことで、国立公園と自然保護区の運営にもいくつかの変化が生じた。国立公園や自然保護区を設立するための用地の設計および改修、それらの管理・維持・運営、自然・文化遺産の持続的な保全と保護に加え、教育普及活動や学際的な連携構築も運営の柱として追加された。国立公園局や自然保護局の従来の主要な役割は、自然・文化遺産を保護し、市民や観光客が保全・保護された貴重な遺産にアクセスできるように整備・活用することであった。一九九八年からは、上記に加えて国立公園と自然保護区という場を使って、NNPA自らが来訪者に対して教育普及活動等を行うようになった。こうした変化は、組織改革と共に行われた運営方針の転換が関係している。一九九四年から、自然保護区も入場料金を設けたことで、[19]自然保護区が本来自然環境や景観を保護するだけの空間から、国立公園同様に来場者へレクリエーションを提供する空間へと変化した。少し古いデータとなってしまうが、一九六四年から二〇〇八年までに自然保護区として指定された場所は、非公開や遺跡のない場所も含めて一四四カ所に上り（Israel Nature and Parks Authority 2009）、これまで農業省を通じて中央政府が自然保護局に付与していた予算では足りなくなり、国立公園同様に独立採算制を取るようになった、という事情もあったようである。

国立公園と自然保護区の種類

二〇〇九年に組織の名称が変更され、現在のイスラエル自然・公園局（INPA）となった。現在、七六カ所の国立公園と自然保護区が一般公開されている（図4-2）。[20]イスラエルの場合、国立公園と自然保護区が保全・保護している対象が、明確に区別されているわけでない。国立公園の中にも、ホレシャト・タル国立公園のように自然環境の保全とレクリエーションの提供を主要目的としている場所もあれば、テル・ハツォル国立公園、ベト・シャン国立公園、テル・メギド国立公園、マサダ国立公園、テル・ベエル・シェヴァ国立公園といったように、おもに遺跡保存と展示に主眼を置いている場所も多々ある（図4-3）。一方、テル・ダン自然保護区やガムラ遺跡には、イスラエルの古代史上重要な遺跡が含まれているが、それぞれ自然保護区に指定され、その中で遺跡が保存・展示されている。来訪者は、水辺や森林の中のトレイルをめぐりながら、その途中に位置する遺跡を見学するといった構成になっている（図4-4）。テル・ダン自然保護区には、古代イスラエル王国の領土の理念的北限と位置づけられ、ヘブル語聖書をはじめとした多くの記録にその名が登場するダン遺跡がある。ダン遺跡は、「高き所」と呼ばれる第一神殿の時代（鉄器時代）に使用された聖所とカナン時代と統一王国時代（ともに鉄器時代）の城門の遺構を中心に保存・展示がなされている。それらの遺構は、ダン川沿いに敷設されたトレイルの途中で見学できるようになっている。聖所の遺構の一部は復元されており、遺構に関する説明板には、当時この場所で執り行われた儀礼の再現絵図も添えられている（図4-5）。鉄器時代の城門も一部復元され、王が謁見する際に着座した場所の近くにも、聖所の時と同様に関連するヘブル語聖書の引用が添えられている。

国立公園・自然保護区の中に、遺跡が確認されている場合であっても、すべての遺跡が地表に露出する形で保存され、一般の訪問者が見学できるように整備されているわけではないが、おおよそ下記のような状態で、国立公園・自然保護区の中で遺跡が保存・展示されている。[21] 国立公園・自然保護区の多くでは、入口で入場料を支払うと、パンフレットを配布している。ほとんどの場合、パンフレットや園内にある地図に、遺跡の位置が記されているため、来訪者はその場所を知ることができる（図4-6）。また国立公園・自然保護区内にある遺跡には、それぞれの遺構の用途を説明したキャプションが付されており、復元図や詳しい説明文が加えてあったり、実際の出土遺物が使用されていた当時の様子を復元した設備があったりする場所もある（図4-7）。

保存・展示されている遺跡の多くは、程度の差はあるものの、修復や復元が施されている。中には、オリジナルの遺構と復元部分が明確にわかるように修復が行われている遺跡もあり、そうした場所では復元部分を異なる素材で作成したり、復元部分を示すキャプションを付したりしている（図4-8）。また、モザイクが施された床を持つ遺構では、ベト・アルファ・シナゴーグ国立公園やツィッポリ国立公園の一部のように、大部分が修復さ

㊼ユダヤ山地国立公園（Judean Mountains National Park）
㊽クムラン公園（Qumran Park）
⑹ヘロディウム［ヘロディオン］公園
（Herodium［Herodion］Park）
⑹ベト・グヴリン国立公園［マレシャ］（Bet Guvrin National Park［Maresha］）
⑹アシュケロン国立公園（Ashkelon National Park）
⑹エン・ゲディ自然保護区（En Gedi Nature Reserve）
エン・ゲディ古物国立公園（En Gedi Antiquities National Park）
⑹マサダ国立公園（Masada National Park）
⑹テル・アラド国立公園（Tel Arad National Park）
⑹テル・ベエル・シェヴァ国立公園（Tel Be' er Sheva National Park）
⑹ハブソル国立公園［エシュコル公園］（HaBsor National Park［Eshkol Park］）
⑹マムシット国立公園（Mamshit National Park）
⑺ベングリオンの墓国立公園（Ben-Gurion' s Tomb National Park）
⑺エン・アブダット国立公園（En Avdat National Park）
⑺アブダット国立公園（Avdat National Park）
⑺シヴタ国立公園（Shivta National Park）

□自然保護区（地図上の黒丸で囲った数字）
❷ヘルモン川［バニアス］自然保護区（Hermon Stream［Banias］Nature Reserve）
❸テル・ダン自然保護区（Tel Dan Nature Reserve）
❹スニル川自然保護区（Snir Stream Nature Reserve）
❻イヨン川自然保護区（Iyon Stream Nature Reserve）
❼フラ自然保護区（Hula Nature Reserve）
❿メロン山自然保護区（Meron Mountain Nature Reserve）
⓭メシュシム川自然保護区（Meshushim Stream Nature Reserve）
⓮イェフディア森林自然保護区（Yehudiya Forest Nature Reserve）
⓯ガムラ自然保護区（Gamla Nature Reserve）
⓱マジラセ：ベティハ［ベト・サイダ渓谷］自然保護区
（The Majrase: Betiha［Bet Tsayda Valley］Nature Reserve）
⓳アムド川自然保護区（Amud Stream Nature Reserve）
㉓エン・アフェク自然保護区（En Afek Nature Reserve）
㉕タボル山自然保護区（Mount Tabor Nature Reserve）
㉗ハイバル・カルメル自然保護区（HayBar Carmel Nature Reserve）
㉙ナハル・メアロト自然保護区（Nahal Mearot Nature Reserve）
㉚ドル・ハボニム海浜自然保護区（Dor HaBonim Beach Nature Reserve）
㊲タニニム川自然保護区（Taninim Stream Nature Reserve）
㊴ウミガメ救助センター（Sea Turtle Rescue Center）
㊼エン・プラト自然保護区（En Prat Nature Reserve）
㊺鍾乳石窟自然保護区（Stalactite Cave Nature Reserve）
㊻ニツァニム砂丘自然保護区（Nitsanim Dunes Nature Reserve）
㊾エノト・ツキム自然保護区（Enot Tsukim Nature Reserve）
㉛ワディ・ダルガ自然保護区（Wadi Darga Nature Reserve）
⑭ラモン・クレーター自然保護区（Makhesh Ramon Nature Reserve）
⑮ハイバル・ヨトヴァタ自然保護区（HayBar Yotvata Nature Reserve）
⑯エイラト珊瑚礁海浜自然保護区（Eilat Coral Beach Nature Reserve）

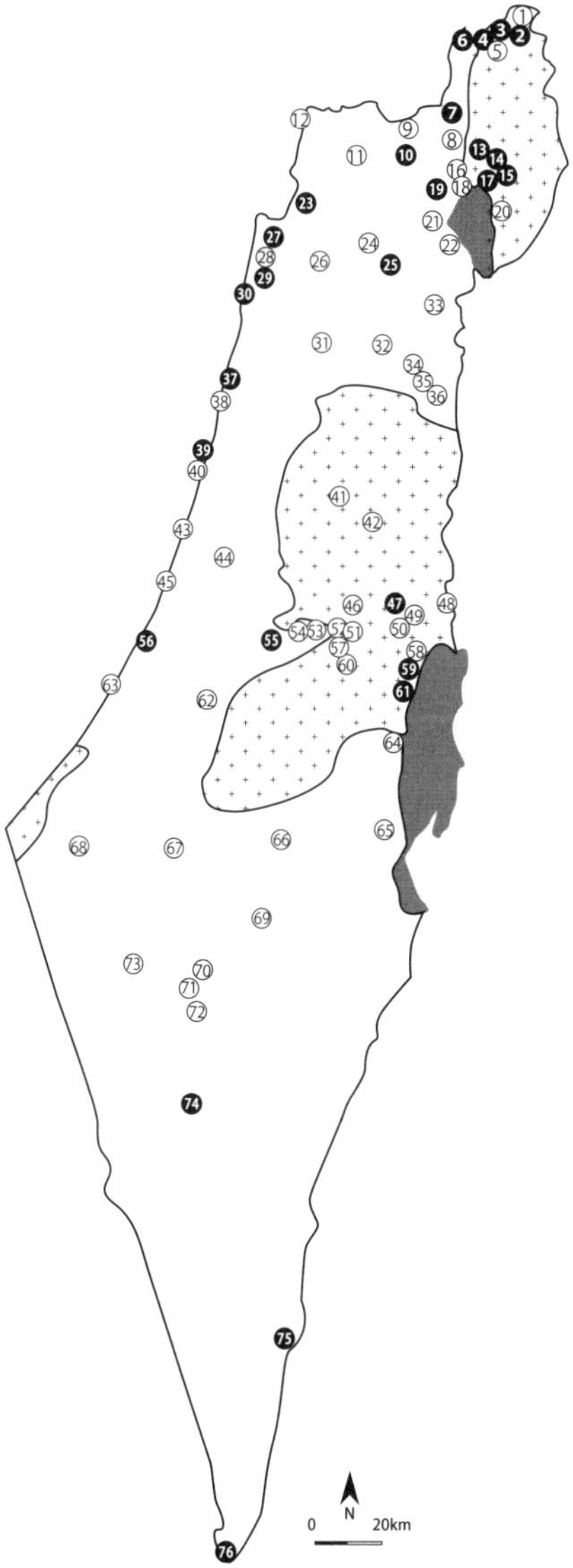

□国立公園 / 国立史跡 / 公園（地図上の白丸で囲った数字）
①ニムロド要塞国立公園（Nimrod Fortress National Park）
⑤ホルシャット・タル国立公園（Horshat Tal National Park）
⑧テル・ハツォル国立公園（Tel Hazor National Park）
⑨バルアム国立公園（Bar’ am National Park）
⑪イェヒアム要塞国立公園（Yehi’ am Fortress National Park）
⑫アクジヴ国立公園（Akhziv National Park）
⑯コラジン国立公園（Korazim National Park）
⑱カファルナフム［カペルナウム］国立公園
（Kfar Nahum［Capernaum］National Park）
⑳クルシ国立公園（Kursi National Park）
㉑アルベル国立公園（Arbel National Park）
㉒ハマト・ティベリアス国立公園
（Hamat Tiberias National Park）
㉔ツィッポリ国立公園（Zippori National Park）
㉖ベト・シェアリム国立公園（Bet She’ arim National Park）
㉘カルメル山国立公園（Mount Carmel National Park）
㉛テル・メギド［アルマゲドン］国立公園
（Tel Megiddo［Armageddon］National Park）
㉜マアヤン・ハロド国立公園
（Ma’ ayan Harod National Park）
㉝コハヴ・ハヤルデン国立公園
（Kokhave HaYarden National Park）
㉞ベト・アルファ・シナゴーク国立公園
（Bet Alfa Synagogue National Park）
㉟ガン・ハシュロシャ国立公園
（Gan HaShlosha National Park）
㊱ベト・シャン国立公園（Bet She’ an National Park）
㊳カエサリア国立公園（Caesarea National Park）
㊵アレキサンダー川国立公園
（Alexander Stream National Park）
㊶セバスティア（Sebastia）
㊷ゲリジム山（Mount Gerizim）
㊸アポロニア国立公園［テル・アルスフ］
（Apollonia National Park［Tel Arsuf］）
㊹ヤルコン国立公園（Yarkon National Park）
㊺パルマヒム海浜国立公園（Palmahim Beach National Park）
㊻ナビ・サムエル公園（Nabi Samuel Park）
㊽ヨルダン川の洗礼の地：カシル・アル・ヤフド
（Baptismal Site on the Jordan River: Qasr al-Yahud）
㊾よきサマリア人博物館（Good Samaritan Museum）
㊿聖エウティミウス修道院（St. Euthymius Monastery）
(51)聖マルティリウス修道院（St. Martyrius Monastery）
(52)エルサレム城壁：ダビデの町国立公園
（Jerusalem Walls: City of David National Park）
(53)カステル国立史跡（Castel National Site）
(54)エン・ヘメド国立公園（En Hemed National Park）

図 4-2　有料で公開している国立公園と自然保護区の所在地

図 4-3　ベト・シャン国立公園で保存・展示されている遺構群

図 4-4　テル・ダン自然保護区の全体図

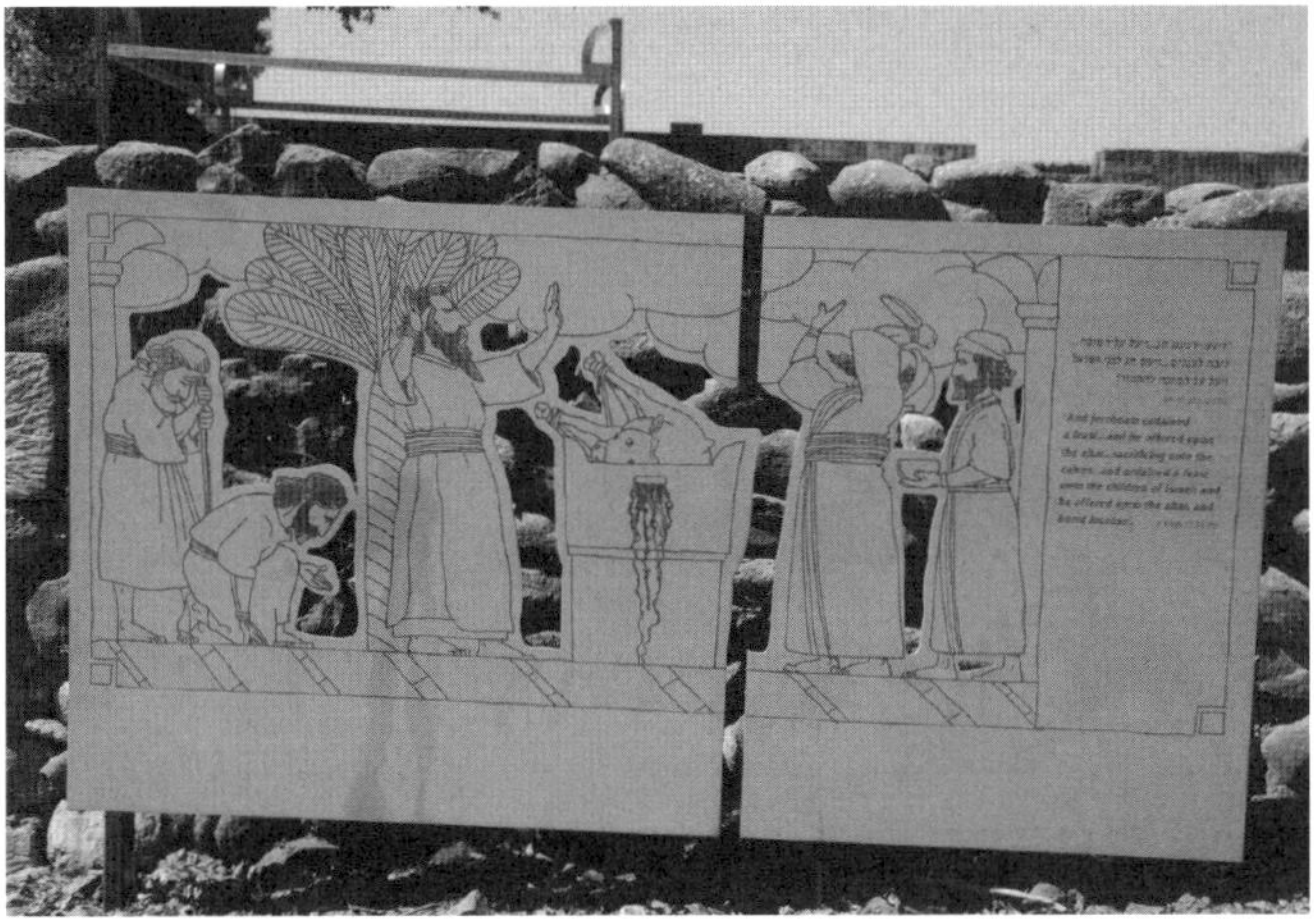

図 4-5　聖所遺構に付された復元図と関連するヘブル語聖書の記述（テル・ダン自然保護区）

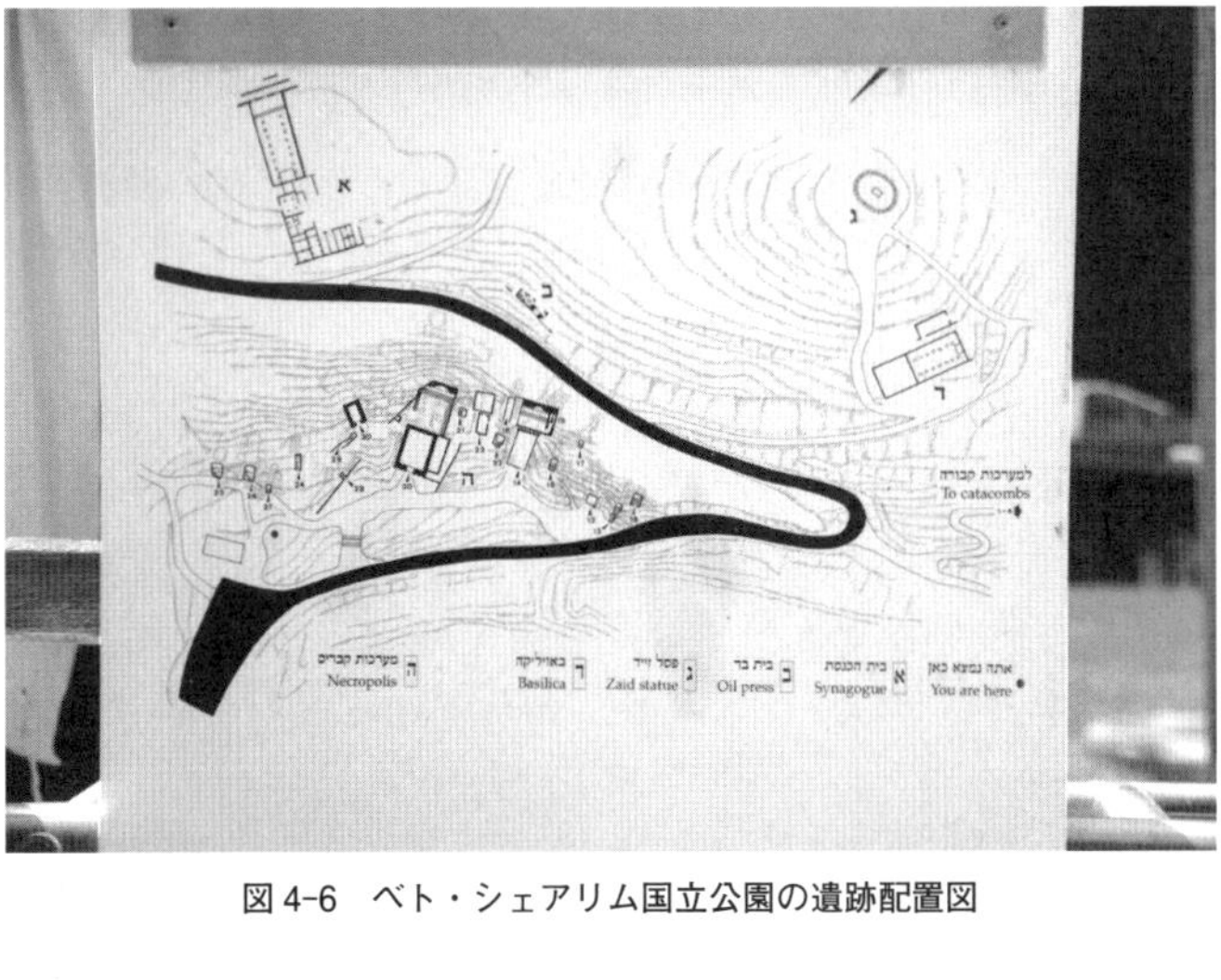

図 4-6　ベト・シェアリム国立公園の遺跡配置図

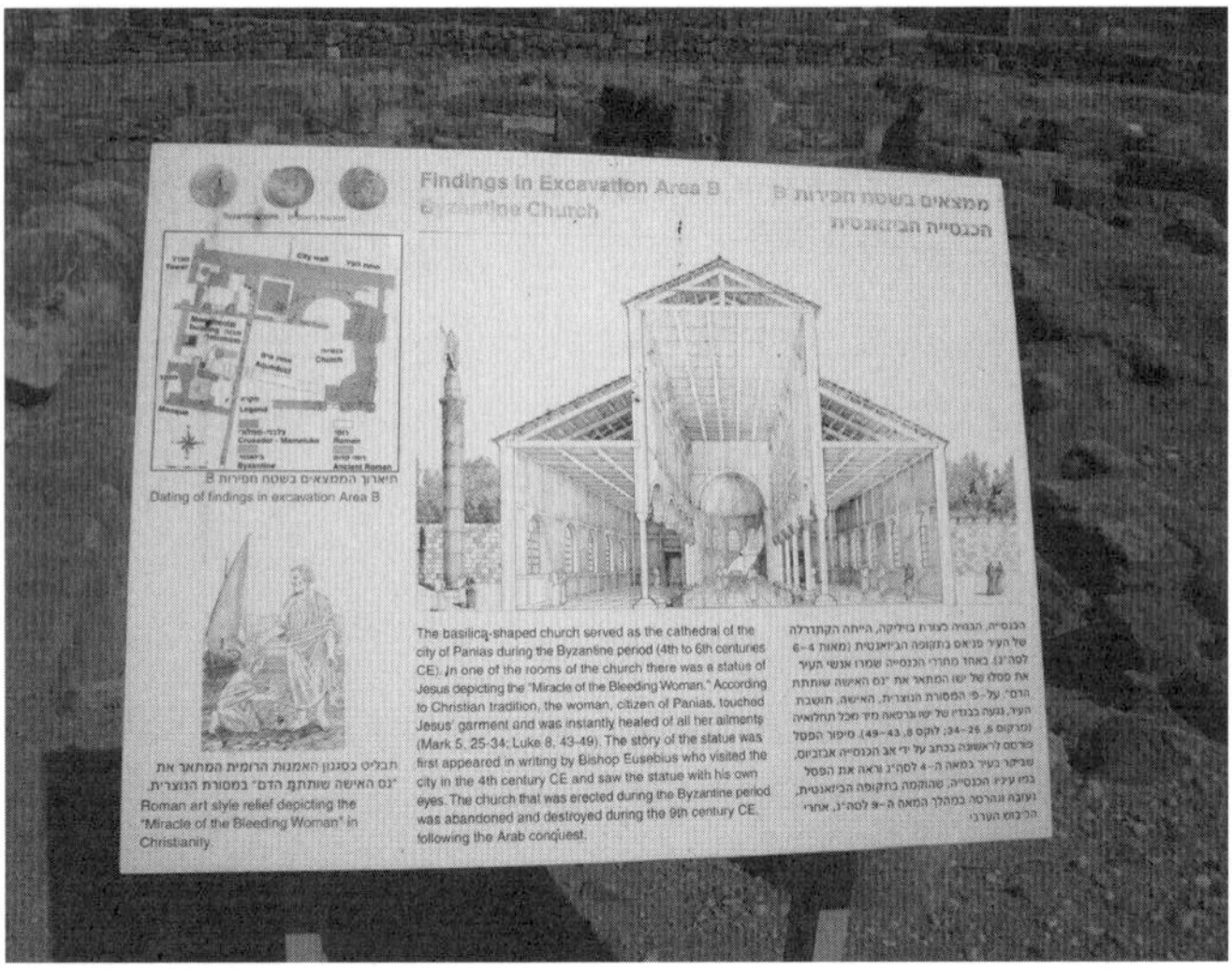

図 4-7　教会堂遺構の復元図（ヘルモン川自然保護区）

図 4-8　遺構の復元箇所を示すキャプション（テル・ベエル・シェヴァ国立公園）

図 4-9　モザイク床の展示（ベト・アルファ・シナゴーグ国立公園）

れた上で一般公開している場所もあれば（図 4-9）、保護のために土砂でモザイク床を覆っている場所もある。近年オープンしたよきサマリア人博物館では、従来の国立公園・自然保護区とは異なり、異なる遺跡から発見されたモザイク床も展示されており、国立公園・自然保護区の新しいスタイルとなっている。

国立公園／自然保護区の管理・運営体制

イスラエルでは、国立公園と自然保護区は国有地に設けられ、政府がその土地所有権に基づいて管理運営する造営物型と呼ばれる体制を採用している(22)。有料で一般公開している場所では、園内の地図や説明が書かれたパンフレットが配布される。料金は均一でないが、日本円で六〇〇円から一〇〇〇円位である。グリーンパスと呼ばれる周遊パスも販売されており、通常の値段よりも安く国立公園や自然保護区を訪れることができるサービスもある。

観光客の多い国立公園や自然保護区では、公園管理人が駐在している場合が多い。展示施設・博物館等の教育普及施設や飲食店・売店が併設されている場所もある。無料で一般公開されている場所は、敷地内の入口に公園または保

図 4-10　ローマ時代の劇場遺構を活用したコンサート会場（カエサリア国立公園）

図 4-11　子供たちのための体験発掘ワークショップ（テル・ベエル・シェヴァ国立公園）

護区であることを示す標識等が設置され、園内にはトレッキング・コース、ピクニック・エリアやキャンプ場等が備えられている。さらに、遺跡を利用した演劇会・音楽会の上演や教育普及活動が行われる場所もあり（図4-10、図4-11）、まさにイスラエルの文化遺産活用の多様性が反映されている。

ＩＮＰＡの本部はエルサレムにある。本部には、自然科学部門、施行部門、計画・開発部門、管理・財務部門、渉外・地域社会部門、人事部門が設けられている。遺跡の保護と活用を担当するのは、計画・開発部門の考古学者たちである。担当職員は、定期的に全国の遺跡や発掘調査現場を巡回し、遺跡の状態や調査状況に鑑みて、保存計画や公園化計画を策定する。また、国立公園や自然保護区を管理するために、エルサレムの本部の他に北部地域、中央地域、ユダヤ・サマリア地域、南部地域、エイラット地域のそれぞれに分室が置かれている。各公園・保護区の実務は、分室から派遣されたＩＮＰＡ職員が行うが、例外が二カ所ある。一つ目は、フランシスコ修道会の敷地内にあるカファルナウム国立公園である。ここは、イスラエルが建国される前から、フランシスコ修道会が土地の所有権を保有しているため、実際の考古遺跡保護から公園化整備、運営・管理までフランシスコ修道会によって行われている。二つ目は、イェヒアム要塞国立公園である。この国立公園は、キブツ・イェヒアムの中に存している。そのため、公園の実務は、キブツ住民がＩＮＰＡと契約を結んで実施している。

国立公園や自然保護区の中には、パレスチナ自治区の領域内に所在するものもあり、それらはＩＮＰＡによって管理・運営されている。ヘロディウム公園は、パレスチナ自治区のベツレヘムに位置するが、公園の入口に近づくと、突如イスラエルの国旗とＩＮＰＡの旗が目に飛び込んでくる。こうした状況は、後段で述べるように、パレスチナ主導の文化遺産マネジメントとの間で摩擦を生じさせる事態となっている。

パレスチナ地域の考古学をけん引したのは、一九世紀末に調査を開始した欧州の考古学者、宗教学者、聖書学者たちである。とくに一九二〇年から始まるイギリス委任統治時代は、比較的安定した踏査がイギリス人、ユダヤ人、パレスチナ人によって行われ、その後の当該地域の考古学の基礎を築いた。一方でこの時期、学術的関心とは別の文化遺産マネジメントへの誘発因子があったことを忘れてはいけない。それは、英国古物局長に就任したガースタングや占領下敵国領政庁長らが、多民族・多宗教社会である占領地の発掘調査とその保存・整備を進めることで、当該地域の統一的な歴史観や文化観を創出することを目指していたことである。それが成功したかどうかは、また別の検証が必要となるため、ここでは詳しくは言及しないが、この思惑が動機となり、当該地域では初めて本格的な遺跡の悉皆調査が実施された。この悉皆調査によって、委任統治政府は、西洋人にとってのオリエンタリズム的な景観の要素となる遺跡や歴史的建造物の基本情報を手に入れることができた。さらに『一九二九年古物条令』によって、それまで明確な定義のなかった古物という概念を確立させ、地域住民にそれが保護すべき特別なものであることを知らしめた。

こうして文化遺産を活かした観光開発は、交通手段が整備され始めたこととあいまって、順当に加速していった。パレスチナ地域の観光は、当時のヨーロッパを中心に人気を博し、占領下で暮らしていたユダヤ人もアラブ人も、経済的利益を得るために観光業に従事していた。

この西洋が思い描く「オリエント」のたたずまいを備えた観光地づくりという方針は、意識的にか無意識的にか、一九四八年以降実施されるイスラエル政府による文化遺産マネジメントにも引き継がれることになる。ＩＮＰＡの前身である史跡開発局の活動目的は、観光開発に適した史跡の選定と整備であったが、遺跡の整備は経済発展に寄与するためだけのものであったわけではない。それは、シャロン計画に述べられた遺跡の役割、すなわち国民が土地との結びつきを再確認するための媒体という側面も十分に重視されていた。一九五四年から史跡開発局を中心に実施された荒廃した遺跡の整備事業は、最終的に三三カ所で実施され、観光資源として活用するだけでなく、イスラエルの文化政策の要の一つと位置づけられていた。

時をほぼ同じくして、イスラエル国内では自然保護に対する意識が広まりつつあった。とくに、フラ湖一帯の環境破壊を食い止めるために組織されたＳＰＮＩは、政府内に環境保護に対応する機関が存在しないことに危機感を強め、政府に対策を講じるように要請していた。同時に、「遺跡整備」という名で進みつつある国立公園設置計画についても、文化政策という名の開発であると判断し、政府に対して大規模な国立公園建設をやめるよう求めていたようである。最終的に、「開発」と「保全」をそれぞれ司る国立公園局と自然保護局が『一九六三年国立公園・自然保護区法』という一つの法制度の中で、運営されていくことになった。こうした一連の出来事は、一九六〇年後半から一九七〇年代にかけておきた世界遺産制度をめぐるアメリカとヨーロッパ諸国の対立を彷彿とさせる。

　第三次中東戦争後、東エルサレム、ヨルダン川西岸、ゴラン高原がイスラエル領となったことや、超正統派ユダヤ教徒たちの発言権が増したことにより、考古学をめぐる状況も変化した。最終的に一九七八年にイスラエル独自の文化財保護に関する法律が立法される結果となった。このようにイスラエルとしての文化遺産に係る法制度が整備された一方で、一九八〇年代は各地で都市の再開発事業が進んだことで、地域独自の文化遺産マネジメントが進んだ。こうした動きは、政府主導であった国立公園・自然保護区制度の法改正にも反映されていった。

第五章　文化遺産マネジメントにおけるイスラエルと国際社会の関係

一　イスラエルの世界遺産

文化遺産を保護する国際的制度の一つに、ユネスコの世界遺産を挙げることができる。現在、イスラエル国内には一〇件の世界遺産がある[1]（表5－1）。イスラエルが『世界遺産条約』を批准したのは、条約の成立から二〇年以上が経過した一九九九年であり、周辺のアラブ諸国二〇カ国中、一六番目の加盟である。[2]イスラエルの文化遺産に対する関心の高さからすれば、世界遺産制度への参加が比較的遅かったという印象を持つ。その背景の一つに、ユネスコとイスラエルとの特殊な関係性があることは既に多くの所で指摘されている。第四次中東戦争の翌年の一九七四年に、ユネスコは総会で決議された「イスラエル非難決議」を通じて、イスラエルが歴史的な土地であるエルサレムを不法に改変し、遺跡の破壊を伴う発掘調査を継続していることを強く非難した（Cuno 2008, 149）。この決議は、ユネスコや世界遺産会議が単なる文化促進や文化遺産保護といった活動だけでなく、外交政治的な事柄まで介入してくる可能性があることをイスラエルに印象付けた。二つ目の要因としては、各国の文化遺産を「人類全体の遺産」として保護するという世界遺産制度の理念と、イスラエル内の文化遺産はイスラエルの遺産として保護する、というイスラエルの理念との乖離がある。世界遺産条約第四条は、国（国民）または地域にとっての文化遺産の歴史的意義を強調し、自国内でそれらを保護する責任があることを明言している。[3] 一方で、第六条は、世界にある文化遺産は、全人類のためのものであり、保有国はもちろん、それ以外の国々にもその保護、保全、活用への協力を義務として求めている（青柳・松田 2005、10）。[4] 未だ、パレスチナ自治区内に国立公園やユダヤ教に関する文化遺産を置き、その地域を統治する正当性を示したいイスラエルにとって、世界遺産委員会でイスラエルの文化遺産を「人類全体の遺産」として登録してもらい、国際社会がそのマネジメントの意思決定に関与することの利益はあまり見込めないのである。

ただし、一九九九年の『世界遺産条約』締結後は、イスラエルは国内にある文化遺産の世界遺産登録を積極的に目指している。現在までに、一〇件の世界遺産の他、一八件の登録推薦物件を暫定リストに登録している（表5–1と表5–2）。また、二〇〇五年から二〇〇九年にかけては執行委員国も務めている。これまで世界遺産として登録された物件は、すべて文化遺産であるが、暫定リストの中には、自然遺産や複合遺産としての登録を目指すものも見られる。

イスラエルの世界遺産および暫定リストに見られる特徴の一つは、シリアル・ノミネーションであろう。シリアル・ノミネーションとは、地理的に離れている複数の遺産をまとめてひとつの遺産として申請・登録することである。このシリアル・ノミネーションを成立させるためには、(1) 同じ歴史・文化グループに属する、あるいは (2) ある地理区分を特徴づける同じタイプの遺産のシリーズであり、シリーズとして「卓越した普遍的な価値」を有する物件が必要とされる（二〇〇五年『世界遺産条約履行のための作業指針』ⅢC、137-139）。すでに登録されているイスラエルの世界遺産の中では、「聖書時代の遺丘群：メギド、ハツォル、ベエル・シェヴァ」、「香料の道：ネゲヴ砂漠都市」がシリアル・ノミネーションで登録された。暫定リストでは、「ガリラヤ地方の初期シナゴーグ群」、「イエス・キリストと使徒のガリラヤ地方の旅路」、「ガリラヤ湖と周辺の遺跡群」、「十字軍時代の要塞群」、以上の四件がそれに該当する。二〇〇五年の『世界遺産条約履行のための作業指針』の改定版には、世

表 5-1　イスラエルの世界遺産一覧

物件名	年	分類	評価基準
マサダ	2001	文化	(iii)(iv)(vi)
アッコ旧市街	2001	文化	(ii)(iii)(v)
テルアビブのホワイト・シティ：近代化運動	2003	文化	(ii)(iv)
聖書時代の遺丘群：メギド、ハツォル、ベエル・シェヴァ	2005	文化	(ii)(iii)(iv)(vi)
香料の道：ネゲヴ砂漠都市	2005	文化	(iii)(v)
ハイファおよび西ガリラヤ地方のバハイ聖地群	2008	文化	(iii)(vi)
人類の進化を示すカルメル山の遺跡：ナハル・メアロト／ワディ・エルムガーラ渓谷の洞窟群	2012	文化	(iii)(v)
洞窟の地の小宇宙としてのユダヤ低地のマレシャとベト・グブリンの洞窟群	2014	文化	(V)
ベト・シェアリムの墓地遺跡：ユダヤ再興を示すランドマーク	2015	文化	(ii)(iii)
エルサレムの旧市街とその城壁群※	1981	文化	(ii)(iii)(vi)

※ 1981 年に登録された「エルサレムの旧市街とその城壁群」は、ヨルダンによって申請された物件である。1967 年の第三次中東戦争でヨルダンを破ったイスラエルは、エルサレムの実効支配を行っていたので、本来ならばイスラエルが申請するのが妥当である。しかし 1981 年当時、イスラエルは世界遺産条約を批准していなかったため、申請する資格を持っていなかった。未だにエルサレムの帰属問題が解決していないため、保有国のない唯一の世界遺産として現在に至っている。

表 5-2　イスラエルの登録推薦物件暫定一覧

物件名	年	分類	評価基準
ダンの三重アーチ門とヨルダン川の源泉	2000	複合	(iv)(vi)(vii)(x)
ガリラヤ地方の初期シナゴーグ群	2000	文化	(iii)(vi)
イエス・キリストと使徒のガリラヤ地方の旅路	2000	文化	(iii)(vi)
ガリラヤ湖と周辺の遺跡群	2000	複合	該当基準なし
ホルヴァト・ミニム	2000	文化	(v)
アルベル	2000	複合	該当基準なし
デガニアとナハラル	2000	文化	(v)(vi)
ベト・シャン	2000	文化	(ii)(iv)(v)(vi)
カエサリア	2000	文化	(ii)(iv)(v)(vi)
ラムラのホワイトモスク	2000	文化	(ii)(iv)
エルサレム	2000	文化	(i)(ii)(iii)(vi)(v)(vi)
マクテシム・カントリー	2001	複合	該当基準なし
カルコム山	2000	文化	(iii)(v)
ティムナ	2000	複合	該当基準なし
十字軍時代の要塞群	2000	文化	(iv)(v)(vi)
渡り鳥ルートの大地溝帯フラ	2004	自然	該当基準なし
伝統的な山岳村落リフタ（メイ・ナフトア）	2015	文化	(ii)(iii)(v)
エイン・カレム：村落とその文化的景観	2015	文化	(ii)(iii)(v)(vi)

界遺産のグローバル・ストラテジー、登録の不均衡是正、新しい概念の世界遺産シリアル・ノミネーション登録の推奨があった。現在の世界遺産委員会は、世界遺産の登録数を増やさない傾向にあり、複数の物件をまとめて登録することができるシリアル・ノミネーションはこうした状況を反映して用いられる、登録するための技術的な手法とも言える。

もう一つの特徴は、登録物件および暫定リスト入り物件の中に、多くの国立公園および自然保護区が含まれていることである。登録物件だけでも、「マサダ（マサダ国立公園）」、「聖書時代の遺丘群：メギド、ハツォル、ベエル・シェヴァ（テル・メギド国立公園、テル・ハツォル国立公園、テル・ベエル・シェヴァ国立公園）」、「香料の道：ネゲヴ砂漠都市（アヴダット国立公園、シヴタ国立公園、マムシット国立公園）」、「エルサレムの旧市街とその城壁群（エルサレム城壁：ダビデの町国立公園）」、「ベト・シェアリムの墓地遺跡：ユダヤ再興を示すランドマーク（ベト・シェアリム国立公園）」、「人類の進化を示すカルメル山の遺跡：ナハル・メアロト／ワディ・エルムガーラ渓谷の洞窟群（カルメル山国立公園とナハル・メアロト自然保護区）」、「洞窟の地の小宇宙としてのユダヤ低地のマレシャとベト・グブリンの洞窟群（ベト・グヴリン国立公園）」は国立公園や自然保護区を核にして登録されている。暫定リストを見てみると、国立公園として、「ガリラヤ地方の初期シナゴーグ群（ベト・アルファ・シナゴーグ国立公園、コラジン国立公園、カファルナウム国立公園）」、「イエス・キリストと使徒のガリラヤ地方の旅路（ツィッポリ国立公園、ハマト・ティベリアス国立公園）」、「ガリラヤ湖と周辺の遺跡郡（コラジン国立公園、カファルナウム国立公園、クルシ国立公園）」、「アルベル（アルベル国立公園）」、「ベト・シャン（ベト・シャン国立公園）」、「カエサリア（カエサリア国立公園）」、「エルサレム（エルサレム城壁：ダビデの町国立公園）」、「十字軍時代の要塞群（コハヴ・ハヤルデン要塞国立公園、アポロニア国立公園）」、自然保護区として、「ダンの三重アーチ門とヨルダン川の源泉（ダン自然保護区）」「渡り鳥ルートの大地溝帯フラ（フラ自然保護区）」が含まれている。このことから、国立公園および自然保護区制度が、イスラエルの世界遺産運営の基盤となっていることが読み取れる。

二　パレスチナ自治区における文化遺産保護

一九四八年のイスラエル建国に伴い、ヨルダン川西岸はヨルダンの一部に組み込まれた。ヨルダンではしばらくの間、『一九二九年古物条令』が遺跡や歴史的建造物の保護・活用を規定する法制度として用いられていた。一九六六年に、ヨルダン政府は条令を改正し、あらたに『暫定古物法第五一号』を施行した。さらに、古物はヨルダン古物局によって管理され、古物局長官の職にはイギリス委任統治政府の前事務官であったG・L・ハーディングが就いた。一方、ガザ地区はエジプトによって統治され、一九六七年にイスラエルが同地区を併合するまで、『一九二九年古物条令』が施行されていた。

一九六七年第三次中東戦争後、イスラエル政府による東エルサレムを含むヨルダン川西岸およびガザ地区の実効支配が開始された。各地区では、イスラエル軍が統治権を掌握し、領域内の遺跡や歴史的建造物に対しても軍令が適用された。『暫定古物法第五一号』に基づく軍令第一一六六は、ヨルダン川西岸地区の古物の取扱について規定し、イスラエルが任命したユダヤ・サマリア地区考古学担当参謀将校 Staff Officer for Archaeology in Judea and Samaria（以後、ＳＯＡ）が領域の内の遺跡の保護・活用の職務を担うことを許可している（Kersel 2015, 27）。ＳＯＡは、元来、イスラエルの教育・文化省の職員として任命されたが、その後イスラエル軍の所属となった（Greenburg 2009, 6）。一九八一年に西岸地区における文政および経済活動を実施するために民政組織が組織され、その中に考古学をつかさどる部局が誕生すると、最終的にＳＯＡはこの民政組織の所属となった（Hizmi 2011, 8）。ＳＯＡの主な業務は、領域内の緊急発掘の実施ならびに海外の研究機関による発掘調査の調整であった（Greenburg 2009, 6）。

また第三次中東戦争後、国立公園局もその管理権をヨルダン川西岸やゴラン高原まで拡大した。国立公園局は、ヨルダン川西岸にあるセバスティア（サマリア）遺跡（一九六七年）、ヒシャーム宮殿（一九六七年）、クムラン遺跡（一九六七年）、ヘロディウム遺跡（一九六七年）、テル・エス・スルタン遺跡（一九八四年）、そしてゴラン高原にあるクルシ遺跡（一九八二年）、ニムロド要塞遺跡（一九八四年）等を管理下に置いていった（Killebrew 1999, 20）。

一九八八年にパレスチナ国家の樹立宣言が発表され、つづく一九九三年には暫定自治拡大に関するオスロ合意が署名されたことで、地域差はあるもののパレスチナ自治区における同自治政府による統治が少しずつ行われ始めた。しかしながら、前段でも述べたように自治区内は未だに自治政府とイスラエル軍による統治が続いている。自治政府が、安全保障と文民統制を管轄する地区はエリアA、自治政府が文民統制のみ行っている地区はエリアB、イスラエル軍が安全保障および文民統制両方を管轄している地区はエリアCと呼ばれている。ある試算によれば、パレスチナ自治区で確認されている一万二〇〇〇カ所の遺跡のうち（Greenburg & Keinan 2009, 13）、約四〇%がエリアAないしBに、残りの六〇%がエリアCに位置している（Al-Houdalieh 2010, 32）。オスロ合意後、エリアAとB内にある遺跡は、一九九四年に設立された観光・考古省の一組織であるパレスチナ古物・文化遺産局Palestinian Department of Antiquities and Cultural Heritageが管轄することとなった（Taha 2010, 16）。古物・文化遺産省は、六〇〇カ所を超える遺跡で緊急発掘を実施し、その他にもテル・バラタ、テル・エス・スルタン、テル・エル・アジュル、そしてベイティンといった遺跡で海外の調査機関との共同研究に携わっている（図5―1）。ただし、とくに各地区の境界線が入り組んでいる地域では、一つの遺跡のある部分はB地区に属し、その他の部分はC地区に属するといったような場合も見受けられる。こうした場合、後世に政治的理由から設けられた境界線のせいで、同じ遺跡内であっても管理する主体や適用できる法制度が異なる事態が発生している。

オスロ合意後は、限られた地域ではあるものの、パレスチナ自治政府による遺跡の保護・活用が徐々に実施されつつある一方で、未だ未解決の課題が残されていることも事実である。これからの課題はさまざまな要因が絡み合っているものの、植民地経験に彩られたパレスチナの歴史的経緯に起因するところが大きい。たとえば、遺

図 5-1　ブルジュ・ベイティン遺跡における慶應義塾大学とパレスチナ古物・文化遺産局の共同発掘

跡が被る物理的な破損は、イスラエル側の分離壁や入植地建設に伴うものが多い。ヤハヤ（Yahya 2008, 43）によれば、分離壁によって被害を受けている遺跡の総数は約二八〇〇にも及ぶという。さらに、タハ（Taha 2005, 69）は分離壁あるいは入植地建設によって破壊されたパレスチナ自治区内の遺跡の総数を約四五〇〇と見積もっている。また、ジェニン、ベツレヘム、ラマッラ、ナブルスといった都市部では、イスラエル軍によって治安維持を目的に展開される軍事活動も、遺跡破壊の原因の一つとなっている（Sauders 2009, 482-483）。

その他の主要な要因は、イスラエル側が実施した調査によって得られた考古学的データや学術的な情報へのパレスチナ側のアクセスが確立されていないことによってもたらされている。とくに、イスラエル民政考古局のＳＯＡが遺跡等の管理だけでなく、緊急発掘等で得られた遺物・考古学的データ・関連情報を独占的に管理していることは問題視されている（Greenburg & Keinan 2007, 17; Kersel 2015, 30）。具体的には、ＳＯＡが過去に実施した緊急発掘調査の報告書の多くが発刊されておらず、一次資料へのアクセスも確立されていない（Sauders 2009, 481）。イスラエル側が持つ遺跡情報のアクセスが制限されている状態が続くと、将来的にパレスチナ自治政府が文化遺産政策を展開していく際の障害となりうるであろう。

とくにヨルダン川西岸とガザ地区の古物に対して、イスラエルとパレスチナ自治区（一九六七年以前はヨルダン）双方の法律が適用されていることによる混乱も深刻である。[5] 一九六七年にイスラエルに併合された地域のうち、ゴラン高原と東エルサレムは、イスラエル政府が定めた『イスラエル古物法』が適用されているが、ヨルダン川西岸とガザ地区は原則パレスチナ自治政府が定めた法律が適用されている。[6] 現実には、エリアAやBのように自治政府による文民統制が行われている地域でも、SOAといったイスラエル側の調査団による調査や、イスラエル側の入植地や道路の建設に伴う緊急発掘が行われている。こうしたイスラエル主体の調査には、『イスラエル古物法』が適用されているため、イスラエルとパレスチナの間で古物の管理や所有権について認識の食い違いが発生している（Greenburg & Keinan 2007, 15）。さらにパレスチナ自治政府が遺跡等の管理権を保持している場合でも、資金や技術不足等から十分な調査ができない場合も多い。こうした未整備の遺跡では盗掘が横行し、未登録の遺跡等がイスラエルや海外に不法に流出していることが問題として指摘されている（Kersel 2008）。

加えて、イスラエルの国立公園・自然保護区制度のあり方も、パレスチナ自治政府主導による遺跡の保護・活用に影を落としている。すでに述べたように、第三次中東戦争後、国立公園局はパレスチナ自治区内にも国立公園や自然保護区を一二カ所建設している。これまでにヨルダン川西岸地域内でオープンした国立公園だけみても、セバスティア、ゲリジム山、ナビ・サムエル公園、ヨルダン川の洗礼の地、よきサマリア人博物館、聖エウティミウス修道院、聖マルティリウス修道院、エルサレム城壁・ダビデの町国立公園、クムラン公園、ヘロディウム公園を挙げることができ、そのほとんどの領域内には遺跡が保護されている。改めて言うまでもないが、これらの遺跡はINPAの管理下であり、その占有権はイスラエルに属している。グリーンバーグら（Greenburg 2009, 35-50; Corbett 2011, 587-603）が批判しているように、ヨルダン川西岸におけるイスラエルの国立公園政策の展開は、文化政策という名のもとにパレスチナにある遺跡を含む文化遺産を地域社会から切り離す行為に他ならない。こうした文化遺産の管理権をめぐるイスラエルとパレスチナ自治区の葛藤は、世界遺産の登録においてもみられる。

三　世界遺産をめぐるイスラエルとパレスチナの攻防

先で触れたように、パレスチナとの領土問題を抱えるイスラエルが、世界遺産制度に積極的に参加していくためには、政治的に難しい局面に向き合わなければならない。とくに、パレスチナがユネスコによって「国家」として承認された二〇一一年のユネスコ総会で起こった一連の騒動は、世界遺産条約が単純な文化政策ではないことを露呈した。

ながらくユネスコのオブザーバー資格しか保有していなかったパレスチナは、二〇一一年に国家としてユネスコへの正式加盟を果たし、現在までに二件の世界遺産の登録を成功させている（表5-3）。パレスチナ古物・文化遺産局が中心となって世界遺産登録に向けた準備が進められ、自治政府主導の文化遺産マネジメントの起爆剤となっている。一方で、現在パレスチナが提出している暫定リストには、イスラエルとの間で領土問題を抱える地域も複数含まれている（表5-4）。たとえば、パレスチナの暫定リストにある「セバスティア」、「クムラン：洞窟と死海文書の修道院」、「ゲリジム山とサマリア人」は、それぞれセバスティア、クムラン公園、ゲリジム山というイスラエル国立公園の領域と重複している。セバスティアを例に考えてみよう。パレスチナ北部のナブルス近郊に位置するセバスティアの中心的な文化遺産となっているのが、サマリア遺跡である。サマリア遺跡は、ヘブル語聖書に言及される紀元前九世紀から八世紀に栄えた北イスラエル王国の首都であると同定されている。また紀元前三〇年には、同地がローマ皇帝アウグストゥスよりヘロデ王に下賜されたことにより、都市の名前がセバステ（ギリシア語でアウグストゥスを表すセバストスに由来）に改名されたことがF・ヨセフスの『ユダヤ古代誌』に記録されている。加えて、サマリアは洗礼者ヨハネが埋葬された場所としても認識されており、後世に洗礼者ヨ

表 5-3　パレスチナの世界遺産一覧

遺跡名	年	分類	評価基準
イエス生誕の地：ベツレヘムの聖誕教会と巡礼路	2012	文化	(iv)(vi)
パレスチナ：オリーブとワインの土地―エルサレム南部バッティールの文化的景観	2014	文化	(iv)(v)

表 5-4　パレスチナの登録推薦物件暫定一覧

遺跡名	年	分類	評価基準
古代のエリコ：テル・エス・スルタン	2012	文化	(i)(ii)(iii)(iv)
ヘブロン旧市街アル・ハリルとその周辺地域	2012	文化	(ii)(iv)(vi)
ゲリジム山とサマリア人	2012	文化	(iii)(iv)
クムラン：洞窟と死海文書の修道院	2012	文化	(iii)(iv)(vi)
エル・バリヤ：荒野の中の修道院	2012	文化	(i)(ii)(iii)
ナブルスの旧市街と周辺地域	2012	文化	(ii)(iv)
テル・ウム・アメル	2012	文化	(ii)(iii)(vi)
セバスティア	2012	文化	(ii)(v)
アセドン湾	2012	文化	(ii)(iv)
ウム・アル・リハン森林	2012	自然	(x)
ワディ・ガザ沿岸湿地帯	2012	自然	(x)
ワディ・ナトゥーフとシュクバ洞窟	2013	文化	(ii)(iii)(iv)
首長（シャイフ）の村落群	2013	文化	(iii)(iv)
洗礼の地「エシュリア（アル・マグタス）」	2015	文化	(iii)(iv)(v)

ハネを祀る教会堂が建設された。このように歴史的にも重要な出来事や人物と深いつながりを持つサマリア遺跡は、二〇世紀以降、数次にわたって発掘調査が行われ、北イスラエル王国時代の壮麗な宮殿建築や列柱道路・神殿・劇場等を備えたローマ都市に関する遺構・遺物が確認された。国立公園局は、一九六五年にセバスティア遺跡を国立公園に指定したが、二〇〇〇年の第二次インティファーダ以降、治安悪化を理由に公園を閉鎖していた。

一方、パレスチナは、世界遺産の登録基準（ii）と（v）に該当するとして、二〇一二年に「セバスティア」を暫定リストに加えた。パレスチナとしては、歴史的にも顕著な価値を持ち、多くの来訪者を惹きつける魅力を持つ当該遺跡を自国の世界遺産として登録したいという狙いがある（Department of Antiquities and Cultural Heritage 2009）。しかし、『世界遺産条約』第四条では、締約国が自国内に存在する遺産を保護する義務を果たすことが明記されており、この条文に従えば、パレスチナが実質的に保護政策を実施していない（することができない）セバスティアを世界遺産として登録することはできない。クムラン公園やゲリジム山も同様の状況にあり、パレスチナの世界遺産としてこれらの場所を登録するためには、イスラエルではなくパレスチナがこれらの管理権を持ち、保護政策を展開する必要がある。他方で、パレスチナに所在する国立公園の中には、ＩＮＰＡによる遺跡の管理が徹底されておらず、経年的な劣化や違法な発掘等によって遺跡の荒廃が進んでいる場所もあるという。本来、人類にとって顕著で普遍的な価値のある文化遺産を救済することを目的に設立された世界遺産制度であるが、国家の領域と文化遺産の主権が複雑に絡み合った当該地域は、国家間の外交関係が如実に文化遺産保護のあり方に反映してしまうのである。

本章では、文化遺産マネジメントをめぐるイスラエル、パレスチナ、そしてユネスコの世界遺産制度について検討した。

イスラエルは一九九九年に『世界遺産条約』に加盟してから、積極的にその登録数を伸ばしてきている。それは、国内の文化遺産マネジメントが十分に整備されていたという背景があるからこそである。しかしながら、イスラエルが加盟前に懸念していた、ユネスコによるエルサレムおよびパレスチナ自治区の管理権に関する政治介入が起きているのもまた事実である。ほとんどの国家が加盟している『世界遺産条約』に加盟しないという選択肢もあったはずであるイスラエルが、あえて加盟するという道を選んだのには、いくつか理由が考えられる。一つには、「聖書時代の遺丘群：メギド、ハツォル、ベエル・シェヴァ」や「マサダ」に見られるように、過去のイスラエル民族、あるいはユダヤ民族とかかわりの深い遺跡を世界遺産にすることで、現在のイスラエルの歴史的正当性を世界的に認めてもらうことである。一方で、「アッコ市街地」、「香料の道：ネゲヴ砂漠都市」、「ハイファおよび西ガリラヤ地方のバハイ聖地群」というように、ユダヤ教とは異なる宗教がテーマとなった物件も含まれていることから、イスラエルが文化政策においては公平であることを示す狙いがある可能性も指摘できる。

しかしながら、二〇一一年にパレスチナ自治政府が正式に国家としてユネスコに加盟したことで、今後イスラエルとパレスチナ間の文化遺産の管理をめぐる衝突は増加することが予想される。それは、イスラエルとパレスチナがエルサレムという未だ帰属が明確でない場所を登録推薦暫定リストに入れているだけでない。イスラエルの登録推薦物件暫定リストには、パレスチナにある物件が含まれる。また、パレスチナの登録推薦物件暫定リストに記載されている「ゲリジム山とサマリア人」と「クムラン：洞窟と死海文書の修道院」がある場所は、それぞれゲリジム山およびクムラン公園というイスラエルの国立公園に指定されている。これらの場所が、パレスチナの世界遺産として登録されるためには、パレスチナがこれらの場所の保護政策を実施する必要がある。『世界遺産条約』第四条では、締約国が自国内に存在する遺産を保護する義務を果たすことが明記されており、この条文に従えば、パレスチナが保護政策を実施していないゲリジム山とクムラン公園を世界遺産として登録することはできないのである。イスラエルとパレスチナによる交渉再開の糸口が見えない中、国際社会における文化政策にもその悪影響が出てきている。

しかしながらこうした状況を打開し、遺跡保護と活用の新しい体制確立のために堅実的な努力が積み重ねられようとしていることも事実である。

パレスチナ古物・文化遺産局、イスラム教ワクフ、キリスト教団体、その他のＮＧＯ団体、たとえば、リワク建造物保存センター Riwaq Centre for Architectural Conservation（一九九一年設立）、エルサレム旧市街復興プロジェクト Old City of Jerusalem Revitalization Program（一九九五年設立）、ヘブロン修復委員会 Hebron Rehabilitation Committee（一九九六年設立）、文化交流パレスチナ協会 Palestinian Association for Cultural Exchange（一九九七年設立）、ベツレヘム文化遺産保存センター Bethlehem Centre for Cultural Heritage Preservation（二〇〇一年設立）、エリコ・モザイクセンター Mosaic Centre Jericho（二〇〇二年）等によって、パレスチナの文化遺産の保護と活用に向けた基盤整備が行われている（Amiry & Bshara 2005, 70-72; Al-Houdalieh 2010, 44-48）。これらのＮＧＯは、地域内の遺跡や歴史的建造物の保護だけでなく、地域社会に向けた文化遺産に関する教育普及活動、文化遺産保護に携わる人材の育成、遺跡・歴史的建造物の保存に関わる雇用創出といった地域に根差した活動も行っており、[7] パレスチナ自治区内の文化遺産マネジメントにおいて重要な補完的役割を担っている。ただし、現在のところ、NGOが保護・活用対象とする文化遺産は、オスマン帝国以降の遺跡や歴史的建造物であり、一九世紀以前の遺構・遺物の保護を手掛けている団体は文化交流パレスチナ協会とエリコ・モザイクセンターにとどまっている（Al-Houdalieh 2010, 47）。NGO団体の活動が、いわゆる近世以後の遺跡や歴史的建造物に集中する背景には、これらが『暫定古物法第五一号』の保護対象外であるため、地域社会の手で守らない限り、風化、都市開発、イスラエル軍の作戦等によって破壊が進んでしまうという状況が関係している（Bshara 2013, 303）。これまで、発掘調査プロジェクトの一つとして実施されてきた遺跡の保存や地域社会への教育・普及活動が、[8] 今後パレスチナ自身の手による活動にシフトしていくことが望ましいと考えられる。

昨今、考古学では考古学が現代社会にもたらす諸問題や考古学者と地域社会の実践的な共同作業のあり方に対する関心が高まり、パブリック考古学やコミュニティ考古学といった亜領域の研究が進んでいる。同時に、文化遺産研究においても、文化遺産にとってのもっとも主要な利害関係者は、その文化遺産が位置する地域の住民であるという認識が一般化している（ICOMOS 2002, Principle 4.1）。前段でも述べたように、二〇〇二年の世界遺産条約三〇周年を機に、Cを頭文字に持つ五つの事項、すなわち「信頼性の確保 Credibility」、「保存活動 Conservation」、「能力の構築 Capacity Building」、「意思の疎通 Communication」、そして「コミュニティの活用 Community」が今後の重要な戦略目標として位置づけられた（菊地 2013、136）。その後も、登録された世界遺産の持続可能な保護のためには、地域社会の協力が不可欠であることが、くり返し確認されている。パブリック考古学やコミュニティ考古学が志向してきたように、遺跡から得られた遺物・遺構といった物理的なものから発掘データや解釈といった知的なものにいたるまで地域社会と共有し、遺跡から生じた利益を地域社会に還元するための手法として、地域社会における人材育成や積極的な地域社会の参画が呼びかけられてきた。こうした国際潮流は、パレスチナ古物・文化遺産局やその他のＮＧＯ団体の取組を支持するものといえよう。

パレスチナ・イスラエル間の不安定な政治状況に起因する遺跡保護・活用における障壁を取り除くには、双方の和解という大きな政治的課題の解決を待たなければならないであろう。しかしながら、現在パレスチナ自治区内の官民共同で取り組まれている遺跡の保護・活用に向けた基盤づくりは、将来の持続可能な文化遺産保護体制を支える屋台骨となるに違いない。

第六章　国立公園・自然保護区に係る法律

第四章と第五章では、主にイスラエル内およびパレスチナ自治区の中で実施されてきた文化遺産マネジメントの政策について叙述した。第六章ではそれらを踏まえ、とくにイスラエルの文化遺産マネジメントの中でも、国立公園と自然保護区に関する法制史について考察する。

一　国立公園・自然保護区に係る法律の概要と分析方法

国立公園・自然保護区に係る法律の概要

現在、国立公園と自然保護区に関する組織法、計画法、管理法は、『国立公園・自然保護区・国立史跡・記念史跡法 National Parks, Nature Reserves, National Sites and Memorial Sites Law』にまとめられている。『国立公園・自然保護区・国立史跡・記念史跡法』は、いわば国立公園と自然保護区を成り立たせる基本法で、一九六三年に初めて施行された。『一九六三年国立公園・自然保護区法』では、遺跡に対する保護整備事業は国立公園局が、自然環境の保護整備事業は自然保護局が管轄することが定められた。その後、『一九六三年国立公園・自然保護区法』で規定された国立公園と自然保護区の定義や管理・運営面について、一六回の修正や追加が

表6-1　各法律の目次

	1963年法	1992年法	1998年法
目次構成	第一章　解釈	第一章　解釈	第一章　解釈
	第二章　国立公園・自然保護区評議会	第二章　国立公園・自然保護区・国立史跡評議会	第二章　国立公園・自然保護区・国立史跡評議会
	第三章　国立公園	第三章　国立公園	第三章　自然・国立公園保護局
	第四章　自然保護区	第四章　自然保護区	第四章　国立公園と自然保護区
	第五章　保護すべき自然資源	第五章　保護すべき自然資源	第五章　保護すべき自然資源
	第六章　補則	第六章　国立史跡	第六章　国立史跡
		第七章　記念史跡	第七章　記念史跡
		第八章　補則	第八章　罰則
			第九章　雑則

行われた。一九九二年には、『一九六三年国立公園・自然保護区法』に対する修正や追加が反映された『一九九二年国立公園・自然保護区法』が新たに施行された。一九九八年に、組織法に大幅な改定を加えた『一九九八年国立公園・自然保護区法』が施行されて以後は、二〇〇二年と二〇〇五年に一部改訂されたものの、新たな改正法は施行されていない。過去三度にわたって施行された法律の目次は、表6-1の通りである。

国立公園および自然保護区では、イスラエルが持つ多種多様な文化遺産を保護しているため、基本法以外にも、各文化資源に係る法令が関係してくる。たとえば、国立公園や自然保護区の領域内に遺跡があった場合、あるいはすでに国立公園や自然保護区に指定された地域から遺跡が検出された場合、その調査は『イスラエル古物法』と『イスラエル古物局法』に則って、イスラエル古物局が管理者となって行う。調査後に、その遺跡を一般公開するか、あるいは保護のために非公開とするか、公開する場合の管理・運営法については、INPAとイスラエル古物局が協議を行って決める。さらに、国立公園もしくは自然保護区に指定された地域に聖地が含まれている場合[1]、『聖地保護法』に則ってINPAと宗教省が、その管理を共同で行う。一九九八年以前はおもに自然保護区が、一九九八年以後は国立公園および自然保護区が自然環境、生態系、水源の保護の役割を担うが、その際には環境省とともに『植物保護法 Plant Protection Law 1956』、『野生動物保護法 Wildlife Protection Law 1955』、『河川水源法 Stream and Spring Authority Law 1965』といった法令を参照しながら業務を遂行している。

新たに、国立公園と自然保護区を設置する場合には、土地の所有権や都市開発に係る諸法、すなわち『イスラエル土地管理法 Israel Land Administration Law 1960』、『計画建設法 Planning and Building Law 1965』等が参照される。

分析方法

本章では、『一九六三年国立公園・自然保護区法』、『一九九二年国立公園・自然保護区法』、『一九九八年国立公園・自然保護区法』の条文を対象として、国立公園と自然保護区の役割、すなわち国立公園と自然保護区の保護すべき文化遺産の定義とそのマネジメントについて考察する。具体的には、総則の中で示される国立公園と自然保護区の「定義」、国立公園と自然保護区の「指定に係る宣言とその手続」、および法令に則り国立公園と自然保護区を管理・運営するＩＮＰＡの「役割と機能」、そしてＩＮＰＡの付属機関である「評議会と総会」の条文について取り上げる。これらの条文を読み解き、過去三回の法改正における変化をたどる。

各法令はヘブル語で作成されているが、イスラエル政府あるいはＩＮＰＡによって公式英訳が出版されている。本章および脚注において引用される英訳の出典は、下記のとおりである。『一九六三年国立公園・自然保護区法』は、イスラエル政府が発行している公式英訳 *Laws of the State of Israel: Authorized Translation from the Hebrew*, vol. 17（Israel Ministry of Justice）から、『一九九二年国立公園・自然保護区法』と『一九九八年国立公園・自然保護区法』はＩＮＰＡ提供の *The Triple-Arch Gate at Dan: Proposed World Heritage Nomination*（the State of Israel 2007）に記載されているものを用いた。また文中の和訳は、筆者による。和訳する際に筆者が補塡した用語は、〔　〕内に示した。

二　国立公園、自然保護区、国立史跡、記念史跡の定義

ここでは、『一九六三年国立公園・自然保護区法』、『一九九二年国立公園・自然保護区法』、そして『一九九八年国立公園・自然保護区法』の第一章総則で示されている国立公園と自然保護区の定義の変遷を確認する。また、後年追加された国立史跡 National Site と記念史跡 Memorial Site についても述べる。

1　一九六三年国立公園・自然保護区法

『一九六三年国立公園・自然保護区法』において、国立公園と自然保護区は下記のように定義されている。

〔国立公園とは〕内務大臣が国立公園と宣言した場所。(2)

〔自然保護区とは〕動物、植物、土壌、洞窟、水源および科学教育上有益なものが、その外見、生態系、発達過程が変化しないように保護されている場所で、農業省からの提案を受け、協議後、内務大臣により宣言された場所。(3)

2　一九九二年国立公園・自然保護区法

『一九九二年国立公園・自然保護区法』では、下記の通り国立公園の定義に変更が加えられた。

〔国立公園とは〕市民が自然を享受するため、あるいは歴史的、考古学的、建築学的に重要な地域を保護する

ための場所。[4]

自然保護区の定義における変更はない。

また、『一九九二年国立公園・自然保護区法』から国立史跡と記念史跡が新しく加わったので記しておく。

〔国立史跡とは〕国家への入植の発展の歴史において国家的重要性を持つ建造物、もしくはそれに近接する建造物群。[5]

〔記念史跡とは〕国家の歴史上、特別な重要性を持つ軍事作戦を記念した史跡。[6]

3　一九九八年国立公園・自然保護区法

『一九九八年国立公園・自然保護区法』においては、自然保護区、国立史跡、記念史跡の定義に関する変更はない。国立公園のそれのみが、一九九二年法から一部改変された。

〔国立公園とは〕郊外での余暇を市民に提供する場所、または提供するために設計された場所、または歴史学的、考古学的、建築学的、または自然学的・景観上重要で保護する価値のある場所。[7]

また、『一九九二年国立公園・自然保護区法』より追加された記念史跡は、『一九九八年国立公園・自然保護区法』が改正された二〇〇二年において、「国立記念史跡 National Memorial Sites」と「軍事記念史跡 Military Memorial Sites」の二つに細分化された。前者は、一九九二年法で記念史跡に与えられた定義と同じであるが、二〇〇二年改正法によれば、後者の方は「特殊部隊によるイスラエルの軍事作戦において死亡した兵士を記念した史跡[8]」という定義が与えられている。

以上、各法における国立公園と自然保護区、さらに国立史跡、記念史跡の定義の変遷を見てきた結果、それらの定義については(1)改訂ごとに国立公園が遺跡等の文化遺産保護のための空間からより娯楽を提供することに主眼を置いた空間になっていることと、(2)イスラエル建国後の歴史遺産についても評価対象になり始めたこと、という二点を特徴として指摘することができる。

『一九六三年国立公園・自然保護区法』では、国立公園の定義はきわめて簡潔で「内務大臣が国立公園と宣言した場所」としか記載がない。しかし、ＩＮＰＡの前身である史跡開発局の局長をヤディンが務めていたことや(Tal 2002, 161-162)、当時の主要な整備対象が遺跡や歴史的建造物であったこと(Killebrew 1999; Tsuk 2004)を考慮すると、政策としての国立公園化の対象は、文化遺産であったことが推察できる。『一九九二年国立公園・自然保護区法』によれば、国立公園は「自然体験の場」と「文化遺産保護の場」という二つの役割を担っていた。一九九八年の法律では、「市民のレクリエーションの場」と「文化遺産保護の場」となるが、引き続き国立公園の役割に文化遺産保護が含まれていることがわかる。国立公園および自然保護区の年ごとの指定数を見てみると、二〇〇〇年以降にわずかではあるが、増加に転じている(Israel National Parks and Nature Reserves Authority 2009)。増加の内訳は、新規に国立公園もしくは自然保護区を作ったことによるものではなく、既に指定された国立公園や自然保護区に水場や広場キャンプ場といった娯楽施設を追加するための面積拡大や指定種別の変更(自然保護区のみの指定であった場所の一部が、国立公園としても指定される)が半分近くを占めている。

また、『一九九二年国立公園・自然保護区法』を境として、保護の対象となる「歴史学的、考古学的、建築学的に重要で保護する価値のある場所」の定義が変化したことは注目すべきである。それまでの保護対象は、『イスラエル古物法』のそれと同様に、紀元一七〇〇年以前の古物であった。しかし、一九九二年に追加された国立史跡と記念史跡は、従来の文化遺産保護対象を拡大するものであった。国立史跡と記念史跡は、イスラエルの建国の歴史に関わるものであり、このことは建国後に起きた歴史事象や造られた建造物に対しても、遺産としての価値づけが行われ始めたことを示している。それまで、国立公園や自然保護区内で保存・展示されていた遺跡の示す年代は、一八世紀頃までを上限としており、二〇世紀以降の歴史的な文化遺産は含まれていなかった。新しい種類の文化遺産の登場により、近代の建国物語に対しても文化遺産としての価値が見いだされたことがうかがえる。

三　イスラエルの文化遺産マネジメントの特徴

国立公園と自然保護区の宣言と手続

ある場所が、国立公園や自然保護区として機能するためには、ＩＮＰＡがそれらの範囲を指定し、宣言を出す手続が必要となる。ただし、国立公園・自然保護区の設置に係る調整を行うためには、各地域の地権者やその中にある文化・自然遺産に関わる利害関係者だけでなく、イスラエル政府内の省庁との調整が求められる。

1　一九六三年国立公園・自然保護区法

『一九六三年国立公園・自然保護区法』では、国立公園と自然保護区の指定に係る手続について下記のように記されている。

評議会と国立公園指定地域を所管する地方自治体が国立公園に関する意見を表明する機会を与えられた後に

（中略）内務大臣が宣言を行う。(9)

ただし、国立公園の指定と宣言を行う際、下記のような場合には、別途手続が必要となる。

聖地〔が指定地域に含まれていた場合は〕、宗教大臣と協議し保護に関して合意を取ること。(10)

遺跡〔が指定地域に含まれていた場合は〕、教育文化大臣と合意を取ること。(11)

防衛上重要な地域やイスラエル国防軍が保有する土地〔が指定地域内に含まれていた場合は〕、防衛大臣と協議すること。(12)

自然保護区は農業省からの提案内容を協議した後に内務省が宣言するが、国立公園で示されている特殊な手続はない。

2　一九九二年国立公園・自然保護区法

『一九九二年国立公園・自然保護区法』からは、内務省だけでなく、環境省も国立公園の指定の手続に加わる。

内務大臣は、環境大臣との協議後に、その場所を国立公園とすることを宣言することができる。(13)

ただし、国立公園の指定と宣言を行う際、別途手続が必要な条件として、さらに次の二点が追加された。

国立公園指定地域の行政管轄体であるすべての地方自治体は、国立公園または自然保護区の使用に関する意見を述べる機会が保証されること。(14)

すでにその場所が自然保護区であった場合、内務大臣と農業大臣が協議した上で合意する必要があること。(15)

『一九九二年国立公園・自然保護区法』では、国立史跡と記念史跡が追加されたので、それらの宣言に関しての条文も追加された。

評議会との協議に従い、内務大臣はその場所を国立史跡とすることを宣言する。国立公園の場合と同様に、内務省はその史跡を所管する行政管轄体とも協議しなければならない。(16)

記念史跡評議会は、防衛大臣、労働大臣、そして内務大臣の推薦によって政府が任命する。評議会は、記念史跡に関するあらゆる事柄について、内務大臣と防衛大臣に助言する権限を有する。内務大臣は、地方自治体ならびに記念史跡評議会との協議に従い、その場所を記念史跡とすることを宣言することができる。(17)

まず、その指定にあたって、内務大臣は評議会と記念史跡評議会の協議に従い、宣言を行う。また、宣言にあたって、内務大臣はそれぞれの史跡の行政管轄体とも協議を行う必要がある（図6-1）。ここまでの手続は、両者とも同じである。ただし、記念史跡評議会の権限において、評議会のそれとは差異が見られる。

また、国立史跡と記念史跡については、保護・保全や維持・管理に関する事項も明記されている。

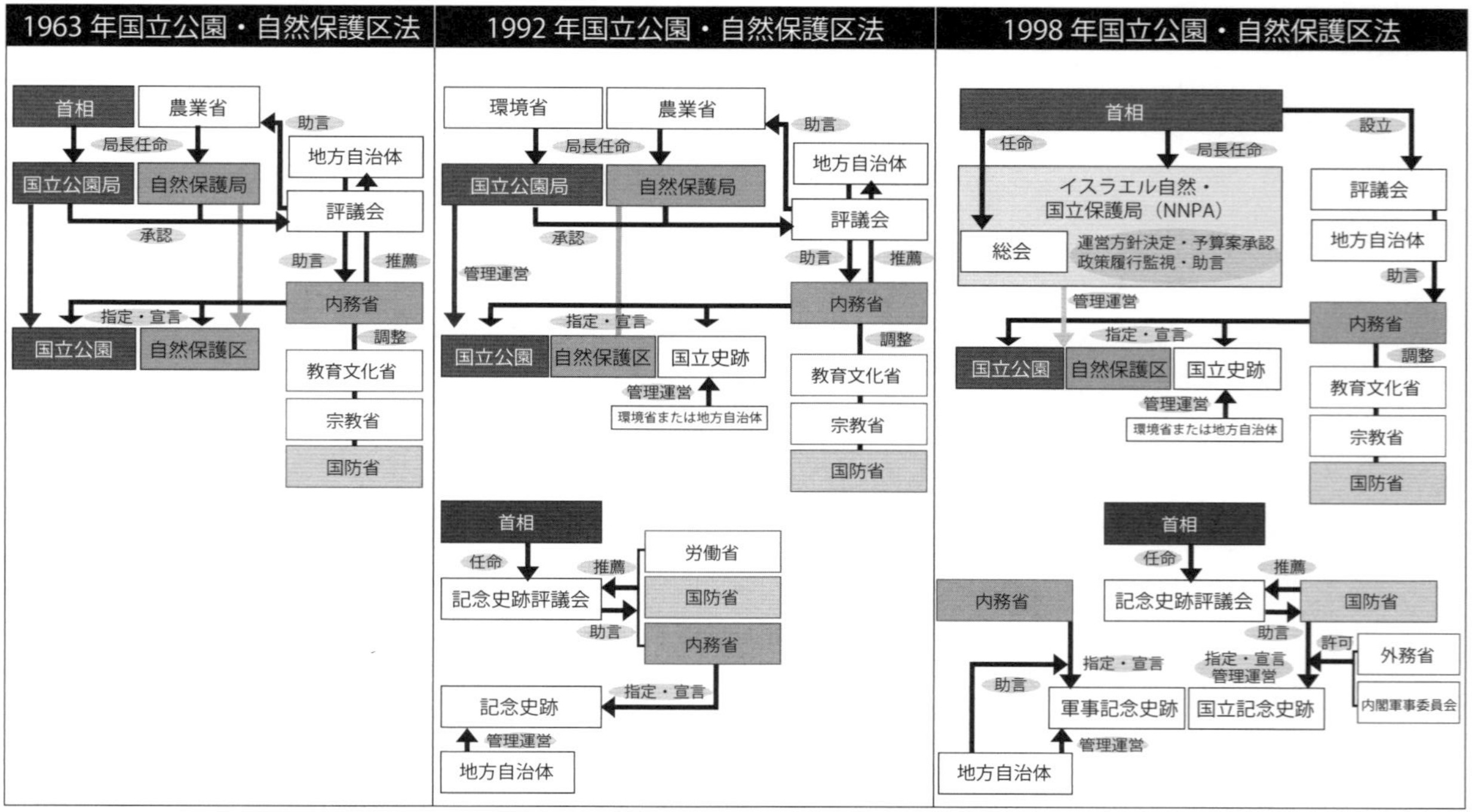

図 6-1　国立公園局・自然保護局等と関係組織

環境大臣は、国立史跡の保存・保護に係る規定を公布することができる。国立史跡が、その地域にとって非常に重要であった場合は、環境大臣は史跡の管理権限をその地方自治体に与えることができる。[18]

記念史跡の維持・管理は、史跡を所管する行政管轄体である地方自治体の責任である。内務大臣は、防衛大臣との協議後、記念史跡に係る規定を公布することができる。[19]

保存や保護に必要な規定は、国立史跡の場合は環境大臣が、記念史跡の場合は内務大臣が出すことができる。興味深いのは、それぞれの管理責任の所在である。国立史跡の場合は、基本的にＩＮＰＡが管理・運営に関する責任部局である。ただし、条文にあるように、その史跡が地域にとって象徴的な存在である場合、環境大臣によってその管理権限を、地方自治体に与えることができる。しかし、記念史跡の場合では、最初から管理責任はその史跡を所管する地方自治体である。

3　一九九八年国立公園・自然保護区法

国立公園局と自然保護局が統合した『一九九八年国立公園・自然保護区法』からは、宣言を行うにあたり別途手続が必要な条件が自然保護区にも適用されるようになる。『一九九八国立公園・自然保護区』では、『一九九二年国立公園・自然保護区法』で定められた五つに加え、下記の二つの手続が求められるようになる。

国立公園および自然保護区としての設計計画が承認される場合。[20]

評議会と指定地域の行政管轄体である地方自治体が、国立公園や自然保護区の設計について意見陳述できる場合。[21]

国立公園と自然保護区の指定とその宣言は、年を追うごとに利害関係省庁や地方自治体との手続が詳細に決められていった。とくに、『一九九八年国立公園・自然保護区法』で、国立公園と自然保護区の指定に関係する地方自治体に意見陳述の機会が認められた点は、顕著な変化の一つと言える。

前述したように、イスラエルの国立公園と自然保護区はその多くが、国有地内に設置されているため、国立公園と自然保護区の管理・運営方針は、イスラエル政府内の各資源を管轄している省庁間で完結していたと考えられる。ただし、徐々に国立公園・自然保護区の管理・運営において地方自治体の参画の機会が増加したことは、自然・文化遺産の管理体制の変化を示唆しているように思われる。

また留意すべきは、一九六三年法以来、指定・宣言にあたって別途手続が必要な条件として挙げている聖地と遺跡に関するイスラエル独自の法令が、それぞれ一九六七年と一九七八年に施行されている点だ。つまり、『一九六三年国立公園・自然保護区法』が施行された時点では、聖地や遺跡に関するイスラエルとしての明確な法制度はなかった。前述したように、法令が制定される以前にも、オスマン帝国あるいはイギリス委任統治政府によって施行された文化財保護に関する法令が存在したが、日本のように各資源の保護に係る諸法令の後に生まれた国立公園の制度（自然公園法）とは異なり、イスラエルの場合は国立公園・自然保護区法がその後の文化遺産マネジメントに係る法律整備の礎であったということができる。

イスラエル自然・公園局の役割と権限

これまで見てきた条文からも看取できるように、国立公園と自然保護区の指定・宣言・管理運営には、ＩＮＰＡ

の他にも様々な省庁が関わっている。ここでは、諸省庁と協力しながら国立公園と自然保護区を運営しているＩＮＰＡの役割と権限を確認する。『一九六三年国立公園・自然保護区法』と『一九九二年国立公園・自然保護区法』では、国立公園局と自然保護局のそれぞれの役割と権限を、二つの組織が合併した後の『一九九八年国立公園・自然保護区法』ではＮＮＰＡのそれらを条文から読み解いていく。

1　一九六三年国立公園・自然保護区法

『一九六三年国立公園・自然保護区法』では、国立公園局と自然保護局の役割として、「〔国立公園と自然保護区それぞれに〕係る庶務を管理すること」と記されている。また、権限については、下記のとおりである。[22]

〈国立公園局〉
（1）国立公園設備の維持管理
（2）来訪者へのサービス提供
（3）国立公園内の土壌侵食の防止
（4）国立公園における職員の雇用と人事
（5）国立公園管理者の役割と権限の決定
（6）評議会の承認
（7）管理運営資金の調達
（8）国立公園局に寄せられた寄付金の管理

〈自然保護局〉
（1）自然保護区設備の維持管理

(2) 来訪者へのサービス提供
(3) 自然保護区内の土壌侵食の防止
(4) 自然保護区職員の雇用と人事
(5) 評議会の承認
(6) 管理運営資金の調達
(7) 自然保護局に寄せられた寄付金の管理

2　一九九二年国立公園・自然保護区法

国立公園局と自然保護局が独立組織であった『一九六三年国立公園・自然保護区法』と『一九九二年国立公園・自然保護区法』からは、それぞれの役割・機能において顕著な変更点、および両組織の役割における相異はないが、管理・運営のための財源については変化がみられる。自然保護局の章には記されていないが、国立公園局の章には、「入場料金の設定」に関する条文が追加された。

〔国立公園局は〕評議会の承認を得た上で、国立公園区域への入場とそれに係るサービスに対して料金を課すことができる（中略）。入場料からの収入は、国立公園局の管理・運営のための財源のすべて、あるいは一部に充てることができる。[23]

3　一九九八年国立公園・自然保護区法

国立公園と自然保護区の統合に伴い誕生したＮＮＰＡでは、それまでの各局が持っていた役割や権限が変化、拡大する。『一九九八年国立公園・自然保護区法』第三章には、ＮＮＰＡの役割として以下の九点が挙げられている。[24]

国立公園および自然保護区に関わる実務を行い、国立公園および自然保護区からの利益獲得を促進し、自然遺産・歴史遺産を保護し、それらの監督を行う。具体的には、

(1) 国立公園および自然保護区を設立する区域の設定
(2) 国立公園および自然保護区の設置を促進し、その設計および改修
(3) 国立公園および自然保護区を設置し、それに伴う管理・維持・運営
(4) 国立公園および自然保護区区域内とその周辺の自然遺産の保護
(5) 国立公園および自然保護区区域内の自然遺産・歴史遺産の監視と違法行為の取締り
(6) 国立公園および自然保護区区域内の自然遺産と保護種の記録とそれに関する報告書の作成
(7) 国立公園および自然保護区区域における一般市民、とくに若年層に対する教育普及活動、ガイド活動
(8) 国立公園、自然保護区および自然遺産に関わる国際的な連携構築
(9) 自然保護や自然遺産に関する野外調査の奨励

権限に関しては、いくつかの変更が見られる。まず、『一九九二年国立公園・自然保護区法』まで記されていた人事権、および評議会の承認権がなくなった。その一方で、国立公園あるいは自然保護区内に保護されている遺産の保存・修復の権限が新たに追加された。またすでに与えられていた国立公園と自然保護区設備の維持管理においても、「専門家による環境アセスメント実施後」という条件が記された。[25] 元来、文化・自然遺産を保護しつつ娯楽施設としての活用も志向した国立公園と、自然遺産をありのまま保存することを目指した自然保護区が統合した結果、区域内の維持管理においても環境影響評価に留意した指針が示されたことになる。

入場料金に関しては、NNPAが財務省と協議後に、国立公園と自然保護区への入場と地域内のサービス提

供に対して料金を設定することとされている。[26]『一九九八年国立公園・自然保護区法』から、自然保護区についても入場料金が設定され、そこからＮＮＰＡの運営資金が捻出されるようになった。『一九六三年国立公園・自然保護区法』では、自然保護局の権限の中に、入場料の設定がないことから、有料で一般公開している自然保護区はなかったことがうかがえる。

評議会と総会の役割と権限

1　一九六三年国立公園・自然保護区法

『一九六三年国立公園・自然保護区法』によれば、評議会National Parks and Nature Reserves Councilは、⑴中央政府の代表（七名）、⑵イスラエル国土省の代表（一名）、⑶ユダヤ国家基金の代表（一名）、⑷地方政府代表（五名）、⑸内務省指名による科学研究機関の代表（七名）、⑹市民の代表（四名）、以上二五名で構成される。[27]内務省の推薦によって候補者が選ばれ、最終的に国立公園局と自然保護局の承認によって構成員が決定される。[28]

評議会の役割は、⑴内務省、農業省、設計組織、そして地方政府に対する国立公園と自然保護区の土地割り当てに関する助言、⑵国立公園局と自然保護局に対する業務内容と役割に対する助言、あるいは関係諸団体の業務内容と役割の承認、⑶国立公園と自然保護区への入場料金認定の承認、⑷保護すべき自然遺産の宣言の承認、⑸首相と農業大臣に対してこの法律の履行に関する助言、の五つである。[29]

2　一九九二年国立公園・自然保護区法

『一九九二年国立公園・自然保護区法』で、国立史跡も評議会が助言を行う対象に追加された。[30]また、記念史跡のための評議会、「記念史跡評議会Memorial Council」が新たに設立された。[31]これは、『一九六三年国立公園・自然保護区法』で設置された評議会とは異なり、国防省、労働省、内務省の各大臣から推薦された候補者を、首相が直接任命する。『一九九二年国立公園・自然保護区法』では詳細な構成員については述べられていない。記念史跡評議会は、記念史跡に関するあらゆる事柄に対して、国防省と内務省に助言することができる。また、内務省が記念史跡を指定・宣言する際も、記念史跡評議会と協議することが求められている。

3　一九九八年国立公園・自然保護区法

『一九九八年国立公園・自然保護区法』では、評議会の構成員に変化が見られた。四名の市民代表の代わりに、イスラエル古物局代表一名が評議会の委員に含まれることになった。[32] しかし、二〇〇二年の法改正により、評議会の委員に市民の代表四名と後述するＮＮＰＡの総会の議長および代表一名が追加された。[33] 市民の代表には、環境保護に関わる非政府団体が含まれている必要がある。

その役割については、『一九六三年国立公園・自然保護区法』に詳細に述べられていた条文が改訂され、ＮＮＰＡや内務省・関連省庁に対するより大局的な助言をすることとなった。すなわち、⑴内務大臣および各大臣に対して、この法律の履行に関する助言、⑵国立公園・自然保護区の設計担当者およびその管理・運営を担う地方政府に対して、国立公園・自然保護区・国立史跡の設計について助言、⑶ＮＮＰＡに対して、組織の役割について助言、という以上三点にまとめられた。[34]

『一九九二年国立公園・自然保護区法』には、記念史跡評議会の構成員や役割について明記されている。記念史跡評議会は、国防省の提案に基づいて、政府が任命する。その構成は、⑴中央政府の代表（五名。内訳は国防省職員二名、財務省職員一名、内務省職員一名、教育文化スポーツ省職員一名、環境省職員一名）、⑵国防省指名の民間の代表（二名）、⑶地方政府の代表（二名）、⑷福祉省指名の戦争犠牲者家族の代表（一名）、⑸戦没兵士記念評議会の代表（一名）、⑹国立公園・自然保護区・国立史跡評議会の代表（一名）、⑺戦争遺族会の代表（一名）、⑻国防省遺族会の代表（一名）、⑼建造物保存評議会の代表（一名）、の計一四名である。[35] また、記念史跡評議会の議長は、国防大臣が評議会と協議した後に、国防大臣によって任命される。記念史跡評議会の役割としては、次の通りである。

〔記念史跡評議会は〕内務大臣と国防大臣に対して、記念史跡に係る全ての事柄に対して助言することができる。(36)

『一九九八年国立公園・自然保護区法』では、NNPAの付属機関として、新たに「総会Plenum」が設置された。総会の構成員は、環境大臣の推薦を受けて政府が任命することになっている。構成員は、中央政府の職員（七名。内訳は、財務省、環境省、教育文化スポーツ省、農業省、内務省、観光省、国土開発省の職員一名ずつ）、科学研究機関所属の代表（七名。内訳は、動物学、植物学、生態学、考古学、地理学、地質学、歴史学、経済学、景観および建築学の中で、イスラエルの資源保護に関心のある研究機関の代表）、非政府団体の代表（四名。内訳は、ユダヤ民族基金、SPNIおよびNNPAの活動に関心のある非政府団体）、地方政府連合の代表（一名）、計一九名で組織されている。(37)

また、総会の役割とその権限は次の通りである。

総会は、その他の役割を損なうことなしに、(1)現場〔国立公園、自然保護区、国立史跡〕におけるNNPAの機能に関する一般的な方針の決定、(2)NNPAの業務計画の作成、(3)NNPAの業務計画の決定、本法一〇項に基づいた予算案の承認および財政報告の審査、(4)方策、計画および予算執行の監督、(5)NNPA局長の指導、(6)任務遂行のために必要と認められる事項を検討し、決定する。(38)

評議会の役割は、年々少しずつ変化しているものの、基本的には国立公園、自然保護区、国立史跡の設立、あり方、管理運営法に関して助言をすることである。対して、国立公園局と自然保護局が統合した一九九八年に新規設立されたNNPA内部に属する総会は、NNPAの組織の方針や組織運営に係る財政に関する「決定」や

「承認」等の権限を有している。換言すれば、総会は、組織運営の根幹に関する権限を持っている。その構成員一九名のうち、約半数は中央・地方の行政職員であるが、残りは民間の研究者や団体職員であるという点は興味深い。

過去三回発行された法律の条文を比較すると、国立公園と自然保護区をめぐる制度において、次の変化を特徴として捉えることができる。一つ目は、当初国立公園と自然保護区が担っていた「遺跡展示を通した歴史学習のための国立公園」や「国土の自然環境を保護するための自然保護区」という歴史学習や文化・自然遺産の保護に主眼が置かれていた役割が、だんだんと体験型環境学習や娯楽に重点が置かれるようになった点である。二つ目は、国立公園と自然保護区指定に係る手続において地方自治体の権限が増したことや、一九九八年にＮＮＰＡの運営方針に多大な権限を持つ総会が半官半民で構成されていることからわかるように、イスラエルの文化遺産マネジメントの権限が分散化していった点である。三点目は、一九六三年法では保護の対象になっていなかった近代の歴史事象や物質文化も、文化遺産として評価され、国立公園・自然保護区の保護の対象になったことである。

小結として、これらの三つの変化が起きた背景について、イスラエルにおける文化遺産マネジメントの歴史の中に位置づけて考察してみたい。

文化遺産マネジメントの法制度の充実化と自然保護意識のめばえ

イスラエルにおける自然環境に対する関心は、シオニズム思想の中でも重要な位置を占めている（Tal 2002, 19-25）。「約束の地」への帰還を希求していたシオニストたちにとって、当該地域の景観や自然環境への関心は、新しく生まれる国家への理解につながるものであった。一九四八年に国家が建設された後も、ユダヤ民族の故郷として相応しい景観づくりを続けることは、国土開発において重要なスローガンとなっていた（Amiran 1978, 115; Fenster 2004, 403-407; Bar-Gal & Bar-Gal 2008; Tal 2008, 120-121）。しかし、農地拡大のための大規模灌漑や建国以来続く国土開発によってもたらされた環境への悪影響が一九六〇年代から表面化した結果、国内の環境破壊に対する社会の関心も高まっていった（Tal 2002, 113-139）。

当時、イスラエルの自然環境や文化遺産を一元的に管理する組織はまだ存在しなかった。一九六三年に国立公園と自然保護区が誕生した時点で、自然環境の保護に関わる法令は、一九五五年の『野生動物保護法 Wildlife Protection Law 1955』、一九五六年の『植物保護法 Plant Protection Law 1956』、そして一九五九年の『水源法 Water Law 1959』のみであった。

建国当初の土地や資源の管理において影響力を持っていたユダヤ民族基金は、入植するユダヤ人たちのために土地を購入し、整備することを主たる活動目的としていたが、徐々に自然環境の管理にも携わるようになっていった。農業省が主に農地開発のための土地とその他資源管理を、ユダヤ民族基金が宅地のための土地と宅地開発に伴う森林等の管理を行っていた。両者の管理方法は、あくまで土地の開発と取得を目的としたものであり、環境保護のためではなかったため、一九八八年に自然環境の保護・管理を一元的に担う環境省が誕生するまで、おもに自然保護区が担ってきた自然資源の保護・管理の役割は大きかったことがうかがえる。

一九八八年に環境省が誕生してからは、自然保護区が担ってきた自然環境保護の役割は、環境省が政策として実施するようになった。一九九八年に国立公園と自然保護区が統合した結果、本章第二節で確認したように、自然保護区にも娯楽性を持った保全型文化遺産マネジメントが求められた。ただし、自然に触れる機会を創造し、環境保護の大切さを学ぶ場を、都市近郊に設置できている点は、結果的に景観を豊かにするだけでなく、市民や観光客と自然とが適正な距離感を保つことに功を奏したとも考えられよう。

国立公園局の果たす役割の変化も、自然保護局の場合の要因と類似している。国立公園と自然保護区の前身である歴史・考古・宗教遺跡改善委員会と史跡開発局の主たる目的と活動内容は、開発が全国的に広がる前に、国内に残る遺跡や歴史的建造物を記録し、保護するための処置を施し、観光資源として活用することを志向していた。しかし、建国後しばらく、イスラエル政府の中でこうした業務を担う省庁がなかったことは、自然保護区の場合と同じである。イスラエル古物・博物館局はあったものの、業務内容はイスラエルが所有する埋蔵文化財の管理と発掘調査の手続履行、監督業務であり、遺跡を活用するための開発業務は含まれていなかった。元来、国立公園は観光資源としての役割が期待されていた上に、入植したユダヤ民族の若者たちが参加したイェディアット・ハアレツ運動の主要な行き先でもあった（Selwyn 1995, 119-120; Shavit 1997, 55; Bar-Gal & Bar-Gal 2008, 55）。それゆえ、当初、遺跡や歴史的建造物の保護にも大きな役割を果たしていた国立公園が、徐々に観光資源としての側面が強い娯楽を提供する場としても活用されるようになったことは何ら不自然ではない。

都市開発に伴う文化遺産マネジメントの多様化

二つ目の変化として、徐々に地方自治体や非政府団体が、国立公園や自然保護区の管理運営に参画できる機会が増したことを挙げたい。前段において、一九八〇年代に行われた都市の再開発が、イスラエルの文化遺産マネジメントの一つの画期になったことを指摘した。そこで、国立公園・自然保護区制度における変化の要因についても、一九八〇年代に行われた都市の再開発と非政府団体がイスラエルの文化遺産マネジメントに果たしてきた役割に関連させながら考えてみたい。

イスラエルの国有地では、一九六〇年に施行された『イスラエル土地管理法』に則り、土地管理局と土地委員会が国家基本計画を作成する。国家基本計画は、国土開発の大きな方向性や予算執行等が示される『イスラエル土地管理法』の他に、「地域基本計画」、「地方基本計画」の三段階に分かれている。国立公園や自然保護区に関する計画は国家基本計画、都市公園は地域基本計画に沿って行われる。イスラエルの土地管理局 Israel Lands

Administration と土地委員会 Israel Lands Council は、一九六五年の『計画建設法 Planning and Building Law 1965』に沿って、国土開発政策を進めていった。とくにテルアビブやアッコのような大都市では、一九四〇年代後半と一九八〇年代に都市開発が盛んであった。都市の再開発に伴って改正された法制度の一つに、一九九一年の『計画建設法修正三一号』がある。この条文には、地方自治体が開発工事の際に発見された史跡の保存を担うことが示されており、これまでトップダウン式に進められていた文化遺産マネジメントのあり方が変化したことが看取できる。

また非政府団体の参画については、とくにユダヤ民族基金とＳＰＮＩの国立公園や自然保護区行政への関与が顕著である。両団体は、空地政策においてもその発言権を広げている。空地とは「用途がない場所 un built-up area」を示す用語で（Ministry of Environmental Protection 2005, 9）、その割合はイスラエル内で七五％にも上る（Central Bureau of Statics 2006, 22）。政府は、様々な方法でこうした空地における政府の管理を徹底しようとしており、その一環として、一九九七年に出された「国家基本計画二〇二〇 National Master Plan 2020」において、空地政策が今後の国土開発における重点課題として挙げられている（Ministry of Environmental Protection 2005, 10）。一九九八年に調査した空地利用の内訳は、農地が二七％、国立公園・自然保護区が二〇％、森林が八％、その他（軍用地、未開発地等）が四五％となっている（Ministry of Environmental Protection 2005, 10）。このうち、直接政府が管理し保護保全活動できるのは、国立公園・自然保護区と森林のみである。

二〇〇三年にＳＰＮＩ、ユダヤ民族基金、ＮＮＰＡ、環境省、内務省の職員から構成される空地利用を考える諮問委員会が設立された。この諮問委員会によって提示された空地政策の将来的な検討課題は、(1) 生物多様性の保護、(2) 景観の保護、(3) 文化遺産の保護、(4) 社会に対しての娯楽機会の提供、(5) 環境機能の重要性に関する啓蒙活動、である。これらの検討課題が、ＮＮＰＡの活動内容と類似していることは偶然ではない。空地は放置しておくと、土地がやせるだけでなく、不法滞在者が無許可で滞在する等の問題が起きるため、政府は有効的な空地の管理方法として、国立公園・自然保護区としての利用を促進している。ただし、国立公園・自然保護区等の管理運営の他に国土の七五％にもおよぶ空地を、新たに開発していく財源や人材をＮＮＰＡで揃えることは困難であったため、建国直後から非政府団体として環境保護に取り組んできたユダヤ民族基金とＳＰＮＩの存在感が増したと考えられる。とくに、ＳＰＮＩの空地政策に対する影響力は強くなっており、環境省と協力して空地の管理と保全プロジェクトを組織内の研究所を通じて実施している。

また社会全体の自然環境への意識の高まりは、非政府団体による積極的な教育活動によって支えられている。その中でも、ユダヤ民族基金とＳＰＮＩは、草の根レベルの環境保護運動の中心を担ってきた。たとえばユダヤ民族基金は国内に所有している森林を対象に保護活動、エコツアー、環境教育等を行っている。また、ＳＰＮＩは動植物の保護活動、エコツアー、環境教育等を行っている。[39] こうした市民レベルからの環境保護意識が高まるにつれ、環境教育を実践できる場所が求められるようになった。

以上のように、国土開発の流れにおいても地方自治体と非政府団体の参与が積極性を増してきたことが、従来の造営型の国立公園・自然保護区のあり方に変化をもたらしたと考えられる。

近代遺産の登場

本章第二節でみたように、一九七四年の改正法で国立史跡が、一九八二年の改正法で記念史跡が新しい文化遺産として加わり、『一九九二年国立公園・自然保護区法』において、近代のイスラエルの歴史に関する遺産もその価値が認められるようになった。遺跡や歴史的建造物、記念碑といった古物を文化遺産と捉える従来の傾向から、近代史に関連するものに対しても文化遺産的価値を認める動きは、イスラエルだけではない。実際、世界遺産の中でも一九世紀後半から二〇世紀にかけての文化遺産が、近代遺産や産業遺産として登録されるようになっている。一九八〇年代後半から一九九〇年代にかけて指摘されてきた世界遺産登録における不均衡さを解消するために、新しい指針として『グローバル・ストラテジー』が提示された結果、これまで保護の対象外であった近代遺産も登録されるようになったのである。

文化遺産の概念が拡大したこともイスラエルの文化遺産政策の変化に影響を与えた可能性はあるが、もう一つ、この時期にイスラエル国内で起きていた歴史認識に関する動きにも注目してみたい。その動きとは、(1)キブツやモシャブの住民らによる郷土資料保存運動と、(2)一九八〇年代の都市の再開発による「遺産」の見直し、である。

一九八〇年代は、各地で入植に関する地域史が掘り起こされた時期であった。キブツやモシャブを中心に郷土資料館が設立され、入植に関連する場所の保護活動が開始された（Katriel 1997）。三年にわたってキブツやモシャブの郷土資料館を民族学的に調査したT・カトリエルは、こうした機運が高まった理由として、イスラエルの観光産業の発達に触発されたり、一九八〇年代に世界的に起きた郷愁ブームに影響を受けたりしたと認めつつも、別の見解を示す。一九九三年の時点で、すでに開館している郷土資料館は六〇カ所以上存在したが、同時点で建設中の郷土資料館が五〇カ所以上あった（Katriel 1997, 148）。つまり、一九九〇年代の間に少なくともそれまでの二倍の郷土資料館が設置されたことになる。また、一九九二年に全国規模で「史跡週間（五月）」が開始されたり、教育文化スポーツ省の歴史的建造物および史跡保存委員会の指導の下、博物館教育が年間の指導内容に含まれたりと、ある種の政策的な意図を持って市民に対する文化遺産の教育普及が行われたとカトリエルは指摘している。

キブツやモシャブが郷土資料を保存する場合、入植当時から使用している建物を屋外に展示、あるいは博物館に民具や写真資料を展示するという手法が一般的である。カトリエルによれば、こうした郷土資料館への訪問者は、小中学校・高校の生徒、市民団体、職場研修、兵役中の兵士たちが多いようだ。ただし、昨今では海外からの訪問者が増加したために、展示の題箋や説明板に英語を併記する場所も増えてきている（Katriel 1997, 149）。訪問者は、欧米に住むユダヤ民族の若者、あるいは旧ソビエト連邦やアフリカから移民として新規に入植してきたユダヤ民族であり、ヘブル語を習得するための言語学習プログラムを受講中に郷土資料館を訪れることが多いという（Katriel 1997, 149）。こうした事象は、二〇世紀初頭にシオニストの若者たちが、イェディアット・ハアレッツ運動を通じて土地や民族について学習したことを彷彿とさせる。一九八〇年代は、入植者の第二世代、つまりイスラエル生まれの世代が成人を迎える時期であった。第二世代は、イスラエルの建国後に生まれ、彼ら／彼女らにとっての故郷の原風景にはキブツやモシャブがあった。建国後三〇年が経ち、たとえ近代であったとしても自分たちの祖国の歴史が形成されはじめたと意識され、祖国建国の礎となったキブツやモシャブにおける先人たちの生活は、ユダヤ民族としてのアイデンティティを想起するものと考えられたのであろう。

また前段で述べたように、一九八〇年代からテルアビブやアッコのような大規模都市を中心に再開発が行われた。元来、イスラエルのほとんどは国家に所有権があるが、テルアビブやアッコ等の大都市は、その他の場所と比べて国有地の割合が低い。そのかわり、各地方自治体がその何割かを所有している場合が多いため、都市開発における地方自治体の発言権も強かった（Alfasi & Fabian 2009, 139）。海岸沿いにあり、物流面でも観光面でも、そして都市としても発展性が見込めそうな大都市では、一九五〇年代から都市の中に残る遺跡や歴史的建造物の保護と開発の兼ね合いについて議論がなされてきた（Alfasi & Fabian 2009, 140-141）。

一九九一年に公布された『計画建設法修正第三一号』には、「史跡保存大綱」が明示された。画期的だったのは、国土開発の際の遺跡保存の枠組が初めて明示されたことである。これを受け、翌年九二年から作成された「地方基本計画」に、地方計画局は必ず史跡保存委員会を設け、保存すべき遺跡や歴史的建造物のリスト作成や保存計画の作成を行うことが定められた（Amit-Cohen 2005, 293）。これまで明確な基準のなかった保存すべき対象には、『イスラエル古物法』では保護の対象ではなかった近代の歴史的建造物も含まれている。テルアビブのバウハウスが世界的に注目を浴びる等ポストモダン建築に対する評価が高まっていた時期でもあり、新しい都市の歴史をこうした歴史的建造物に求めていた可能性は十分に考えられる（Le Vine 2001, 252）。

民間レベルでも、『計画建設法修正第三一号』を契機にイスラエルの近代遺産に対する保護活動を行うイスラエル遺産保存協会 Society for Protection of Israel Heritage Sites が誕生した。この組織は、国家の再誕生、シオニズム、入植、防衛に関する遺産を同定し、その修復、保護を行うこと（Fenster 2004, 405）を目的とし、現在は一九世紀から二〇世紀初頭の入植の歴史に関する一〇〇カ所の史跡と歴史的建造物を保護管理している。(40)

第Ⅲ部　遺跡の遺産化の実態

第七章　イスラエル政府主導の文化遺産マネジメント

前章では、国立公園と自然保護区を規定する法制度の変遷について法律の条文分析を通して考察した。そして、法律の変遷の背景には、自然保護への関心の高まりや文化遺産に対する意識の変化、諸都市の再開発に伴う文化遺産マネジメントの多様化、そして文化遺産の定義の拡大化といった社会的・思想的変化が関係していることを指摘した。

第七章では、実際に国立公園・自然保護区の中で保存・展示されている遺跡を対象に、遺跡の遺産化の実態とその特徴について考察する。そのために、国立公園と自然保護区で保護の対象となった遺跡を抽出し（第二節、第三節）、国立公園・自然保護区内で展示される時代と遺構の特徴を抽出する（第四節）。

一　史跡開発局の文化遺産マネジメントの特徴

分析対象および手法

本節では、まず国立公園・自然保護区制度ができる前（一九五四年と一九五五年）に、イスラエル政府によって行われた「国立」の文化遺産の創出について考察する。第五章で整理したように、一九五四年から一九五五年は、イスラエルの文化遺産マネジメントの黎明期と位置付けることができる。国内の観光整備の潮流の中で、INPAの前身となった史跡開発局は、国内にある遺跡の中から観光地となり得るものを選定し、整備を施した。本節での分析対象は、史跡開発局が整備に着手した三三カ所（Tsuk 2004, 5-6, 図7-1）とし、当時どのような特徴を持つ遺跡が文化遺産として選定される傾向にあったのかを考察する。

遺跡の特徴を、保存・展示されている遺構の時代を指標として表現するため、類型項目を設定した（図7-2）。類型項目の設定は、考古学的な時代区分だけではなく、遺跡を展示する際に指標となりうる宗教や王国といった主題も参考にした。ユダヤ教やキリスト教といった宗教に関する項目に該当する遺跡は、たとえばシナゴーグや教会堂といった宗教遺構や墓域や霊廟といった過去の人々の精神文化を表す遺構を含むものである。対して、王国や帝国の項目に属する遺跡の特徴は、都市遺跡、防御施設、あるいは支配者層の住居址といったものが含まれる。たとえば、類型項目1は、考古学的な時代区分で言えば中期青銅器時代から鉄器時代にまたがっており、いわゆる旧約聖書時代と言われている。一般的に、旧約聖書時代は、後期青銅器時代から鉄器時代I期の統一王国以前のカナン時代、鉄器時代II期のイスラエル王国時代、鉄器時代IIB-C期にあたる分裂王国時代に分けられるため、それぞれを1a、1b、1cとした。類型項目2はペルシア時代、3はヘレニズム時代である。バビロン捕囚後、当該地域はペルシア帝国の支配を受けていたが、アレキサンダー大王の遠征を皮切りとして、プトレマイオス朝エジプトとセレウコス朝シリアが、その覇権をめぐり、ヘレニズム時代を通じて争いが続いた。その後、セレウコス朝シリアから独立したハスモン朝は、ユダヤ民族による初めての独立王朝であった。したがってハスモン朝を3a、南部ネゲヴ地方を中心に独自の文化を発達させたナバテア王国を3bとした。

ローマ時代以降は、領域内で主流であったユダヤ教とキリスト教の他に、紀元後一世紀にパレスチナをユダヤ属州としたローマ帝国をそれぞれ類型項目4aから4cとして設定した。ビザンツ時代は、ユダヤ教5aとキリスト教5b、ビザンツ帝国5c、前期イスラム時代は、ユダヤ教6a、キリスト教6b、イスラム教6c、そしてウマイヤ朝／ア

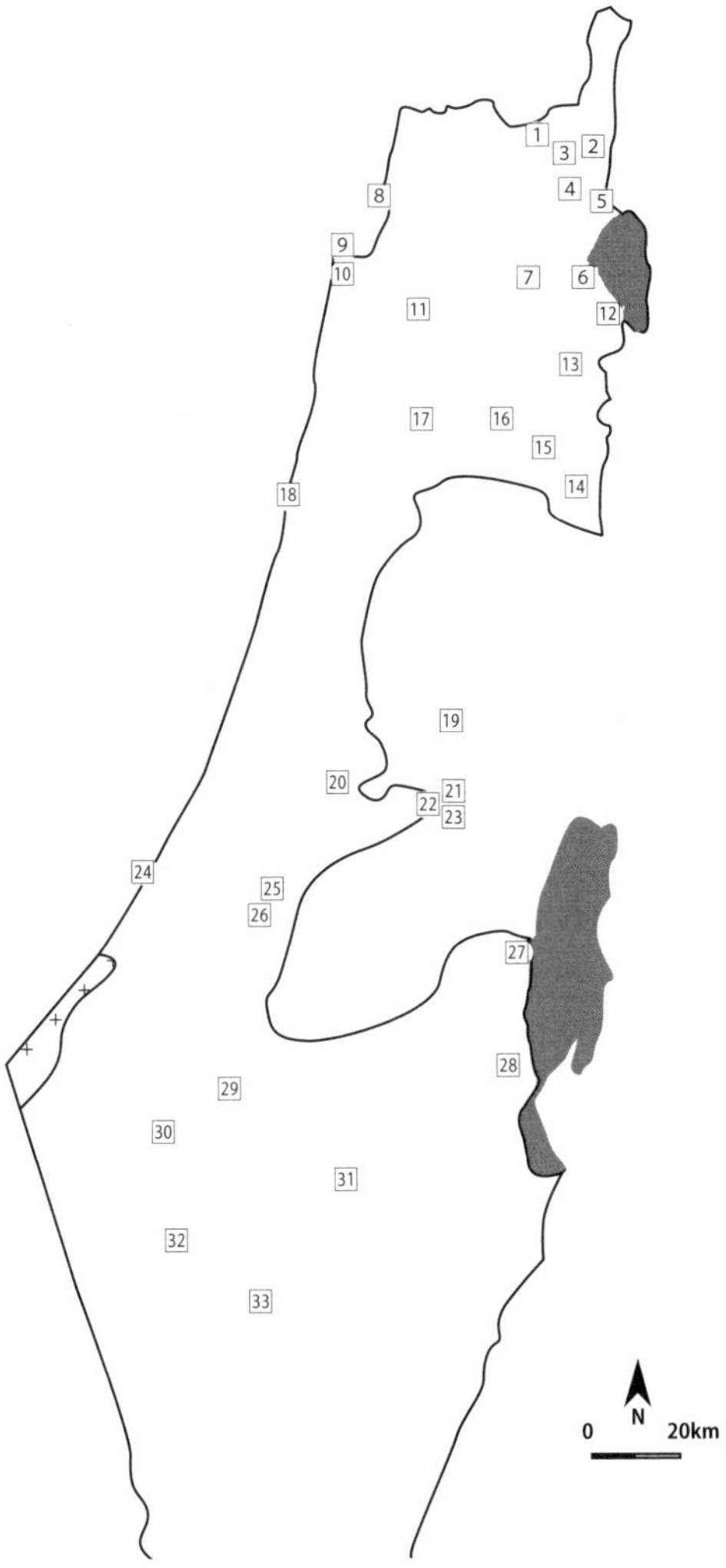

1 バルアム遺跡のシナゴーグ
2 アル・ハツォル遺跡
3 ラビ・シモン・バル・ヨハイの墓
4 アリのシナゴーグ
5 コラジン遺跡のシナゴーグ
6 ラビ・モシェ・ベン・マイモンの墓
7 カルネ・ヒッティン
8 アッコ旧市街地
9 エリヤの洞窟
10 アトリットの十字軍要塞
11 ベト・シェアリム遺跡
12 ベト・イェラ遺跡
13 コハヴ・ハヤルデンの十字軍要塞
14 ベト・シャン遺跡
15 ベト・アルファ遺跡のシナゴーグ
16 マアヤン・ハロド
17 メギド遺跡
18 カエサリア遺跡のローマ時代の劇場
19 ラムラの貯水槽と方形城楼
20 ツォルア
21 ダビデの墓
22 ヘロデの墓
23 エラの谷
24 アシュケロン遺跡
25 マレシャ遺跡
26 ベト・グヴリン遺跡
27 エン・ゲディ遺跡
28 マサダ遺跡
29 ベエル・シェヴァ遺跡
30 エルサ遺跡
31 マムシット遺跡
32 シヴタ遺跡
33 アヴダット遺跡

図 7-1　1954 年から1955 年までに整備された遺跡の所在地

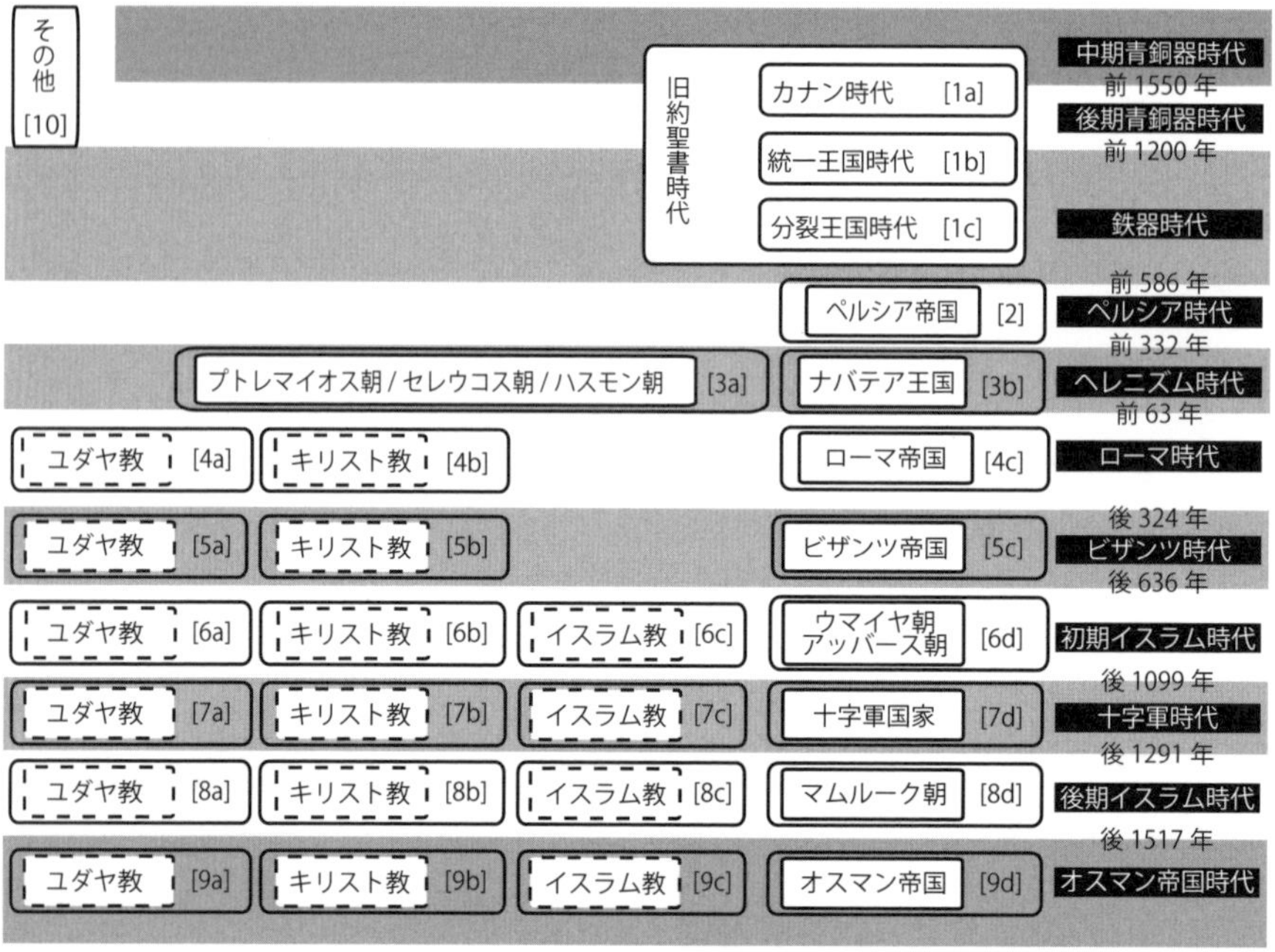

図 7-2　遺跡の特徴を表す類型項目

ッバース朝6dとした。十字軍時代は、ユダヤ教7a、キリスト教7b、イスラム教7c、エルサレムのラテン王国に代表される十字軍国家7d、後期イスラム時代は、ユダヤ教8a、キリスト教8b、イスラム教8c、マムルーク朝国家8d、オスマン帝国時代はユダヤ教9a、キリスト教9b、イスラム教9c、オスマン帝国9d、という項目を設けた。上記のいずれにも当てはまらないものは、10その他とした。

これらの類型項目をもとに、各遺跡の特徴を表す。たとえば、ローマ時代のシナゴーグがあるバルアム国立公園の特徴は、この類型化によれば4a型となる。また、ベト・シャン国立公園のように、一つの国立公園内に異なる時代の遺構が展示されている場合は、聖書時代のテル1a、1bとローマ時代の都市4cがあるため、1ab＋4c型となる。

この類型化は、遺跡の性格付けの傾向性の把握を目的としているため、遺跡を性格付けるほど明確な遺構でない場合や、展示のための整備がほとんどなされていない時代は含まないこととする。[1] また、一つの遺跡に複数の項目が当てはまる場合は、認められる項目すべてを計算に入れるため、全ての項目の総和は必ずしも遺跡のそれと一致しない。

上記の手法を用いて、各時期に指定された国立公園ないし自然保護区内で保護された遺跡の性格の特徴を理解する。

分析結果

INPAの前身となった歴史・考古・宗教遺跡改善委員会と史跡開発局が最初に整備に着手した三三カ所（149頁の図7－1）の遺跡の概要を表7－1と表7－2（156－158頁）に示した。表7－1の「発掘された文化層」には、一九五五年までに発掘調査によって確認された層位が示されており、表7－2の「調査史」は一九五五年までに実施されたものである。表7－1をもとに、図7－2（右頁）の類型項目を用いて、各遺跡の特徴づけを行い、その結果を表7－3、表7－4および図7－3に（159－160頁）示した。

表7－4と図7－3から、一九五四年から一九五五年の間に整備された遺跡の三三％（一八カ所）が、類型項目1の聖書時代の遺構を含むことがわかる。次いで、類型項目4のローマ時代を含む遺跡数が多く、一四カ所で全体の二六％に当たる。この二つの文化層は、当時の文化遺産マネジメントの傾向性を考える上で重要だったということを示唆している。個別に見ていくと、項目4aのローマ時代「ユダヤ教」の遺跡数が最も多く、ついで1bの「統一王国時代」、そして1cの「分裂王国時代」、1aの「カナン時代」と続く。

遺跡数が最も多い項目である4aのローマ時代「ユダヤ教」に含まれる遺跡は、[1]バルアム遺跡のシナゴーグ、[3]ラビ・シモン・バル・ヨハイの墓、[4]アリのシナゴーグ、[5]コラジン遺跡のシナゴーグ、[11]ベト・シェアリム遺跡、[12]ベト・イエラ遺跡、[22]ヘロデの墓、[25]テル・マレシャ遺跡、[26]ベト・グヴリン遺跡、[27]エン・ゲディ遺跡、[28]マサダ遺跡である。ローマ時代にユダヤ教のタンナ（賢者）として活躍したラビ・シモン・バル・ヨハイの墓は、メロン山にあると言われているが、歴史的に立証されているわけではない。

次に割合が多い項目である聖書時代1bの「統一王国時代」に含まれる遺跡は、2ハツォル遺跡、14ベト・シャン遺跡、17メギド遺跡、19ラムラの貯水槽と方形城楼、21ダビデの墓、23エラの谷、29ベエル・シェヴァ遺跡である。[2] この中で、史跡開発局等が整備を開始する以前に発掘調査が行われていたのは、2ハツォル遺跡、14ベト・シャン遺跡、17メギド遺跡、19ラムラの貯水槽と方形城楼、29ベエル・シェヴァ遺跡である。これらの遺跡は、ヘブル語聖書が記すイスラエル王国の歴史の中で最も興隆した時期に属するものと考えられており、[3]二〇世紀初頭から一九二〇年代にかけて大規模な発掘調査が実施された。[4]とくに、17テル・メギド遺跡を調査したイギリス人考古学者で英国古物局の調査主任のP・L・O・ガイが、列柱式建物をソロモン王の時代の厩舎だと解釈したことは、その後の聖書考古学に大きな影響を与えた（Green 2009, 167）。対して、ダビデとゴリアトが戦った場所とされている23エラの谷は、一九五四年・一九五五年当時は伝説が残るのみであった。しかし、谷の中に位置するケイヤファ遺跡の昨今の発掘調査では、鉄器時代ⅡA期の都市遺構が確認されている（Garfinkel et al. 2012）。

シオンの丘に所在する21ダビデの墓がある墓室は、元来ビザンツ時代の教会堂の遺構であり、その基礎には紀元一世紀のシナゴーグがあった可能性が指摘されている。ヘブル語聖書によれば、ダビデ家の墓はダビデの町にあるとされており（列王記上二章一〇節）、一九一三年にシロアムの池付近から発見された横穴墓が、実際のダビデの墓の候補として議論されている。シオンの丘の墓室が、ダビデの墓として認識されるようになったのは、一四世紀以降のことである（関谷 1981, 217-218）。考古学的解釈に基づけば、21ダビデの墓は1bには含まれないが、一九五四年・一九五五年当時の「今日的解釈」では、21ダビデの墓だと認知されていたことから、ここでは1bとする。

また、1bについで遺跡数が多い1cの「分裂王国時代」に含まれる遺跡は、2ハツォル遺跡、9エリヤの洞窟、16マアヤン・ハロド、17メギド遺跡、20ツォルア、29ベエル・シェヴァ遺跡である。ただし、この中で、実際に調査が行われた遺跡は、[2]ハツォル遺跡、[17]メギド遺跡、[29]ベエル・シェヴァ遺跡の三カ所である。この三カ所の遺跡は、ヘブル語聖書に登場する代表的な都市であり、一九世紀後半から二〇世紀初頭にかけて踏査や発掘調査が行われた。[2]ハツォル遺跡は英国古物局長であったガースタングが、[17]メギド遺跡は同局の調査主任のガイが調査の指揮を執った。これらは、一九一九年に占領下敵国領政庁が中心となってパレスチナ地域の文化遺産マネジメントの方針を決めた際に、英国古物局とエルサレム考古学英国研究所による史跡整備事業の一環として行われたものであった（Thornton 2012, 197-198）。[9]エリヤの洞窟、[16]マアヤン・ハロド、[20]ツォルアは、それぞれ伝説が残るだけの場所となっている。[16]マアヤン・ハロドは、ヘブル語聖書の記述によれば、ミディアン人との闘いの際に、イスラエル人が陣地を設営した場所だとされている（士師記七章一節）。[9]エリヤの洞窟は、カルメル山にあり、荒野への旅をしていたエリヤが神と対話したという伝説が残っている。[20]ツォルアは、サムソンの父の出身地であり、サムソンもツォルア付近に葬られた（士師記一六章三一節）。一九五五年にG・レブマン等によって調査が行われ、鉄器時代、ローマ時代、ビザンツ時代、オスマン帝国時代の遺物と遺構が確認されている(Lebmann 1999, 108)。

本節では、一九五四年と一九五五年を中心に歴史・考古・宗教遺跡改善委員会と史跡開発局によって文化遺産マネジメントが開始された三三カ所の遺跡の特徴を明らかにすることを試みた。その結果、歴史・考古・宗教遺跡改善委員会と史跡開発局が整備を手掛けた遺跡は、時代別で見ると、中期青銅器時代から鉄器時代までを含む旧約聖書時代に属するものが最も多いことがわかった。当時の首相ベングリオンが、その後のイスラエル考古学発展に貢献する碩学とともに、ヘブル語聖書の研究サークルを自宅で開催していたことからも（サンド 2010, 176）、歴史・考古・宗教遺跡改善委員会と史跡開発局が、古代イスラエル民族にゆかりの深い旧約聖書時代に高い関心を持つことは自然なことであろう。また、考古学が聖書のテキストを物質的に立証することに興味を持っていたガイは、英国古物局の調査主任後、メギド遺跡発掘調査の現場責任者、エルサレムのイギリス考古学学院の学長を経て、一九四八年から一九五二年までイスラエル古物局の踏査・発掘部門の長に就いている（Green 2009, 167）。当時の遺跡踏査や発掘担当者が、聖書のテキストと考古学の結びつきを強く意識した人物であったことも、聖書時代の割合が比較的高いことに関係している可能性がある。

ついで、遺跡の特徴として見られた文化層は、ローマ時代であった。この結果は、一九五〇年代の遺跡マネジメントの目的が「観光開発に適した遺跡の選定（Tsuk 2004, 5）」であったことからも支持できる。すでに地上に露出しているものが多く、石造りの壮麗なローマ都市およびキリスト教都市が含まれるこの時代は、観光資源として開発しやすい遺跡であったことは容易に推察できる。

旧約聖書時代とローマ時代（のとくにユダヤ教に関するもの）は、ユダヤ民族の象徴的な歴史を物語る文化層と言え、これらの文化層を含む遺跡が、イスラエルの文化遺産マネジメントの黎明期にその対象として選出されていたことは注目に値する。一方、すでにイギリス委任統治時代から、エルサレムやその周辺にある著名な遺跡や聖地は、委任統治政府から文化遺産マネジメントの対象として認識され、そのための発掘調査が行われていた（Thornton 2012）。その理由は、一九四八年のイスラエル建国後の時とは少々異なっている。イギリス委任統治政府が誕生した二年後の一九一九年、後に英国古物局長に就任するガースタングや占領下敵国領政庁長たちは、パレスチナ地域に残る遺跡のマネジメントに関する会議を開催し、委任統治を進めていく上で多様な歴史的、文化的背景を持つ文化遺産を保護していくことが重要な役割を果たすことを確認している（Jarman 1995, 73, 77; Thornton 2011）。こうした素地がイスラエル建国前に既に存在していたことは、その後の動向を見ていく上で見落としてはならないであろう。

個別の類型項目で見てみると、4aローマ時代の「ユダヤ教」に属する遺跡がもっとも多く、ついで1b「聖書時代の統一王国時代」が来る。ここで興味深い点は、一九四八年のイスラエル樹立後の文化遺産マネジメントにおいて、いわゆる「ユダヤ教的」聖地が重視されなかったことがバル等によって指摘されている（Bar, D. 2004, 260-261; Bar, G. 2008, 4）にもかかわらず、歴史・考古・宗教遺跡改善委員会と史跡開発局が手掛けた遺跡には、ヘレニズム・ローマ時代のユダヤ教に関する遺跡が一二カ所含まれていたことである。そのうち五遺跡は、ユダヤ教の礼拝施設であるシナゴーグの遺構であり、二つの遺跡は聖人ラビ・シモン・バル・ヨハイといった人物の墓地である。いわゆるエルサレムにある第二神殿の西壁のような聖地でないにせよ、こうした宗教的な遺構が含まれている点はバルらの指摘と異なっている。

表 7-1　1954 年から1955 年の間に整備された遺跡で発掘された文化層

遺跡名	発掘された文化層														
	PL	NL	CL	EB	MB	LB	IR	PE	HE	RO	BY	EI	CR	LI	OT
1 バルアム遺跡のシナゴーグ										■					
2 ハツォル遺跡				■	■	■	■	■	■						
3 ラビ・シモン・バル・ヨハイの墓	／	／	／	／	／	／	／	／	／	／	／	／	／	／	／
4 アリのシナゴーグ	／	／	／	／	／	／	／	／	／	／	／	／	／	／	／
5 コラジン遺跡のシナゴーグ										■	■	▒			
6 ラビ・モシェ・ベン・マイモンの墓	／	／	／	／	／	／	／	／	／	／	／	／	／	／	／
7 カルネ・ヒッティン	／	／	／	／	／	／	／	／	／	／	／	／	／	／	／
8 アッコ旧市街	／	／	／	／	／	／	／	／	／	／	／	／	／	／	／
9 エリヤの洞窟	／	／	／	／	／	／	／	／	／	／	／	／	／	／	／
10 アトリットの十字軍要塞													■		
11 ベト・シェアリム遺跡										■	■				
12 ベト・イェラ遺跡				■	■			■	■	■	■	■			
13 コハヴ・ハヤルデンの十字軍要塞													■		
14 ベト・シャン遺跡		▒	▒	■	■	■	■	▒	▒	■	■	▒	▒	▒	▒
15 ベト・アルファ遺跡のシナゴーグ											■				
16 マアヤン・ハロド	／	／	／	／	／	／	／	／	／	／	／	／	／	／	／
17 メギド遺跡		■	■	■	■	■	■	■			■				
18 カエサリア遺跡のローマ時代の劇場										■					
19 ラムラの貯水槽と方形城楼												■			
20 ツォルア（サムソンの墓）	／	／	／	／	／	／	／	／	／	／	／	／	／	／	／
21 ダビデの墓（シオンの丘）										■	■				
22 ヘロデの墓（ヘロディウム遺跡）										■					
23 エラの谷（ケイヤファ遺跡）	／	／	／	／	／	／	／	／	／	／	／	／	／	／	／
24 アシュケロン遺跡		■		▒	■	■	■	▒	▒	■	■	▒	▒		
25 マレシャ遺跡							■	■	■						
26 ベト・グヴリン遺跡											■	■			
27 エン・ゲディ遺跡	／	／	／	／	／	／	／	／	／	／	／	／	／	／	／
28 マサダ遺跡										■	▒				
29 ベエル・シェヴァ遺跡	／	／	／	／	／	／	／	／	／	／	／	／	／	／	／
30 エルサ遺跡									■	■	■	■			
31 マムシット遺跡										■	■				
32 シヴタ遺跡										■	■	■			
33 アブダット遺跡	／	／	／	／	／	／	／	／	／	／	／	／	／	／	／

※[1] PL=Paleolithic, NL=Neolithic, CL=Chalcolithic, EB=Early Bronze, MB=Middle Bronze, LB=Late Bronze, IR=Iron, PE=Persia, HE=Hellenism, RO=Roman, BY=Byzantine, EI=Early Islamic, CR=Crusader, LI=Late Islamic, OT=Ottoman

※[2] 発掘された文化層のうち、遺跡を特徴づけるものを ■ に、遺物のみや遺構のごく一部のみ検出したものを ▒ とした。

※[3] 表中の斜線は未発掘を意味する。

表 7-2　1954 年から 1955 年の間に整備された遺跡の調査史

遺跡名	調査史
1バルアム遺跡のシナゴーグ	1905 H. Kohl & C. Watzinger
2ハツォル遺跡	1928 J. Garstang 1955-1958 Y. Yadin
3ラビ・シモン・バル・ヨハイの墓	
4アリのシナゴーグ	
5コラジン遺跡のシナゴーグ	1905-1907 H. Khol & C. Watzinger 1926 N. Makhouly & J. Oray
6ラビ・モシェ・ベン・マイモンの墓	
7カルネ・ヒッティン	
8アッコ旧市街	
9エリヤの洞窟	
10アトリットの十字軍要塞	1930-1935 C. N. Johns
11ベト・シェアリム遺跡	1936-1940 B. Mazar 1953-1956, 1959 B. Mazar
12ベト・イェラ遺跡	1944-1946 B. Mazar & M. Avi-Yonah 1949-1955 P. L. O. Guy & P. Bar-Adon
13コハヴ・ハヤルデンの十字軍要塞	
14ベト・シャン遺跡	1921-1933 C. S. Fisher & A. Rowe & G. M. FitzGerald
15ベト・アルファ遺跡のシナゴーグ	1929 E. L. Sukenik
16マアヤン・ハロド	
17メギド遺跡	1903-1905 G. Schumacher 1925-1939 J. H. Breasted, C. S. Fisher, P. L. O. Guy & G. Loud
18カエサリア遺跡のローマ時代の劇場	
19ラムラの貯水槽と方形城楼	1949 J. Kaplan
20ツォルア（サムソンの墓）	
21ダビデの墓（シオンの丘）	1913 R. Weill
22ヘロデの墓（ヘロディウム遺跡）	1879 C. Schick
23エラの谷（ケイヤファ遺跡）	
24アシュケロン遺跡	1921-1922 J. Garstang 1937, 1954 J. Oray
25マレシャ遺跡	1990 F. J. Bliss & R. A. S. Macalister
26ベト・グヴリン遺跡	1921 L. H. Vincent 1927 F. M. Abel 1941-1942 D.C. Baramki 1950 Y. Ben-Arie
27エン・ゲディ遺跡	
28マサダ遺跡	1851 F. de Saulcy 1867 C. Warren 1875 C. R. Conder 1909 A. V. Domaszewski & R. E. Brunnow 1932 A. Schulten
29ベエル・シェヴァ遺跡	

30エルサ遺跡	1905 L. H. Vincent 1914 C. L. Woolley & T. E. Lawrence 1917 W. Bachmann & C. Watzinger 1921 A. Alt 1933 J. H. Iliffe 1938 the Colt Expedition
31マムシット遺跡	1937 P. L. O. Guy & G. E. Kirk
32シヴタ遺跡	1934-1938 H. D. Colt
33アブダット遺跡	

表 7-3　各遺跡の類型

遺跡名	類型
1バルアム遺跡のシナゴーグ	4a
2ハツォル遺跡	1abc
3ラビ・シモン・バル・ヨハイの墓	(4a)
4アリのシナゴーグ	(4a)
5コラジン遺跡のシナゴーグ	4a+5a
6ラビ・モシェ・ベン・マイモンの墓	(7a)
7カルネ・ヒッティン	(7a)
8アッコ旧市街	[7bc+9d]
9エリヤの洞窟	(1c)
10アトリットの十字軍要塞	7d
11ベト・シェアリム遺跡	4a+5a
12ベト・イェラ遺跡	3a+4a+5b+10
13コハヴ・ハヤルデンの十字軍要塞	7d
14ベト・シャン遺跡	1ab+4c
15ベト・アルファ遺跡のシナゴーグ	5a
16マアヤン・ハロド	(1c)
17メギド遺跡	1abc+10
18カエサリア遺跡のローマ時代の劇場	4c
19ラムラの貯水槽と方形城楼	1ab
20ツォルア（サムソンの墓）	(1c)
21ダビデの墓（シオンの丘）	(1b)
22ヘロデの墓（ヘロディウム遺跡）	4a
23エラの谷（ケイヤファ遺跡）	(1b)
24アシュケロン遺跡	1a+4c+5b+10
25マレシャ遺跡	3a+4a
26ベト・グヴリン遺跡	4a
27エン・ゲディ遺跡	[4a+5a]
28マサダ遺跡	4a
29ベエル・シェヴァ遺跡	[1bc]
30エルサ遺跡	3b+5b
31マムシット遺跡	3b+5b
32シヴタ遺跡	3b+5b
33アブダット遺跡	[3b+5b]

※(　)で囲まれているものは伝承や聖書記述に由来するもの、[　]で囲まれているものは踏査での確認等に由来しているものを示している。

表 7-4　類型項目ごとの遺跡数

類型項目				遺跡数
1	旧約聖書	a	カナン時代	5
		b	統一王国時代	7
		c	分裂王国時代	6
2	ペルシア		ペルシア帝国	0
3	ヘレニズム	a	プトレマイオス朝／セレウコス朝／ハスモン朝	2
		b	ナバテア王国	4
4	ローマ	a	ユダヤ教	11
		b	キリスト教	0
		c	ローマ帝国	3
5	ビザンツ	a	ユダヤ教	4
		b	キリスト教	0
		c	ビザンツ帝国	3
6	初期イスラム	a	ユダヤ教	0
		b	キリスト教	0
		c	イスラム教	0
		d	ウマイヤ朝／アッバース朝	0
7	十字軍	a	ユダヤ教	2
		b	キリスト教	1
		c	イスラム教	1
		d	十字軍国家	2
8	後期イスラム	a	ユダヤ教	0
		b	キリスト教	0
		c	イスラム教	0
		d	マムルーク朝	0
9	オスマン	a	ユダヤ教	0
		b	キリスト教	0
		c	イスラム教	0
		d	オスマン帝国	1
10	その他			3

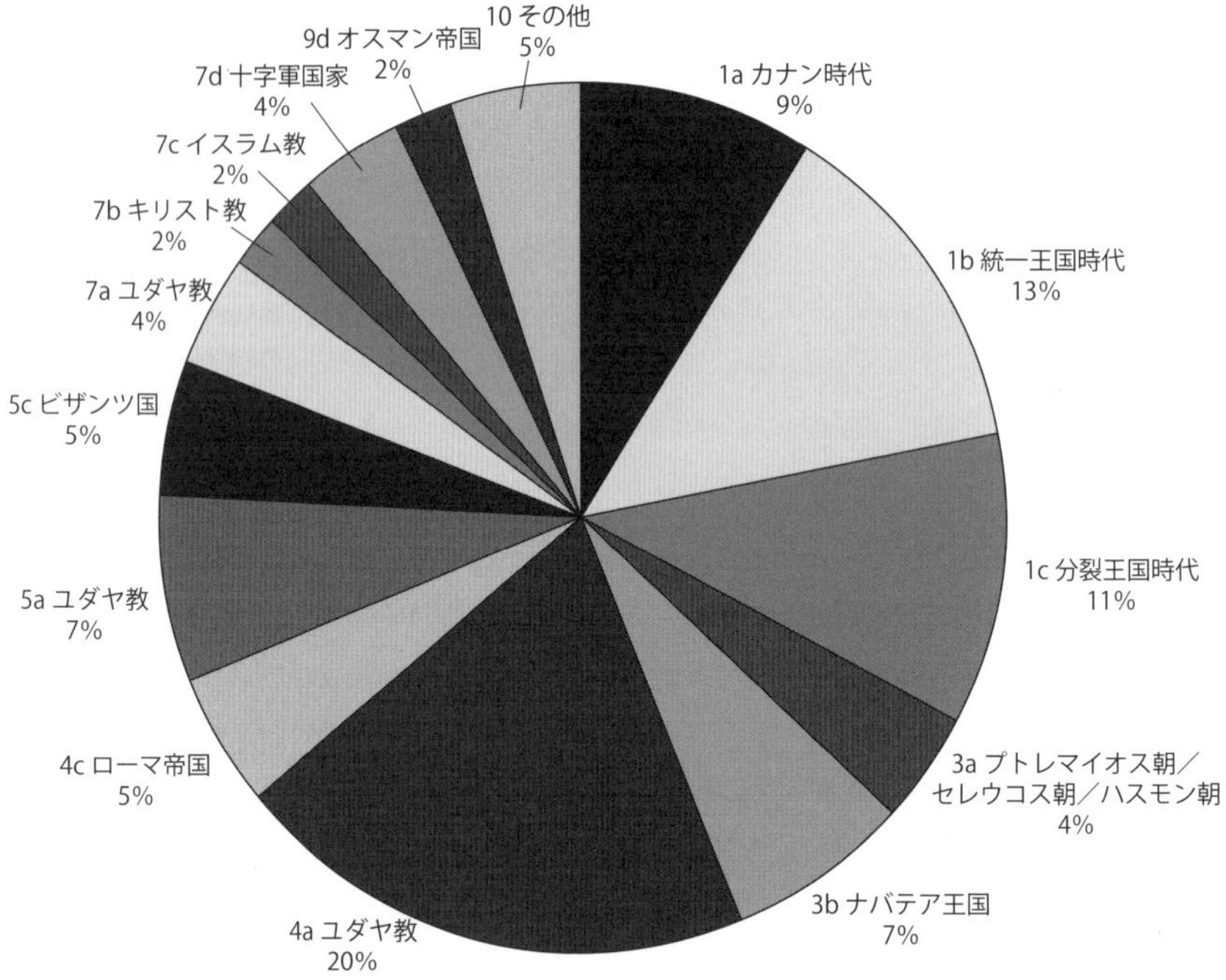

図 7-3　類型項目ごとの遺跡の割合

二　イスラエル自然・公園局のマネジメント対象遺跡の特徴

分析対象および手法

二つ目の分析では、領域内に遺跡あるいは歴史的建造物を含む国立公園と自然保護区を対象とする。対象は、『一九六三年国立公園・自然保護区法』が施行した一九六四年に指定されたカファルナウム国立公園やカエサリア国立公園から、二〇一二年に最も新しく指定されたゲリジム山までを含み、その総数は四八カ所である(5)(図7-4)。これら四八カ所の遺跡の概要を、表7-5と表7-6(168-172頁)に示す。表7-5は、各遺跡で確認された文化層を示しているが、報告書等の記載に基づいて、確認されている文化層を黒色に、遺跡の特徴を決定づけるほどの出土量がなかった文化層については灰色で示している。表7-6に示す調査史は、二〇一二年までに実施された調査までを含んでいるが、緊急発掘については発掘区の規模や出土状況から省略したものもある。

分析方法は、表7-5から四八カ所の遺跡に包含される文化層について確認する。次に、第一節と同様、図7-2(157-158頁)の類型項目を用いて、分析対象である四八カ所の遺跡の出土文化層を類型化し、その結果を表7-7、表7-8、図7-5(173-175頁)に示す。そして、国立公園・自然保護区内で保存されている遺跡に時代的あるいは文化的な偏向性が認められるかを検証する。

㊾よきサマリア人博物館（Good Samaritan Museum）
㊿聖エウティミウス修道院（St. Euthymius Monastery）
51聖マルティリウス修道院（St. Martyrius Monastery）
52エルサレム城壁：ダビデの町国立公園
（Jerusalem Walls: City of David National Park）
53カステル国立史跡（Castel National Site）
54エン・ヘメド国立公園（En Hemed National Park）
58クムラン公園（Qumran Park）
60ヘロディウム [ヘロディオン] 公園（Herodium [Herodion]Park）
62ベト・グヴリン国立公園［マレシャ］（Bet Guvrin National Park [Maresha]）
63アシュケロン国立公園（Ashkelon National Park）
64エン・ゲディ自然保護区（En Gedi Nature Reserve）
エン・ゲディ古物国立公園（En Gedi Antiquities National Park）
65マサダ国立公園（Masada National Park）
66テル・アラド国立公園（Tel Arad National Park）
67テル・ベエル・シェヴァ国立公園（Tel Be' er Sheva National Park）
68ハブソル国立公園 [エシュコル公園]（HaBsor National Park [Eshkol Park]）
69マムシット国立公園（Mamshit National Park）
72アブダット国立公園（Avdat National Park）
73シヴタ国立公園（Shivta National Park）

□自然保護区（地図上の黒丸で囲った数字）
❷ヘルモン川 [バニアス] 自然保護区（Hermon Stream [Banias] Nature Reserve）
❸テル・ダン自然保護区（Tel Dan Nature Reserve）
⓯ガムラ自然保護区（Gamla Nature Reserve）
⓱マジラセ：ベティハ [ベト・サイダ渓谷] 自然保護区
（The Majrase: Betiha [Bet Tsayda Valley] Nature Reserve）
⓳アムド川自然保護区（Amud Stream Nature Reserve）
㉓エン・アフェク自然保護区（En Afek Nature Reserve）
㉙ナハル・メアロト自然保護区（Nahal Mearot Nature Reserve）
㉚ドル・ハボニム海浜自然保護区（Dor HaBonim Beach Nature Reserve）
59エノト・ツキム自然保護区（Enot Tsukim Nature Reserve）

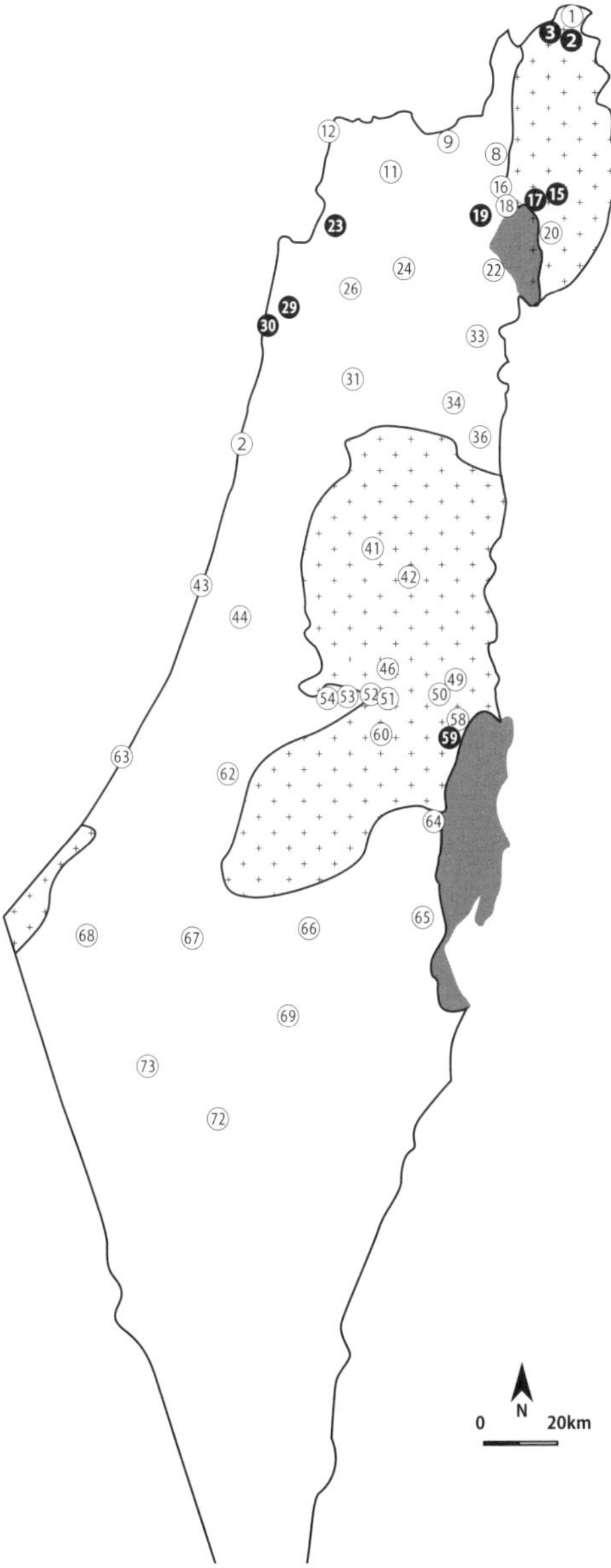

□国立公園 / 国立史跡 / 公園
（地図上の白丸で囲った数字）
①ニムロド要塞国立公園
（Nimrod Fortress National Park）
⑧テル・ハツォル国立公園
（Tel Hazor National Park）
⑨バルアム国立公園（Bar’ am National Park）
⑪イェヒアム要塞国立公園
（Yehi’ am Fortress National Park）
⑫アクジヴ国立公園（Akhziv National Park）
⑯コラジン国立公園（Korazim National Park）
⑱カファルナフム［カペルナウム］国立公園
（Kfar Nahum[Capernaum] National Park）
⑳クルシ国立公園（Kursi National Park）
㉒ハマト・ティベリアス国立公園
（Hamat Tiberias National Park）
㉔ツィッポリ国立公園（Zippori National Park）
㉖ベト・シェアリム国立公園
（Bet She’ arim National Park）
㉛テル・メギド［アルマゲドン］国立公園
（Tel Megiddo [Armageddon]National Park）
㉝コハヴ・ハヤルデン国立公園
（Kokhave HaYarden National Park）
㉞ベト・アルファ・シナゴーク国立公園
（Bet Alfa Synagogue National Park）
㊱ベト・シャン国立公園
（Bet She’ an National Park）
㊳カエサリア国立公園（Caesarea National Park）
㊶セバスティア（Sebastia）
㊷ゲリジム山（Mount Gerizim）
㊸アポロニア国立公園［テル・アムスフ］
（Apollonia National Park [Tel Arsuf]）
㊹ヤルコン国立公園（Yarkon National Park）
㊻ナビ・サムエル公園（Nabi Samuel Park）

図 7-4　INPA が遺跡等の保存・展示を行っている国立公園・自然保護区の一覧

分析結果

まず、表7－5に示された出土文化層を見てみると、四八カ所の遺跡に最も多く含まれている文化層はローマ時代（三四カ所）で、ついで聖書時代（三〇カ所）、ビザンツ時代（二八カ所）、ヘレニズム時代（一六カ所）と続く。次に、これらの各遺跡の文化層を図7－2（150頁）の累計項目を用いて、さらに細かく類型化した結果が表7－7であり、表7－8は、類型項目ごとの遺跡数を示している。これらの表から、四八カ所の遺跡の特徴を下記の通り、指摘することができる。

一九六四年から二〇一二年までに国立公園と自然保護区の中で保存された遺跡の特徴としては、類型項目1聖書時代、同4ローマ時代、そして同5ビザンツ時代に属する遺跡が全体の七割を占めていることが挙げられる（図7－5）。個別に見ていくと、類型項目5bビザンツ時代の「キリスト教」の遺構が、最も多い二〇カ所で、ついで4aローマ時代の「ユダヤ教」が一八カ所となっている。次に顕著なものは、類型項目1c旧約聖書時代の「分裂王国時代」、3aヘレニズム時代の「プトレマイオス朝／セレウコス朝／ハスモン朝」、そして4cローマ時代の「ローマ帝国」の三項目である（表7－6）。

遺跡数が最も多い5bのビザンツ時代の「キリスト教」に関する遺跡は、❷ヘルモン川［バニアス］自然保護区、⓯ガムラ自然保護区、⑱カファルナウム［カペルナウム］国立公園、⑳クルシ国立公園、㉚ドル・ハボニム海浜自然保護区、㊱ベト・シャン国立公園、㊳カエサリア国立公園、㊶セバスティア、㊷ゲリジム山、㊻ネビ・サムエル公園、㊾よきサマリア人博物館、㊿聖エウティミウス修道院、51聖マルティリウス修道院、60ヘロディウム［ヘロディオン］公園、62ベト・グヴリン国立公園［マレシャ］、63アシュケロン国立公園、65マサダ国立公園、69マムシット国立公園、72アヴダット国立公園、73シヴタ国立公園、にある遺跡二〇カ所である。このうち半数以上に当たる九カ所の遺跡（㊱、㊳、60、62、63、65、69、72、73）は、一九五四年と一九五五年に歴史・考古・宗教遺跡改善員会と史跡開発局によって整備が開始されていた。換言すれば、この九カ所の遺跡は、ＩＮＰＡが設立される以前、イスラエルの文化遺産マネジメントの黎明期から注目されていた遺跡と言える。また、類型項目5bビザンツ時代の「キリスト教」の遺跡は、複数の文化層を持つ複合遺跡という特徴を持つ。ビザンツ時代のみの遺跡は、⑳クルシ国立公園と㊿エウティミウス修道院と㉛マルティリウス修道院だけである。その他の一七遺跡は、少なくとも二つ以上の文化層を持つ複合遺跡で、その多くがローマ時代にキリスト教化された都市あるいはローマ都市を基盤としている。

次に多い類型項目は、4aローマ時代の「ユダヤ教」である。類型項目4aに含まれる一八遺跡は、⑨バルアム国立公園、⑫アクジヴ国立公園、⓯ガムラ自然保護区、⑯コラジン国立公園、⓱マジラセ：ベティハ［ベト・サイダ渓谷］自然保護区、⑱カファルナウム［カペルナウム］国立公園、㉒ハマト・ティベリアス国立公園、㉖ベト・シェアリム国立公園、㊱ベト・シャン国立公園、㊳クムラン公園、❺❾エノト・ツキム自然保護区、㊵ヘロディウム［ヘロディオン］公園、㊷ベト・グヴリン国立公園［マレシャ］、㊹エン・ゲディ古物国立公園、㊻マサダ国立公園、㊾テル・アラド国立公園、㊿テル・ベエル・シェヴァ国立公園である。これらの遺跡は、ローマ時代のユダヤ民族の精神文化を表す遺構が残る遺跡であることが特徴である。⑨バルアム国立公園、⓯ガムラ自然保護区、⑯コラジン国立公園、⑱カファルナウム［カペルナウム］国立公園、㉒ハマト・ティベリアス国立公園、⑥⓪ヘロディウム［ヘロディオン］国立公園、⑤⑧クムラン国立公園、⑥④エン・ゲディ古物国立公園、⑥⑤マサダ国立公園には、いずれもシナゴーグが検出されている。また、㉖ベト・シェアリム国立公園と⑥②ベト・グヴリン国立公園［マレシャ］では墓室が検出しており、当時の死生観を現在に伝えている。4aの半数以上が、一九五四年から一九五五年に整備が開始されていた遺跡である。

三番目に多いのは、1c聖書時代の「分裂王国時代」の遺構である。1cに含まれるのは、❸テル・ダン自然保護区、⑧テル・ハツォル国立公園、⑫アクジヴ国立公園、⓱マジラセ：ベティハ［ベト・サイダ渓谷］自然保護区、㉛テル・メギド［アルマゲドン］国立公園、❸⓪ドル・ハボニム海浜自然保護区、㊶セバスティア、㊹ヤルコン国立公園、㊻ネビ・サムエル公園、㊾エルサレム城壁：ダビデの町国立公園、㊸アシュケロン国立公園、㊹エン・ゲディ古物国立公園、㊿テル・アラド国立公園、㊼テル・ベエル・シェヴァ国立公園の一四カ所である。分裂王国時代は、統一王国がソロモンの子であるレハブアムの時代に分断されたことで始まった。レハブアムに抵抗する形で、ヤロブアムが北イスラエル王国を打ち立てた。ヤロブアムは、ダビデ・ソロモン王時代に首都であったエルサレムから、ダンとベテルにそれぞれ宗教中心地を移した（マザール 2003, 259）。そして首都をサマリアに据えた北イスラエル王国と、エルサレムを首都にした南のユダ王国はそれぞれ発展を続けていった。こうした歴史的経緯に照らし合わせてみると、1cに含まれる遺跡は、いずれも当時政治的に重要な都市であったことがわかる。セバスティア（サマリア）遺跡は北イスラエル王国の首都、メギド遺跡、ハツォル遺跡、そしてダン遺跡はいずれも、北イスラエル王国の主要四都市であり、これらの都市には、当時北イスラエル王国諸都市の脅威であったアッシリアを想定した大規模な防御施設が建設されている。また、南のユダ王国の首都であったエルサレムも、一九六七年以降の発掘で分裂王国時代に起きた都市の発展の様子が解明され、たとえば、ギホンの泉につながる二つの水利施設であるウォレンの縦穴とヒゼキヤのトンネルも、この時期に建造されたと言われている（マザール 2003, 313-317）。

本節では、INPAが国立公園・自然保護区内で保存・展示した四八遺跡の特徴を明らかにすることで、INPAが文化遺産マネジメントの対象とした遺跡の傾向を理解することを目指した。

一九六四年以降INPAが手掛けた全遺跡の中で、もっとも遺跡数が多かった時代は、ローマ時代で、次いで聖書時代とビザンツ時代に多くの遺跡が集中していた。三つの時代に属する遺跡は全体の約七割を占め、換言すれば、一九六四年以降INPAによって整備された遺跡は、聖書時代からビザンツ時代にかけた広い時代幅の中で、様々な種類の遺構が含まれていたということになる。すなわち、特定の時代やテーマに偏った文化遺産マネジメントが行われていなかった可能性を示唆している。この傾向は、一九九〇年代以降のイスラエルでは、むしろ観光資源としての遺跡、あるいは社会の公共財産であり教育的娯楽としての遺跡という捉え方ができるとキルブルーが指摘しているが、その傾向はその後も変わらず続いているということが伺える（Killebrew 2010）。

個別の類型項目で見てみると、5bビザンツ時代の「キリスト教」が二〇遺跡と最も多く、続いて4aローマ時代の「ユダヤ教」が一八遺跡となる。5bと4aに含まれる遺跡の半数以上は、一九五四年と一九五五年に歴史・考古・宗教遺跡改善委員会と史跡開発局らによって整備が開始されていた遺跡である。つまり、イスラエルが当初想定していた国立公園で国立の遺産として保護されるべき遺跡が集結しているともいえる。また、三番目に遺跡数が多い1cに関しては、第三次中東戦争によって発掘や調査研究が進んだために、ヨルダン川西岸地区や東エルサレムに位置する遺跡の詳細が明らかになってきたおかげで、セバスティア、エルサレム、ナビ・サムエルといった場所の遺産化が可能になった側面も指摘できる。

ＩＮＰＡの前身である歴史・考古・宗教遺跡改善委員会と史跡開発局が一九五四年と一九五五年に着手した遺跡の中で、その後ＩＮＰＡによって国立公園ないし自然保護区に指定されたのは、三三遺跡のうち一八遺跡である。将来的な国の観光資源になる可能性を期待されて整備された遺跡で、結果的に国立公園・自然保護区の枠組でマネジメントされなかった場所は、[3]ラビ・シモン・バル・ヨハイの墓、[4]アリのシナゴーグ、[6]ラビ・モシェ・ベン・マイモンの墓、[7]カルネ・ヒッティン、[8]アッコ旧市街地、[9]エリヤの洞窟、[10]アトリットの十字軍要塞、[12]ベト・イェラ遺跡、[19]ラムラの貯水槽と方形城楼、[20]ツォルア、[21]ダビデの墓、[23]エラの谷、[30]エルサ遺跡である。このうち、[4]、[7]、[9]、[20]、[23]は、それぞれ聖書記述や口承伝承を根拠に場所を特定していたもので、考古学的な根拠がない場所である。[3]、[4]、[6]、[20]、[21]はそれぞれユダヤ教（民族）にとって重要な人物の墓である。[10]と[30]は、将来的に国立公園としてマネジメントする暫定リストに掲載されている。

以上の考察をまとめると、一九五四年から一九五五年に実施されたイスラエル政府のよる文化遺産マネジメン

表 7-5　1964年から2012年までに保存・展示された遺跡で発掘された文化層

	国立公園 / 自然保護区（公園等の名称と遺跡名が異なる場合）	指定年	発掘された文化層														
			PL	NL	CL	EB	MB	LB	IR	PE	HE	RO	BY	EI	CR	LI	OT
①	ニムロド要塞国立公園	2003													■		
❷	ヘルモン川［バニアス］自然保護区	1977							▒	▒	■	■	■	▒	■	▒	▒
❸	テル・ダン自然保護区	1974		▒		▒	■	■	■		▒	▒	▒	▒			
⑧	テル・ハツォル国立公園	1967				■	■	■	■	▒	▒			▒		▒	▒
⑨	バルアム国立公園	1966										■					
⑪	イェヒアム要塞国立公園	1967										▒	▒		■		■
⑫	アクジヴ国立公園	1968					■	▒	■	■	■	■	■				
⓯	ガムラ自然保護区	2003				▒					■	■					
⑯	コラジン国立公園	2002										■	■	▒			
⓱	マジラセ：ベティハ［ベト・サイダ渓谷］自然保護区	1972							■	▒	■	■					
⑱	カファルナウム［カペルナウム］国立公園	1964					▒	▒				■	■	▒			
⓳	アムド川自然保護区（アムド洞窟群）	1972	■														
⑳	クルシ国立公園	2002											■				
㉒	ハマト・ティベリアス国立公園	1967										■	■	■			
㉓	エン・アフェク自然保護区（テル・アフェク）	1979			■		■	■		▒	■	■	▒		■	■	■
㉔	ツィッポリ国立公園	1993								▒	■	■	■	▒	■	▒	
㉖	ベト・シェアリム国立公園	1965									▒	■	■				
㉙	ナハル・メアロト自然保護区（エル・ワド洞窟群）	1971	■														
㉚	ドル・ハボニム海浜自然保護区（テル・ドル）	1980					■	■	■	■	■	■	■				
㉛	テル・メギド［アルマゲドン］国立公園	1966		▒	■	■	■	■	■	▒		▒					
㉝	コハヴ・ハヤルデン国立公園	1967													■		
㉞	ベト・アルファ・シナゴーグ国立公園	1965											■				
㊱	ベト・シャン国立公園	1965		▒	▒	▒	■	■	■	▒	▒	■	■	▒	▒	▒	▒
㊳	カエサリア国立公園	1964								▒	▒	■	■	▒	■		
㊶	セバスティア	1965				▒			■	▒	■	■			■		

㊷	ゲリジム山	2012								■	■	■	■				
㊸	アポロニア国立公園［テル・アルスフ］	2002								■	■	■	■	■	■	▨	
㊹	ヤルコン国立公園（テル・アフェク）	2005			▨	■	■	■	■		■	■	■	■			■
㊻	ナビ・サムエル公園	1995							▨		■		■	■	■	■	
㊾	よきサマリア人博物館	2011							■				■		■		■
㊿	聖エウティミウス修道院	2011											■	■			
51	聖マルティリウス修道院	2011											■				
52	エルサレム城壁：ダビデの町国立公園	1970			▨	▨	■	■	■	▨	▨	■	▨			▨	■
53	カステル国立史跡	1980													■		
54	エン・ヘメド国立公園	1968													■		
55	クムラン公園	1999							▨		■	■					
59	エノト・ツキム自然保護区（エン・フェシュカ）	1969									■	■					
60	ヘロディウム［ヘロディオン］公園	1967										■	■				
62	ベト・グヴリン国立公園	1989										■	■	▨	▨	▨	▨
	［マレシャ］								▨	▨	■		■				
63	アシュケロン国立公園	1965		▨		■	■	■	■	▨	▨	■	■	■	■		
64	エン・ゲディ古物国立公園 エン・ゲディ自然保護区	2002			■				■	■	■	■	■			▨	
65	マサダ国立公園	1966			▨						■	■	■				
66	テル・アラド国立公園	1982			■	■			■	▨	■	▨		▨		▨	
67	テル・ベエル・シェヴァ国立公園	1986			■				■	■	■	■		▨			■
68	ハブソル国立公園［エシュコル公園］（エン・ベソル）	1966				■					▨						
69	マムシット国立公園	1966										■	■				
72	アヴダット国立公園	1966									■	■	■				
73	シヴタ国立公園	1966										■	■	▨			

※[1] PL=Paleolithic, NL=Neolithic, CL=Chalcolithic, EB=Early Bronze, MB=Middle Bronze, LB=Late Bronze, IR=Iron, PE=Persia, HE=Hellenism, RO=Roman, BY=Byzantine, EI=Early Islamic, CR=Crusader, LI=Late Islamic,　OT=Ottoman

※[2] 発掘された文化層のうち、遺跡を特徴づけるものを■に、遺物のみや遺構のごく一部のみ検出したものを▨とした。

表7-6　1964年から2012年までに保存・展示された遺跡の調査史

	国立公園／自然保護区	指定年	調査史
①	ニムロド要塞国立公園	2003	1993-1998 M. Hartal (IAA)
❷	ヘルモン川［バニアス］自然保護区	1977	1967 J. Olami (Archaeological Survey of Israel) 1973-1974 D. Amir (IDA) 1978 E. Netzer (Hebrew U.) 1983-1985 M. Hartal & Z. Ma'oz (IDA) 1985 V. Tzaferis (IDA) 1988-1995 Z. Ma'oz & I. Shaked (IAA) 2001, 2004 M. Hartal (IAA)
❸	テル・ダン自然保護区	1974	1963 Z. Yeivin (IDA) 1966-1967 A. Biran (IDA) 1974 Nelson Glueck School of Biblical Archaeology of Hebrew Union College 1990-1999 A. Biran (Nelson Glueck School of Biblical Archaeology of Hebrew Union College-Jewish Institute of Religion) 2004 M. Hartal (IAA) 2005-2008 I. David (Hebrew Union College)
⑧	テル・ハツォル国立公園	1967	1928 J. Garstang (Mandatory Department of Antiquity) 1955-1958, 1968 Y. Yadin (the J. A. de Rothschild Expedition, Hebrew U., Anglo-Israel Exploration Society) 1990-2014 A. Ben-Tor (Hebrew U.)
⑨	バルアム国立公園	1966	1905 H. Kohl & C. Watzinger (Deutsche Orient-Gesellschaft) 1960s Israel Department of Landscape and Preservation of Historical Sites
⑪	イェヒアム要塞国立公園	1967	
⑫	アクジヴ海浜国立公園	1968	1963-1964 IDA, Roma University Oriental Studies 1979-1982, 1984 M. Prausnitz & E. Mazar 1992-2004 E. Mazar 2002, 2005 D. Arshalom-Gorni, E. Emma (IAA) 2010 A. Yasur-Landau (Haifa U.) 2014 D. Ilan (Hebrew Union College)
⓯	ガムラ自然保護区	2003	1976-1984 S. Gutman (IDA) 1997-2000 D. Syon & Z. Yavor (IAA) 2007-2010 B. D. Haim (Bar-Ilan U.) & S. Danny (IAA)
⑯	コラジン国立公園	2002	1905-1907 H. Kohl & C. Watzinger (Detsche Orient-Gesellschaft) 1926 N. Makhouly & J. Oray (Mandatory Department of Antiquities) 1962-1964 Z. Yeivin (IDA) 1980-1984 Z. Yeivin (IDA & NPA)
⓱	マジラセ：ベティハ［ベト・サイダ渓谷］自然保護区	1972	1987-1990 R. Arav (Haifa U.) 1991-2014 Consortium for the Bethsaida Excavations Project (U. of Nebraska)
⑱	カファルナウム［カペルナウム］国立公園	1964	1905-1914 H. Kohl & C. Watzinger 1921-1926 G. Orfali 1968-1977 V. Corbo & S. Loffreda 1978-1982 V. Tzaferis 2000-2003 S. Loffeda
⓳	アムド川自然保護区（アムド洞窟群）	1972	1993-1994 E. Hovers & Y. Rak
⑳	クルシ国立公園	2002	1970-1974 V. Tzaferis (IDA) 2004 T. Vassillus (IAA) & C. Page (Jerusalem Center for Biblical Studies)
㉒	ハマト・ティベリアス国立公園	1967	1921 N. Slouschz (Palestine Exploration Scoeity, Mandatory DA) 1961-1963 M. Dothan (IDA) 2007 M. Hartal (IAA)
㉓	エン・アフェク自然保護区（テル・アフェク）	1979	2009-2010 L. Porat & R. Abu Raya (IAA)
㉔	ツィッポリ国立公園	1993	1930s L. Waterman (U. of Michigan) 1983 J.P.Stange (U. of Tampa) 1985 E. M. Mayers, E. Netzer & C. Mayers (Duke U. & Hebrew U.) 1990-2014 E. Netzer & Z. Weiss (Hebrew U), E. M. Mayers & C. Mayers (Duke U.) 2002-2014 S. Ian (IAA)
㉖	ベト・シェアリム国立公園	1965	1936-1940 B. Mazar (Palestine Exploration Fund) 1953-1955, 1958 N. Avigad (Israel Exploration Society & Hebrew U.) 1956, 1959 B. Mazar 2006-2007 T. Yoram (IAA) 2013-2014 T. Tsuk (IAA)
㉙	ナハル・メアロト自然保護区（エル・ワド洞窟群）	1971	1929-1933 D. Garrod (British School of Archaeology in Jerusalem) 1980-1981 F. Valla (French Archaeology Mission in Jerusalem) O. Bar-Yosef (Hebrew Uni.) 1988 M. Weinstein-Evron (Haifa Uni.)

	国立公園／自然保護区	指定年	調査史
㉚	ドル・ハボニム海浜自然保護区（テル・ドル）	1980	1923-1924 J. Garstang (British School of Archaeology in Jerusalem) 1950, 1952 J. Leibowitz (IDA) 1979, 1983 C. Dauphin (IDA) 1980-2011 E. Stern et al. (Hebrew Uni. & Israel Exploration Fund)
㉛	テル・メギド［アルマゲドン］国立公園	1966	1903-1905 G. Schumacher (German Society for Oriental Research) 1925-1939 J. H. Breasted & C.S.Fisher (Oriental Institute of Chicago) 1960, 1961, 1966, 1967, 1971 Y. Yadin (Hebrew U.) 1992-2005, 2010 I. Finkelstein & D. Ussishkin (Tel Aviv U., Pennsylvania State U., Consortium Institutions) 2008-2009 R. Stebe (Ben-Gurion U.) 2014 M. Martine (Tel Aviv U.)
㉝	コハヴ・ハヤルデン国立公園	1967	1966 M. Ben-Dor (NPA)
㉞	ベト・アルファ・シナゴーグ国立公園	1965	1929 E. L. Sukenik 1962 IDA
㊱	ベト・シャン国立公園	1965	1921-1933 C. S Fisher, A. Rowe, & G. M. FitzGerald (Penn U.) 1983 Y. Yadin & S. Geva (Hebrew U.) 1989-1996 A. Mazar & Tourism Admin. Of Beth Shean
㊳	カエサリア国立公園	1964	1951 S. Yeivin 1956, 1962 M. Avi-Yonah 1959 the Missione Archaeologia Italiana 1960-1964 A. Negev (NPA) 1971-1976 Joint Expedition to Maritime Caesarea 1975-1976, 1979 L. I. Levin & E. Nezter 1986, 1989-1990 R. Reich & M. Peleg 1989-1990, 1992-1998 Conbined Caesarea Expeditions 1992-1998 Y. Porath (IAA) 2002-2008 IAA & Kibbutz Sedot Yam etc. 2010 P. Gendelman & A. Masarwa (IAA & Caesarea Development Company)
㊶	セバスティア	1965	1908-1910 G. Shumacher & C.S.Fisher (Harvard U.) 1931-1935 J.W. Crowfoot & E.L.Sukenik (Harvard U, British Palestine Exploration Fund, British Academy, British School of Archaeology in Jerusalem, Hebrew U.) 1965-1967 F. Zayadine (Jordan Department of Antiquities)
㊷	ゲリジム山	2012	1983-2003 M. Yizhak (Staff Officer for Archaeology in Judea & Samaria)
㊸	アポロニア国立公園［テル・アルスフ］	2002	1950, 1962-1976 P. Kahane & I. Ben-Dor (IDA) 1977-1982 I. Roll & E. Ayalon (Tel Aviv U.) 1990-2004 I. Roll (Tel Aviv U.) 2004-2014 T.Oren (Tel Aviv U.)
㊹	ヤルコン国立公園（テル・アフェク）	2005	1923 W. F. Albright () 1935-1936 J. Ory (Mandatory Dept. of Antiquity) 1961 A. Eitan (IDA) 1972-1985 M. Kochavi & P. Beck (Tel Aviv Uni. & Petah Tiqva Municiparity)
㊻	ナビ・サムエル公園	1995	1992-2003 Y. Magen & M. Dadon (Staff Officer for Archaeology in Judea & Samaria) 2009 S. Ofer (IAA)
㊾	よきサマリア人博物館	2011	2004 M. Yizhak (Judea Samaria Archaeological Staff Officer)
㊿	聖エウティミウス修道院	2011	1927-1930 D. Chitty (British School of Archaeology in Jerusalem) 1970s. Y. Meimaris 1987 Y. Hirschfeld & R. Birger-Calderon (Hebrew Uni.)
51	聖マルティリウス修道院	2011	1982-1985 年　M. Yizhak (Judea Samria Archaeological Staff Officer)
52	エルサレム城壁：ダビデの町国立公園	1970	1867-1870 W. Warren 1873-1874 Ch. Clermont-Ganneau 1880-1881 H. Guthe 1894-1897 F.J.Bliss & A.C.Dickie 1909-1911 M.Parker 1910-1913 L.H.Vincent 1913-14, 1923-1924 R. Weil 1923-1925 R.A.S. Macalister & J.G. Duncan 1961-1967 K. M. Kenyon (British School of Archaeology in Jerusalem) 1968-1982 B. Mazar (Hebrew U.) 1986-1987 B. Mazar & E. Netzer (Hebrew U.) 2005-2008 E. Mazar (Hebrew U.)
53	カステル国立史跡	1980	
54	エン・ヘメド国立公園	1968	1986-1989 R. P. Harper & D. Pringle (British School of Archaeology in Jerusalem) 2007 R. Avner (IAA & INPA) 2007 B. Elizabeth (Tel Aviv U.)
55	クムラン公園	1999	1949, 1951-1956 Jordan Department of Antiquities, Palestine Archaeological Museum, Ecole Biblique et Archaeologique Francaise 2004 M. Yizhak (Judea Samaria Archaeological Staff Officer)

	国立公園／自然保護区	指定年	調査史
59	エノト・ツキム自然保護区（エン・フェシュカ）	1969	1958 Roland de Vanx (Ecole Biblique Archaeologique Francaise) 2001 Y. Hirschfeld (Hebrew Uni.)
60	ヘロディウム［ヘロディオン］公園	1967	1962-1967 V. Corbo (Studium Biblicum Fanciscaum) 1967-1970 G. Foerster (NPA) 1970 E. Netzer (Hebrew U.) 1997-2000 E. Netzer (Hebrew U.)
62	ベト・グヴリン国立公園	1989	1927 L. H. Vincent (Ecole Biblique Archaeologique Francaise) 1941-1942 D. C. Baramki (Mandatory Department of Antiquities) 1980-1999 A. Kloner & M. Cohen (IAA) 2000-2010 A. Amil, C. Michael (IAA)
	［マレシャ］		1900 F. J. Bliss and R. A. S. Macalister (British Palestine Exploration Fund) 1989-2001 A. Kloner (IAA)
63	アシュケロン国立公園	1965	1921-1922 J. Garstang (Mandatory Dept. of Antiquities) 1930s British Mandatory Department of Antiquities 1967-1969 National Park Authority 1966-1967, 1973-1983 V. Tzafery (Hebrew U.) 1985-2014 Leon Levy Expedition (Harvard U.) 2004-2014 P. Nir-Shims, G. Amir, P. Pirhiy (IAA)
64	エン・ゲディ古物国立公園 エン・ゲディ自然保護区	2002	1949 B. Mazar (Hebrew U.) 1956-1957 Y. Aharoni 1961-1962, 1964-1965 B. Mazar & I. Dunayevsky (Hebrew U, Israel Exploration Society) 1970-1972 D. Barag (Hebrew U, IDA, Israel Exploration Society) 1996-2002 Y. Hischfeld (Hebrew U.) 2003-2008 G. Hadas (Hebrew U.) 2009 A. Ganor (IAA) 2010-2013 G. Hadas & R. Merhav (Hebrew U.)
65	マサダ国立公園	1966	1963-1965 Y. Yadin (Hebrew U.) 1989 E. Netzer (Israel Ministery of Tourism & NPA) 1995-2000 E. Netzer & G. Stiebel (Hebrew U.) 2009 U. Davidorich (Hebrew U.)
66	テル・アラド国立公園	1982	1962-1966, 1971-1978, 1980-1984 Israel Exploration Scoeity, IDA, Hebrew U. and Israel Museum 2005-2009 Z. Herzog (Tel Aviv U) & G. Yehuda (Hebrew Union College) 2013 T. Svetlana (IAA)
67	テル・ベエル・シェヴァ国立公園	1986	1969-1976 Y. Aharoni (Tel Aviv U.) 1993-1995 Z. Herzog (NPA & Tel Aviv U) 2012 D. Eisenberg-Degen (IAA)
68	ハブソル国立公園［エシュコル公園］（エン・ベソル）	1966	1970-1983 R. Gophna & D. Gazit (IDA & Tel Aviv U.)
69	マムシット国立公園	1966	1937 G. E. Kirk & P. L. O. Guy (Palestine Exploration Fund) 1956 S. Applebaum (Hebrew U.) 1965-1967, 1971-1972, 1990 A. Negev (Hebrew U.) 1994 T. Erickson-Giril (IAA)
72	アヴダット国立公園	1966	1904 A. Jaussen, R. Savignac & L. H. Vincent (Ecole Biblique et Archaeologique in Jerusalem) 1912 C. L. Wolley & T. E. Lawrence (Palestine Exploration Fund) 1916 C. Watzinger & T. Wiegand (Preservation of Monuments attached to the German-Turkish Army) 1958-1961 NPA 1958-1961 M. Avi-Yonah 1975-1976, 1977, 1998 A. Negev (Hebrew U, IDA) 1999-2000 T. Erickson-Gini (IAA)
73	シヴタ国立公園	1966	1916 C. Watzinger & T. Wiegand (Preservation of Monuments attached to the German-Turkish Army) 1934-1938 T. Colt (New York U & British Archaeological School in Jerusalem) 1958-1960 NPA 1970-1976 A. Negev 1979-1983 A. Segal 1985-1987 S. Margalit, J. Shershevski & A. Negev 2004 H. Yizhar (Hebrew U.) 2009 T. Erickson-Gini (IAA & INPA)

※[1] IDA=Israel Department of Antiquities, IAA=Israel Antiquities Authority, NPA=National Park Authority.

表 7-7　各遺跡の類型

	国立公園／自然保護区（公園等の名称と遺跡名が異なる場合）	指定年	類型
①	ニムロド要塞国立公園	2003	7d
❷	ヘルモン川［バニアス］自然保護区	1977	3a+4bc+5b+7d
❸	テル・ダン自然保護区	1974	1bc
⑧	テル・ハツォル国立公園	1967	1abc
⑨	バルアム国立公園	1966	4a
⑪	イェヒアム要塞国立公園	1967	7d+9d
⑫	アクジヴ海浜国立公園	1968	1c+4a+5a+7d+8c+9c
⓯	ガムラ自然保護区	2003	3a+4a
⑯	コラジン国立公園	2002	4a+5a
⓱	マジラセ：ベティハ［ベト・サイダ渓谷］自然保護区	1972	1bc+3a+4a
⑱	カファルナウム［カペルナウム］国立公園	1964	4ab+5b
⓳	アムド川自然保護区（アムド洞窟群）	1972	10
⑳	クルシ国立公園	2002	5b
㉒	ハマト・ティベリアス国立公園	1967	4a+5a
㉓	エン・アフェク自然保護区（テル・アフェク）	1979	4c+7d
㉔	ツィッポリ国立公園	1993	4c+5a+7d
㉖	ベト・シェアリム国立公園	1965	4a+5a
㉙	ナハル・メアロト自然保護区（エル・ワド洞窟群）	1971	10
㉚	ドル・ハボニム海浜自然保護区（テル・ドル）	1980	1bc+2+3a+4c+5b
㉛	テル・メギド［アルマゲドン］国立公園	1966	1abc
㉝	コハヴ・ハヤルデン国立公園	1967	7d
㉞	ベト・アルファ・シナゴーグ国立公園	1965	5a
㊱	ベト・シャン国立公園	1965	1ab+4ac+5b
㊳	カエサリア国立公園	1964	4c+5b
㊶	セバスティア	1965	1c+2+3a+4bc
㊷	ゲリジム山	2012	4c+5b
㊸	アポロニア国立公園［テル・アルスフ］	2002	2+3a+4c+5c+6d+7d
㊹	ヤルコン国立公園（テル・アフェク）	2005	1c+3a+4c+9b
㊻	ナビ・サムエル公園	1995	1c+3a+5b+6c+7bd+8c
㊾	よきサマリア人博物館	2011	5b+7d
㊿	聖エウティミウス修道院	2011	5b
51	聖マルティリウス修道院	2011	5b
52	エルサレム城壁：ダビデの町国立公園	1970	1abc+9d
53	カステル国立史跡	1980	7d
54	エン・ヘメド国立公園	1968	7d
55	クムラン公園	1999	3a+4a
59	エノト・ツキム自然保護区（エン・フェシュカ）	1969	4a
60	ヘロディウム［ヘロディオン］公園	1967	4ac+5b
62	ベト・グヴリン国立公園	1989	4a+5b+6d+7b
	［テル・マレシャ］		3a+4a+5b
63	アシュケロン国立公園	1965	1abc+4c+5b+10
64	エン・ゲディ古物国立公園 エン・ゲディ自然保護区	2002	1c+2+3a+4a+5a+10
65	マサダ国立公園	1966	4ac+5b
66	テル・アラド国立公園	1982	1abc+3a+4a
67	テル・ベエル・シェヴァ国立公園	1986	1bc+3a+4a
68	ハブソル国立公園［エシュコル公園］（エン・ベソル）	1966	1a
69	マムシット国立公園	1966	3b+5b
72	アヴダット国立公園	1966	3b+5b
73	シヴタ国立公園	1966	3b+5b

表 7-8　類型項目ごとの遺跡数

類型項目				遺跡数
1	旧約聖書	a	カナン時代	7
		b	統一王国時代	10
		c	分裂王国時代	13
2	ペルシア		ペルシア帝国	4
3	ヘレニズム	a	プトレマイオス朝／セレウコス朝／ハスモン朝	13
		b	ナバテア王国	3
4	ローマ	a	ユダヤ教	18
		b	キリスト教	3
		c	ローマ帝国	13
5	ビザンツ	a	ユダヤ教	7
		b	キリスト教	20
		c	ビザンツ帝国	1
6	初期イスラム	a	ユダヤ教	0
		b	キリスト教	0
		c	イスラム教	1
		d	ウマイヤ朝／アッバース朝	2
7	十字軍	a	ユダヤ教	0
		b	キリスト教	2
		c	イスラム教	0
		d	十字軍国家	10
8	後期イスラム	a	ユダヤ教	0
		b	キリスト教	0
		c	イスラム教	1
		d	マムルーク朝	0
9	オスマン	a	ユダヤ教	0
		b	キリスト教	1
		c	イスラム教	0
		d	オスマン帝国	2
10	その他			4

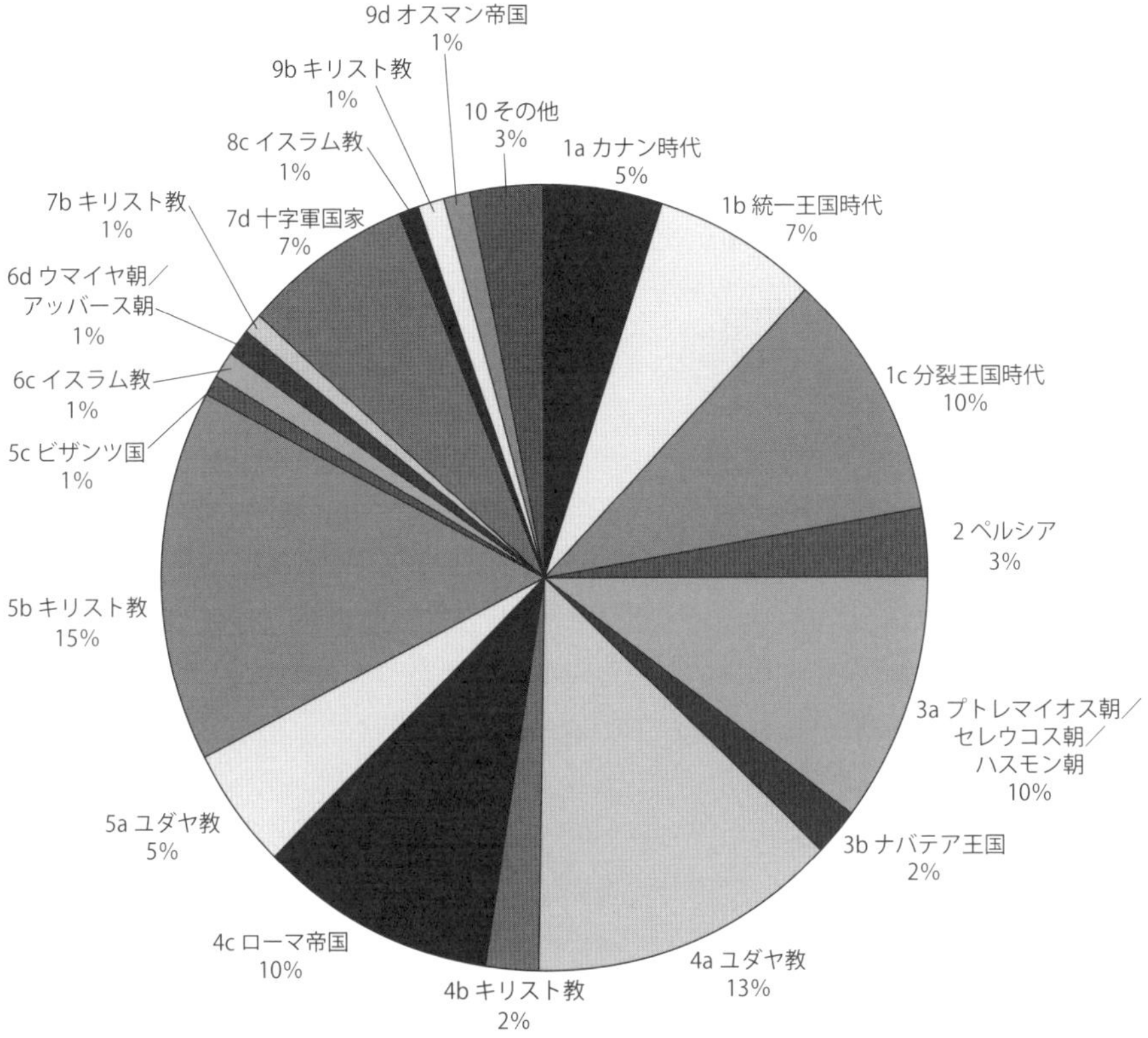

図 7-5　類型項目ごとの遺跡の割合

トには、聖書時代の遺跡が対象となる割合が最も高かった。しかし、ＩＮＰＡに文化遺産マネジメントの権限が移ってからは、対象となった遺跡がより広い文化を含むようになったことがわかる。また、歴史・考古・宗教遺跡改善委員会と史跡開発局のリストの中にあった、考古学調査による物質的証拠がなくヘブル語聖書の記述や口承伝承にその正当性を求める場所は、ＩＮＰＡのマネジメント対象からは除外されていった。

確かに先行研究で指摘されていたように、とくにイスラム時代以降の考古遺産マネジメントについてイスラエル政府の関心が低かったことは、数値を見ればおおよそ推察することができる。ただし、そもそも確認されている遺跡数がイスラム時代以降の場合、それ以前の遺跡数に比べて極めて少ないことも十分に考慮する必要がある。また、バル等（Bar, D. 2004; Bar, G. 2008）によって指摘されていたユダヤ教に深くかかわる遺跡は、イスラエル政府の文化遺産マネジメントの対象から外れていたという点についても、史跡開発局等による整備の対象にローマ時代やビザンツ時代のユダヤ教に関連する遺跡が少なからず含まれていることを考慮すると、再考の余地が出てくるのではないだろうか。

三　国立公園／自然保護区の遺跡展示の特徴

分析対象および手法

本節で行う分析は、国立公園・自然保護区にある遺跡の「遺産化」のプロセスを検討するものである。「遺産化」とは、遺跡の発掘調査が終わり、学術的な評価と記録保存が終了した後、遺跡の特徴を示す状態で保存し、国立公園や自然保護区の訪問者たちがいつでも見学できるように整備するプロセスを意味する。

遺跡を含む文化遺産を観光資源や教育資源として、一般の人々の前に展示する際には、発掘調査で明らかになったすべてのことを提示することは非常に難しい。なぜなら、発掘調査は上層にある遺構を破壊しながら、下層にある遺構を調査するため、すべての文化層から検出した遺構をその場で現状のまま保存し、提示することは物理的に困難だからである。とくに、複数の時代にもわたって人が住み続けたテルでは尚更である。こうした時には、対象となる遺跡のすべての出土遺構を展示するのではなく、その遺跡が包含するもっとも象徴的な歴史的事象と関わる遺構を展示する手法が採用される。ここでは、複数の文化層を包含する遺跡を一般市民にわかりやすく伝えるための遺跡保存をプレゼンテーションという用語で表現する。ただし、遺跡の中には、単一の文化層あるいは単一の遺構しか発掘されず、発掘された遺構がほぼすべて現状保存される場合もある。前段でも述べたように、ある遺跡から出土した遺物や遺構に関する情報やそこから導き出された歴史解釈を一般市民に伝えるため（インタープリテーション）には、その媒体として印刷物、講演会、文化遺産のある場所または遠隔地での案内板、教育普及活動等の手段がある（ICOMOS 2008『エナメ憲章』）。しかし、遺跡そのものをどのような状態で保存し、一般市民の前に展示するかという点は、『エナメ憲章』で指摘されているように、研究者あるいは文化遺産に携わる者が、その文化遺産を通じて「何」を伝えたいかによるところが多い。とくに遺跡のプレゼンテーションは、その遺跡が内包するインタープリテーションを編集して、その遺跡が持つ（あるいはその遺跡を通じて表現したい）代表的なイメージを発信する行為と言い換えることができよう。

以上のことを踏まえ、本分析では、国立公園と自然保護区の枠組の中で保存された遺跡が展示される時、いかなる歴史的イメージがインタープリテーションの中から抽出され、付与されたのかを検討する。分析対象は、一九六四年から二〇一二年までに国立公園ないし自然保護区の指定を受けた遺跡四八カ所（162－163頁の図7–4）とする。

本節での一つ目の分析は、調査された際に発掘された文化層と国立公園あるいは自然保護区に指定されてマネジメントされた後に保存・展示された文化層の比較である。二つ目の分析は、調査された際に発掘された遺構と国立公園あるいは自然保護区に指定されてマネジメントされた後に保存・展示された遺構の比較である。二つの分析を通じて、調査された際に発掘された状態がどのように「遺産化」されたのかを明らかにする。

比較結果は、表7－9「発掘調査の検出層位と国立公園・自然保護区の展示層位の比較」および表7－8「発掘調査の検出遺構と国立公園・自然保護区の展示遺構の比較」に示す。

表7－9は、遺跡が保存されている国立公園・自然保護区名、国立公園・自然保護区指定年、そして調査された際に発掘された文化層（excavated layer以後、EXC）と国立公園あるいは自然保護区に指定されてマネジメントされた後に展示された文化層（displayed layer以後、DIS）を表している。表7－9で示した発掘された層位は、表7－5に基づいている。また、展示された層位は、各国立公園・自然保護区に関する資料および著者による実見にて確認している。

発掘されたあるいは展示された層位のうち、床面が伴っていたり、構造が復元できる程度の遺構が伴ったりするものを黒塗りで示し、遺物だけ、あるいは遺構のごく一部しか検出していない文化層は灰色で表した。図7－6は、各文化層を包含する遺跡の総数を「発掘時（EXC）」と「展示（DIS）」ごとに表している。

表7－10は、遺跡が保存・展示されている国立公園・自然保護区名、国立公園・自然保護区指定年、そして調査された際に発掘された遺構（EXC）と国立公園あるいは自然保護区に指定されてマネジメントされた後に保存された遺構（DIS）を表している。表7－10に記載されている発掘された遺構は、各遺跡の報告書とEncyclopedia of Archaeological Excavation in the Holy Land（Stern 1993）を参照している。展示された遺構は、各国立公園・自然保護区に関する資料および著者による実見にて確認している。

発掘あるいは展示された遺構のうち、床が伴い文化層がはっきり判断できるもの、構造が復元できる程度のものを黒塗りで示し、遺構のごく一部しか検出していない文化層は灰色で表した。図7－7は、各遺構を包含する遺跡の総数を「発掘時（EXC）」と「展示（DIS）」ごとに表している。

調査時の遺構とマネジメント後の遺構を詳細に示すために、当地域の考古学調査で一般的に発掘される遺構を一覧に挙げた。遺構は、宗教施設、住居址、防御施設、公共施設、その他の五種類である。宗教施設には、「神殿（TMP）」、「教会堂（CHC）」、「シナゴーグ（SNG）」「モスク（MSQ）」、住居址には、支配者層が使用していた大型の「宮殿（PLC）」と一般市民が暮らしていた「住居址（DWL）」、防御施設には、「城壁（WAL）」、「城門（GAT）」、「要塞（CTD）」がそれぞれ含まれる。公共施設には、灌漑施設や貯水槽といった「水利施設（WTS）」、ローマ時代の「劇場（THT）」、港湾・道路・広場といった「公共施設（IFL）」、「墓（TMB）」が含まれる。(6) 上記のいずれにも含まれないものは、「その他（OTH）」とした。これらの遺構の多くは、都市遺跡から発見されたもので、直截に言えば、都市の機能を体現している。それゆえ、遺構の解釈によっては複数の機能が提示されている。たとえば、メギド遺跡から検出された円形の遺構には二つの解釈があり、一方は宗教施設の一種で祭壇であるという説、もう一方はZ・ヘルツォグが唱えた穀物倉庫の一部であったという説である。現在、いくつかの遺構に関しては、メギド遺跡のようにその機能や性格に複数の解釈が存在しているが、本節での分類は通説を採用して行った。なぜなら、国立公園と自然保護区が提供する遺構の説明も多くは通説を採用しているからである。

分析結果1――発掘された文化層と展示された文化層の比較

表7－9をそれぞれ発掘された文化層と保存された文化層と別々で見ていきたい。それぞれの層位を包含する遺跡の総数を、図7－6にまとめた。

発掘された層位としては、ローマ時代が二九カ所と最も多く、次いでビザンツ時代の二七カ所となっている。このことは、第二節で歴史・考古・宗教遺跡改善委員会、史跡開発局、そしてＩＮＰＡが整備を行った遺跡の特徴からもすでに明らかになっている。

次に展示された層位を見てみると、ローマ時代が二五カ所で最も多く、次いでビザンツ時代が二三カ所となっている。図7－6でローマ時代とビザンツ時代の発掘された層位と保存された層位の総数を比較してみると、発掘された層位のほとんどが展示されたことが読み取れる。

表7-9　発掘調査の検出層位と国立公園・自然保護区の展示層位の比較

	国立公園 / 自然保護区	指定年	発掘／展示	PL	NE	CL	EB	MB	LB	IR	PE	HE	RO	BY	EI	CR	LI	OT
				発掘された文化層														
①	ニムロド要塞国立公園	2003	EXC															
			DIS															
❷	ヘルモン川［バニアス］自然保護区	1977	EXC															
			DIS															
❸	テル・ダン自然保護区	1974	EXC															
			DIS															
⑧	テル・ハツォル国立公園	1967	EXC															
			DIS															
⑨	バルアム国立公園	1966	EXC															
			DIS															
⑪	イェヒアム要塞国立公園	1967	EXC															
			DIS															
⑫	アクジヴ海浜国立公園	1968	EXC															
			DIS															
⓯	ガムラ自然保護区	2003	EXC															
			DIS															
⑯	コラジン国立公園	2002	EXC															
			DIS															
⓱	マジラセ：ベティハ［ベト・サイダ渓谷］自然保護区	1972	EXC															
			DIS															
⑱	カファルナウム［カペルナウム］国立公園	1964	EXC															
			DIS															
⓳	アムド川自然保護区（アミラ洞窟等）	1972	EXC															
			DIS															
⑳	クルシ国立公園	2002	EXC															
			DIS															
㉒	ハマト・ティベリアス国立公園	1967	EXC															
			DIS															
㉓	エン・アフェク自然保護区（テル・アフェク）	1979	EXC															
			DIS															
㉔	ツィッポリ国立公園	1993	EXC															
			DIS															
㉖	ベト・シェアリム国立公園	1965	EXC															
			DIS															
㉙	ナハル・メアロット自然保護区（エル・ワド洞窟群）	1971	EXC															
			DIS															
㉚	ドル・ハボニム海浜自然保護区（テル・ドル）	1980	EXC															
			DIS															
㉛	テル・メギド国立公園	1966	EXC															
			DIS															
㉝	コハヴ・ハヤルデン国立公園	1967	EXC															
			DIS															
㉞	ベト・アルファ・シナゴーグ国立公園	1965	EXC															
			DIS															
㊱	ベト・シャン国立公園	1965	EXC															
			DIS															
㊳	カエサリア国立公園	1964	EXC															
			DIS															
㊶	セバスティア	1965	EXC															
			DIS															
㊷	ゲリジム山	2012	EXC															
			DIS															

㊸	アポロニア国立公園［テル・アルスフ］	2002	EXC
			DIS
㊹	ヤルコン国立公園（テル・アフェク）	2005	EXC
			DIS
㊻	ナビ・サムエル公園	1995	EXC
			DIS
㊾	よきサマリア人博物館	2011	EXC
			DIS
㊿	聖エウティミウス修道院	2011	EXC
			DIS
51	聖マルティリウス修道院	2011	EXC
			DIS
52	エルサレム城壁：ダビデの町国立公園	1970	EXC
			DIS
53	カステル国立史跡	1980	EXC
			DIS
54	エン・ヘメド国立公園	1968	EXC
			DIS
55	クムラン公園	1999	EXC
			DIS
59	エノト・ツキム自然保護区（エン・フェシュカ）	1969	EXC
			DIS
60	ヘロディウム［ヘロディオン］公園	1967	EXC
			DIS
62	ベト・グヴリン国立公園	1989	EXC
			DIS
	［マレシャ］		EXC
			DIS
63	アシュケロン国立公園	1965	EXC
			DIS
64	エン・ゲディ古物国立公園 エン・ゲディ自然保護区	2002	EXC
			DIS
65	マサダ国立公園	1966	EXC
			DIS
66	テル・アラド国立公園	1982	EXC
			DIS
67	テル・ベエル・シェヴァ国立公園	1986	EXC
			DIS
68	ハブソル国立公園［エシュコル公園］（エン・ベソル）	1966	EXC
			DIS
69	マムシット国立公園	1966	EXC
			DIS
72	アヴダット国立公園	1966	EXC
			DIS
73	シヴタ国立公園	1966	EXC
			DIS

※[1] PL = Paleolithic, NL = Neolithic, CL = Chalcolithic, EB = Early Bronze, MB = Middle Bronze, LB = Late Bronze, IR = Iron, PE = Persia, HE = Hellenism, RO = Roman, BY = Byzantine, EI = Early Islamic, CR = Crusader, LI = Late Islamic, OT = Ottoman
※[2] 発掘された文化層のうち、■で示した文化層は遺跡の特徴を決定づけるほどの出土量がなかったもの。

表 7-10　発掘調査の検出遺構と国立公園・自然保護区の展示遺構の比較

	国立公園 / 自然保護区	指定年	発掘／展示	宗教施設				住居趾		防御施設			公共施設			墓	その他
				TMP	CHC	SNG	MSQ	PLC	DWL	WAL	GAT	CTD	WTS	THT	IFL	TMB	OTH
①	ニムロド要塞国立公園	2003	EXC							■	■	■	■				
			DIS							■	■	■	■				
❷	ヘルモン川［バニアス］自然保護区	1977	EXC	■	■	■		■		■	■	■			■	■	■
			DIS	■	■	▒		■		▒	▒	▒			■	■	■
❸	テル・ダン自然保護区	1974	EXC	■							■						
			DIS	■							■						
⑧	テル・ハツォル国立公園	1967	EXC						■	■	■	■	■		■		
			DIS					■	■	■	■	■	■		■		
⑨	バルアム国立公園	1966	EXC			■						■					
			DIS			■											
⑪	イェヒアム要塞国立公園	1967	EXC				■			■	■	■	■				▒
			DIS				■			■	■	■	■				▒
⑫	アクジヴ海浜国立公園	1968	EXC	■			■		■	■	■	■				■	■
			DIS				■		■								■
⓯	ガムラ自然保護区	2003	EXC		■	■			■			■					■
			DIS		■	■			■			■					■
⑯	コラジン国立公園	2002	EXC			■			■						■		
			DIS			■			■						■		
⓱	マジラセ：ベティハ［ベト・サイダ渓谷］自然保護区	1972	EXC					■	■		■						
			DIS					■	■		■						
⑱	カファルナウム［カペルナウム］国立公園	1964	EXC		■	■			■								
			DIS		■	■			■								
⓳	アムド川自然保護区（アミラ洞窟等）	1972	EXC														■
			DIS														■
⑳	クルシ国立公園	2002	EXC		■				■								
			DIS		■				■								
㉒	ハマト・ティベリアス国立公園	1967	EXC			■			■		■		■				
			DIS			■					▒		■				
㉓	エン・アフェク自然保護区（テル・アフェク）	1979	EXC							■		■				■	
			DIS									■					
㉔	ツィッポリ国立公園	1993	EXC		■	■			■			■		■	■	■	
			DIS		■	■			■			■		■	▒	▒	
㉖	ベト・シェアリム国立公園	1965	EXC		■	■			■							■	
			DIS		▒	■			■							■	
㉙	ナハル・メアロット自然保護区（エル・ワド洞窟群）	1971	EXC						■							■	
			DIS						■							■	
㉚	ドル・ハボニム海浜自然保護区（テル・ドル）	1980	EXC	■	■				■	■	■	■					
			DIS	■	■				■		■	■					
㉛	テル・メギド国立公園	1966	EXC	■				■		■	■		■		■		
			DIS	■				■		▒	■		■		■		
㉝	コハヴ・ハヤルデン国立公園	1967	EXC									■					
			DIS									■					
㉞	ベト・アルファ・シナゴーグ国立公園	1965	EXC			■											
			DIS			■											
㊱	ベト・シャン国立公園	1965	EXC	■	■	▒						■		■	■	■	
			DIS	■	■									■	■		
㊳	カエサリア国立公園	1964	EXC	■	■	■		■		■		■	■	■	■	▒	
			DIS	■	■	▒		■		■			■	■	■		
㊶	セバスティア	1965	EXC	■	■	■	■			■	■	■		■	■	■	
			DIS	■	■	■				■	■	■		■	■		
㊷	ゲリジム山	2012	EXC	■	■				■	■	■	■				■	
			DIS		■				■	■	■	■				■	

43	アポロニア国立公園［テル・アルスフ］	2002	EXC						■	■		■					■
			DIS						■	■		■					■
44	ヤルコン国立公園（テル・アフェク）	2005	EXC					■	■	■		■		■	■	■	
			DIS									■		■	■		
46	ナビ・サムエル公園	1995	EXC		■	▒	■		■	■	■	■					■
			DIS				■		■	■	■	■					■
49	よきサマリア人博物館	2011	EXC		■												
			DIS		■												
50	聖エウティミウス修道院	2011	EXC		■												
			DIS		■												
51	聖マルティリウス修道院	2011	EXC		■												
			DIS		■												
52	エルサレム城壁：ダビデの町国立公園	1970	EXC					▒	■	■	■	■			■		
			DIS					▒		■	■	■			■		
53	カステル国立史跡	1980	EXC									■					
			DIS									■					
54	エン・ヘメド国立公園	1968	EXC									■					
			DIS									■					
55	クムラン公園	1999	EXC									■	■		■		■
			DIS									■	■		■		■
59	エノト・ツキム自然保護区（エン・フェシュカ）	1969	EXC						■								
			DIS						■								
60	ヘロディウム［ヘロディオン］公園	1967	EXC		■			■	▒			■	■		■	▒	
			DIS		■			■				■	■		■		
62	ベト・グヴリン国立公園	1989	EXC		■				■			■		■			■
			DIS		■							■		■			■
	［マレシャ］		EXC		■				■			■			■	■	■
			DIS		■				■			■				■	■
63	アシュケロン国立公園	1965	EXC	■	■					■	■	■			▒	▒	
			DIS		■					■	■				▒		
64	エン・ゲディ古物国立公園 エン・ゲディ自然保護区	2002	EXC	■		■			■			■			■		
			DIS			■									■		
65	マサダ国立公園	1966	EXC		■	■		■	▒	■	■	■	■		■		■
			DIS		■	■		■		■	■	■	■		■		■
66	テル・アラド国立公園	1982	EXC	■				■	■	■	■	■	■				▒
			DIS	■				■	■	■	■	■	■				
67	テル・ベエル・シェヴァ国立公園	1986	EXC	■				■	■	■	■	■	■				▒
			DIS					■	■	■	■	■	■	■		■	
68	ハブソル国立公園［エシュコル公園］（エン・ベソル）	1966	EXC						■						■		
			DIS												■		
69	マムシット国立公園	1966	EXC	■	■			■	■	■	■	■	■				■
			DIS	■	■				■	■	■	■	■				■
72	アヴダット国立公園	1966	EXC	■	■				▒	■		■	■			▒	▒
			DIS	■	■				▒	■		■	■			▒	▒
73	シヴタ国立公園	1966	EXC	■	■				▒				■				
			DIS	■	■				▒				■				

※[1] TMP ＝神殿 , CHC ＝教会堂 , SNG ＝シナゴーグ , MSQ ＝モスク , PLC ＝宮殿 , DWL ＝住居址 , WAL ＝城壁 , GAT ＝城門 , CTD ＝要塞 , WTS ＝水利施設、THT ＝劇場 , IFL ＝公共施設 , TMB ＝墓 , OTH ＝その他

※[2] EXC：発掘調査によって検出された遺構 , DIS：NP/NR のマネジメント後に保存された遺構

※[3] ▒ で示されたものは遺構のごく一部のみ検出されたことを表す。

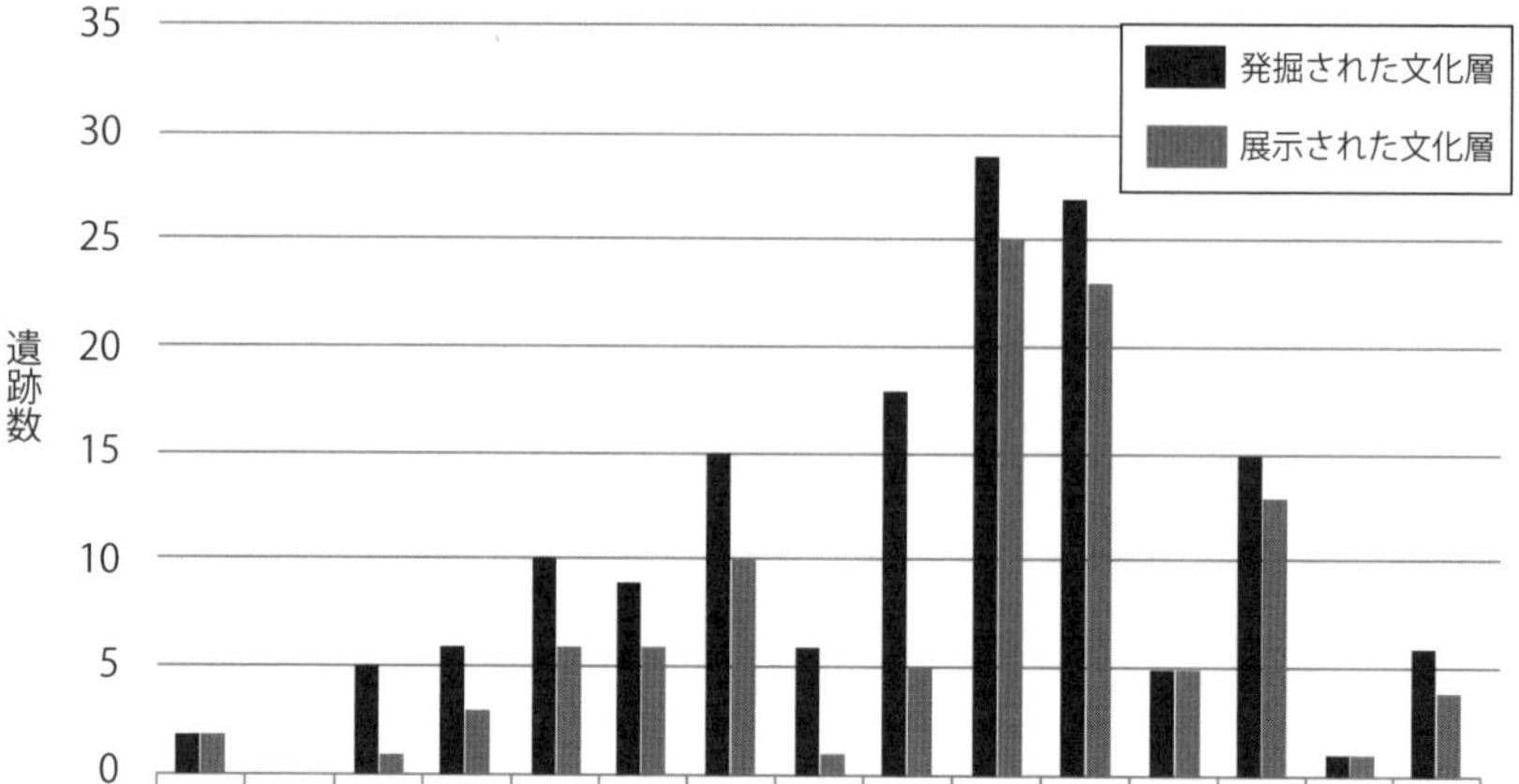

	PA	NE	CH	EB	MB	LB	IR	PE	HL	RO	BY	EI	CR	LI	OT
EXC	2	0	5	6	10	9	15	6	18	29	27	5	15	1	6
DIS	2	0	1	3	6	6	10	1	5	25	23	5	13	1	4

図7-6　発掘された各層位の総数

従って、国立公園あるいは自然保護区を整備する際に、それぞれの領域内にあるローマ時代とビザンツ時代、そして発掘された箇所は前者よりも少ないものの、十字軍時代と鉄器時代の遺構は、そのほとんどがそのまま保存・展示されたことが明らかになった。一方、それ以外の文化層は必ずしも発掘された状態のまま保存されていない。たとえばヘレニズム文化層は、発掘されたものが一八カ所あるが、実際に保存・展示されたものは五カ所しかない。また、前期青銅器文化や初期イスラムの文化層も、保存・展示される際にその数を減らしている。

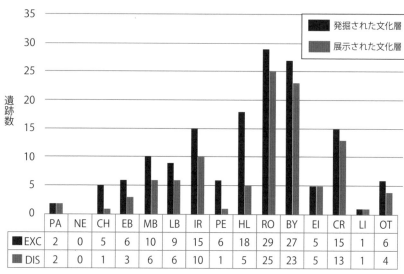

分析結果2――発掘された遺構と展示された遺構の比較

発掘された遺構と展示された遺構の比較を表7−10(182—183頁)に示し、それぞれの総数を図7−7にまとめた。

国立公園・自然保護区の中にある遺跡でもっとも発掘された遺構の種類は、図7−7から防御施設であることがわかる。防御施設に関連する遺構は七二遺構発掘され、全体の約三割を占めている(図7−7)。「城壁(WAL)」、「城門(GAT)」、「要塞(CTD)」のいずれかが発掘された場所は、国立公園・自然保護区四八カ所中のうち二九カ

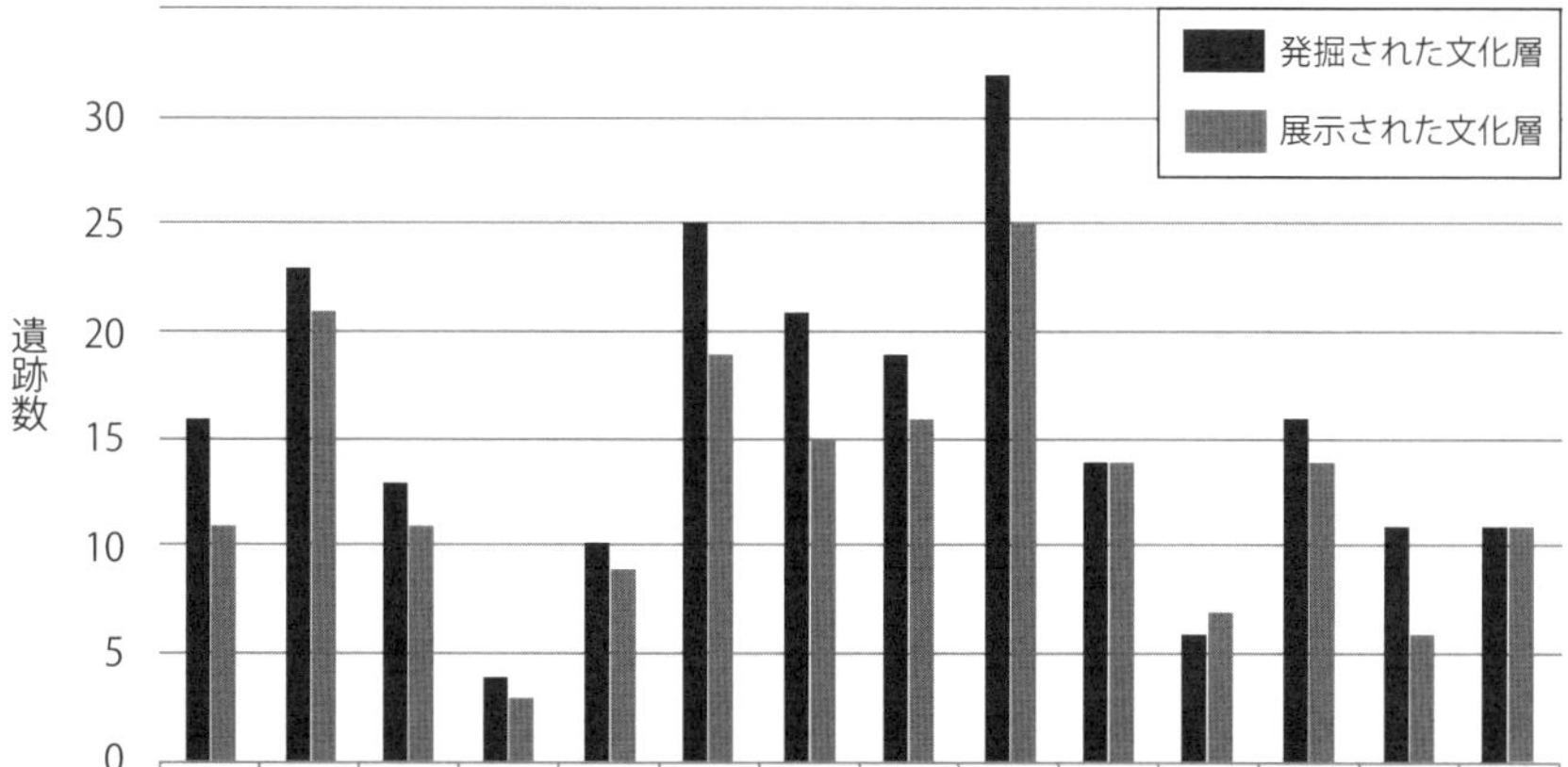

	TMP	CHC	SNG	MSQ	PLC	DWL	WAL	GAT	CTD	WTS	THT	IFL	TMB	OTH
EXC	16	23	13	4	10	25	21	19	32	14	6	16	11	11
DIS	12	21	11	3	9	19	15	16	25	14	7	14	6	11

図 7-7　発掘された各遺構の総数

所にものぼり、都市遺跡のほとんどからは、何らかの防御施設が検出されている（表7－10）。中には、㊶セバスティア、(63)アシュケロン国立公園、(65)マサダ国立公園等のように、二つ以上の防御施設が検出されている場所もあり、いずれの時代においても防御施設は都市にとって重要な建造物の一つであったと言える。次いで、高い割合を占めている遺構は宗教遺構で、五六遺構が検出されている。

個別の遺構ごとに見た場合では、要塞（CTD）が三二遺構で最も多く発掘されており、次いで住居址（DWL）の二五遺構、教会堂（CHU）の二三遺構、城門（GAT）の二一遺構と続く。その他の遺構の割合も、発掘された遺構と保存された遺構の差が大きくひらくものはない。

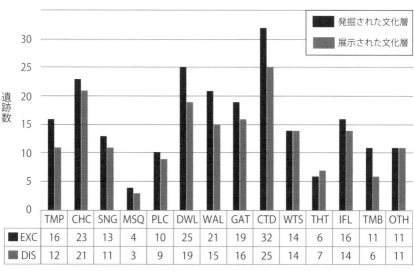

展示された遺構は、発掘された遺構同様、防御施設が五六遺構と最も多く、次に高い割合で保存されているのは、宗教施設で四七遺跡となっており、ほぼ発掘された遺構数に比例している。

この結果から、INPAの方針として国立公園ないし自然保護区を整備する際に、発掘された遺構は可能な限り原状維持のまま国立公園と自然保護区に組み込んでいったことが考えられる。

検出した文化層と展示された文化層の比較分析から、ローマ時代とビザンツ時代が発掘文化層としても展示文化層としても顕著であることがわかった。ただし、すべての文化層が発掘調査で検出した状態のまま保存・展示されたわけではないことにも留意すべきである。たとえば、石器時代、ペルシア時代、ヘレニズム時代は、発掘調査で検出した文化層の数に比べ、展示された文化層の数が著しく少ない。この分析結果の背景には、次の三点の要因があると考えられる。一つには、ローマ時代とビザンツ時代はそもそもイスラエルの文化遺産マネジメントで重点が置かれていたことである。二つ目は、宗教国家ではなく、あくまで近代的な民族国家をめざしていたイスラエルは、文化遺産マネジメントにおいても脱宗教化を試行していたが、とくに一九五四年と一九五五年の段階においては、古代イスラエル王国と関係の深い聖書時代である鉄器時代が文化遺産マネジメントにおいて無視できない文化層であったことである。三つ目の背景は、上述した二点と表裏一体である。すなわち、それ以外の文化層は、イスラエルの歴史的・文化的特性を十分に物語るほどの遺物・遺構の検出を伴わない、あるいはより重要な文化層が優先されたといった理由から、国立公園・自然保護区として整備される過程で展示されなかったことを表している。

次の分析では、発掘調査によって検出された遺構と国立公園や自然保護区内で展示された遺構の比較を行った。この結果から導き出されることは、次の二点である。一点目は防御施設に含まれる「城壁」、「城門」、「要塞」は、いずれも防御のために造られたもので、当然ながら強固な構造を持ち、経年的な破損にも比較的耐えることができる。また、防御施設は、宗教施設と並んで前期青銅器時代以降の都市国家形成の重要な構成要素であったため、遺跡の中でも、防御施設は高い割合で検出すると考えられる。二点目は、防御施設に次いで多く発掘された宗教遺構の中でも、検出数が最も多い二三遺構の教会堂についてである。現在も使用されているものを含めて、イスラエル国内からは四〇三カ所の教会堂が確認されている。[7] これほど多くの教会堂遺構が検出されている背景には、紀元後四世紀の初期キリスト教時代に多くの教会堂が当該地域に建設されたというだけでなく、新約聖書に関わる遺跡でも、聖書記述を物質文化から理解する試みが行われていたという歴史的背景がある。とくに、フランシスコ修道会は、新約聖書に記載されているイエスの伝道と深い関わりを持つ場所に遺る教会堂遺構を調査、修復し、聖地として守り継いできた（岡田 2008）。また、ツクも指摘していたように、ＩＮＰＡの前身である歴史・考古・宗教遺跡改善委員会と史跡開発局の史跡整備の主要目的の一つは、観光資源開発であり、巡礼旅行として多くの来訪者を見込めるキリスト教関連の遺跡は注目されていた（Tsuk 2004）。元来、キリスト教の研究者やフランシスコ修道会が高い関心をもって調査していたことに加え、一九四八年以降の政府の文化政策にも後押しされ、キリスト教遺跡の特徴である教会堂が、多く発掘されたと考えられる。

つまり、発掘された遺構と展示された遺構の傾向には、元来の遺構が建造された背景、構造上の強度、そして建国当初イスラエルが進めていた国内の史跡整備の方針が関係していると言うことができる。発掘されたにも関わらず、国立公園や自然保護区を整備する際に展示されなかった遺構の割合は少なく、そこに恣意性があったかどうかは判断できない。発掘されたものの展示されなかった遺構の中には、表7-10で示されているように、遺構のごく一部のみが検出したため、展示してもその遺跡の歴史性を語るには不十分であった可能性も十分想定される。また発掘されたものの展示されなかった遺構に、住居址が含まれる点も留意すべきである。キルブルーも述べているように、遺跡展示で主題となるのは、記念碑的な遺構、たとえば神殿や宗教施設である場合が多く、それらに比べて豪華さや壮麗さに欠ける一般市民の住居址はあまり注目されない傾向にある（Killebrew 1999, 27-28）。もちろん、カファルナウム国立公園やコラジン国立公園等では、一般の住居址が保存され、当時の人々の住居環境が再現されているものの、全体の検出量に比べて展示が少ないことは否めない。

第八章　非政府団体主導の文化遺産マネジメント

第八章では、ユダヤ民族基金、イスラエル史跡保存協会、西壁遺産財団、そしてフランシスコ修道会という四つの非政府団体による文化遺産マネジメントについて検討する。各組織の概要、マネジメントしている文化遺産の内訳およびその特徴を明らかにし、イスラエルの文化遺産マネジメント全体の中に位置づけることを目的とする。

一　ユダヤ民族基金

組織の概要

ユダヤ民族基金は、一八九七年にスイスのバーゼルで開催された第一回シオニスト会議において初めてその構想が提起された。基金設立の目的は、パレスチナにユダヤ民族が住むための土地の権利を購入もしくは賃貸することと、ユダヤ民族がパレスチナへ入植する諸経費を確保すること、の二つであった（Lehn 1974, 82）。一九〇三年に、ユダヤ民族基金は初めてハデラに土地を購入したが、その後のパレスチナ地域の土地購入はなかなか進まなかった。ヤッフォにユダヤ民族基金の事務所を構えた一九〇八年、ようやく土地購入が軌道に乗り始め、一九〇九年には、ユダヤ民族基金が購入したデガニアに、最初のキブツが設立された（Lehn 1974, 83, 88）。以後ユダヤ民族基金による土地購入と入植地建設は、ユダヤ民族の入植に大きく貢献した。

イスラエル建国直後の一九四八年から一九五四年の間に、ユダヤ民族基金が保有する土地の面積は、約九〇万キロ平方メートルから三〇〇万キロ平方メートルへと三倍以上に膨れ上がった。建国を契機に、ユダヤ民族国家の領域が不安定ながらも確立し、その領域の所有権と管理権がイスラエル政府に移管された。それにも関わらず、ユダヤ民族基金の保有地が増加した理由は、独立戦争時の抗争を逃れて避難したアラブ系住民の所有地を「不在者財産」としてみなして、イスラエル政府が売り出し、その土地をユダヤ民族基金が購入したためである（Tal 2002, 87）。『イスラエル土地法 Israel Land Law』が施行された一九六〇年までに、ユダヤ民族基金が購入した土地は、三六〇万キロ平方メートルにも上った（Tal 2002, 88）。

やがて、ユダヤ民族基金の役割は入植地のための土地取得から、⑴土地の開拓、⑵道路建設・整備、⑶新規入植地建設に関わる環境整備、⑷大規模森林管理へと転換していった（Lehn 1974, 86）。その背景には、建国に伴い、それまでユダヤ民族基金が担っていた従来の役割をイスラエル政府が担うようになったことが挙げられる。とくに一九六〇年に『イスラエル土地法』と『イスラエル土地管理法』が成立すると、ユダヤ民族基金が購入した土地であっても、政府の許可なしには売買することができなくなった。しかし、イスラエル土地管理局の委員の半数をユダヤ民族基金からの代表が占めていたことからも（Lehn 1974, 87）、未だにイスラエルの土地管理におけるユダヤ民族基金の権限は大きいことがうかがえる。また、大規模森林管理は一九六〇年代後半からイスラエル国内で誕生する自然保護思想と相まって、ユダヤ民族基金の代表的な事業へと発展していった。ただし、「エコ・シオニズム Eco Zionism（Tal 2002, 102）」と表現されるユダヤ民族基金の森林管理手法は、SPNI等をはじめとする他の環境保護団体から批判を受けている。ユダヤ民族基金は、新規に土地を購入した後、自生の植物種に加え、外来の植物種を植えることで森林を増やしてきた。そのため、他の環境保護団体から、人工的な景観づくりへの反対や自生植物保護を求める批判を浴びる結果となっている（Tal 2002, 116-117）。とくに、一九六〇年代にユダヤ民族基金によって開始されたイスラエル北部ガリラヤ地方にあるフラ湖周辺の環境整備事業は、イスラエルにおける環境保護のあり方を問い直す契機となった。

一九八〇年代以降、ユダヤ民族基金は新たな事業に乗り出した。その背景には、一九八八年に森林管理を含む環境整備を専門に行う省庁ができたこと、そして観光振興政策が進められたことがある。一九八八年に環境保護省が設立され、それまで複数の関係省庁とユダヤ民族基金やＳＰＮＩといった非政府団体が担っていた環境整備事業を、環境保護省が一手に担うようになった（Tal 2002, 283）。同時に、一九八〇年代は各地で観光整備事業が活発に行われ、自然を活かした公園づくりや大規模な考古遺跡の整備事業が進められた時期であったため、ユダヤ民族基金は同基金の保有地を活かした自然公園や自然環境を楽しめる娯楽施設の開発への舵を切っていった。

分析対象および手法

非常に限定的に文化遺産を遺跡や歴史的建造物と捉えるならば、ユダヤ民族基金が文化遺産マネジメントに着手し始めたのは、一九八〇年代以降だといえるが、自然環境、ひいては景観も遺産として捉えるならば、同基金の遺産マネジメントへの参画は一九五〇年代からである。

ユダヤ民族基金がマネジメントしている遺産は、すべてユダヤ民族基金の所有地内にある。世界中のユダヤ民族基金の支部から寄付を募り、その資金をもとに、所有地内にある遺産を対象にマネジメントを行うという運営形態を採っている。ユダヤ民族基金は、前段で見たように、活動目的が時代と共に少しずつ変化しているため、文化遺産マネジメントの明確な対象は言及されていない。

表８－１は、ユダヤ民族基金が主体となって行った文化遺産マネジメントのうち、文化あるいは自然遺産そのものを展示した五〇件の一覧である。後述するように、ユダヤ民族基金は遺跡の周辺にトレイルや展望台とい

った観光開発のための施設整備も行っているが、こうした周辺整備のみのマネジメントは、表8－1には含めていない。表8－1には、各物件の所在地域、マネジメントの対象、設置設備が示されている。これら五〇件の物件に共通している点は、自然環境や史跡等を保護しつつ、公園として整備し、一般開放していることである。

地域的な分布としては、ガリラヤ地区一七件、カルメル山地区七件、エルサレム地区一三件、ネゲヴ地区が一三件である。各公園でマネジメントされている対象については後段で述べるが、項目としては「森林」、「河川・湖（人工河川・湖も含む）」、「遺跡」、「近代遺産」、「戦跡」、「記念碑」である。

分析結果

ユダヤ民族基金がマネジメントしている文化・自然遺産の特徴を考察するため、各公園の中で展示の対象となっているものを類型化したものが、表8－2である。類型項目は、実地調査とユダヤ民族基金のホームページの記載から抽出したもので、各公園にあるマネジメント対象を「森林」、「河川・湖」、「遺跡」、「近代遺産」、「戦跡」、「記念碑」の六項目に分類した。「森林」のマネジメントには、植林と自然林の再生が含まれる。先にも述べたように、森林の管理は二〇世紀半ば以降のユダヤ民族基金の基幹事業であるため、マネジメントの対象に占める割合も高い。「河川・湖」のマネジメントは、河川環境の保護と人工的な河川・湖の造成がある。「遺跡」のマネジメントは、先史時代の遺跡の保護や展示整備を指す。対して、「近代遺産」は主に一九世紀以降の歴史に関わる史跡を指す。「戦跡」は、近代遺産の中でも独立戦争に関係する史跡を意味する。最後に、「記念碑」には歴史的な出来事あるいは人物を記念して建てられた碑、建物、広場が含まれる。

以上の類型項目を踏まえ、各公園の中に上記の類型項目に合致する文化・自然遺産の場合には、該当する項目に印をつけた。一つの公園の中に、二つ以上の特徴が見受けられる場合には該当するすべての項目に印をつけた。ただし、この類型化では、各項目に該当する文化遺産の有無のみを示しており、たとえば一つの公園の中に遺跡が二カ所以上存在しても、とくにその個数は反映されない。

表8–2から、ユダヤ民族基金がマネジメントを行う対象として最も多いのは、「森林」であることが分かる。「森林」のマネジメントには、その土地に新たに森林を造る植林型、元来ある森林の植生を再生するための整備をする再生型、そして元来ある森林の管理のみを行う管理型がある。森林がマネジメントの対象となっている三九件のうち、植林型が一九件、再生型が九件、管理型が一一件である。つまり、ユダヤ民族基金は新規に土地を購入した時、すでに森林がある場合でもあっても自生植生の森林に加えて、元来自生していないが環境に適応しうる木を植林することで、森林を維持する傾向がある。ユダヤ民族基金が再生型よりも植林型、つまり人工的に新しい環境を作り出す手法を採る傾向は、森林だけでなく河川環境の維持においても見られる。

次に割合が高いのが、「遺跡」の三五件である。一つの公園の中に、一つ以上の遺跡が含まれている場合もあるため、実質的な遺跡数は三五よりも多くなる。ただし、ＩＮＰＡやイスラエル史跡保存協会のように、ユダヤ民族基金がマネジメントする遺跡がすべて展示のために整備されているわけではない。たとえば、⑪ヨルダン公園とヨルダン川や㊾ティムナ公園のように遺跡の展示とともにその概要を説明した解説板や復元図等を併設した公園もあれば（200頁の図8–1、図8–2）、㉓ピスガト・ゼエヴ森林公園のように公園内に複数の遺跡が確認されているものの、遺跡があったことを示す看板だけ設置されている公園もある。したがってユダヤ民族基金がマネジメントしている公園の特徴に鑑みると、ＩＮＰＡやイスラエル史跡保存協会とは異なり、ユダヤ民族基金は遺跡のマネジメントそのものに主張を置いていない。ただし、②バルアム森林公園、⑥ハロド川公園、⑯ツィッポリの森林公園のように、国立公園と併設している公園では、ＩＮＰＡとユダヤ民族基金が協力して遺跡のマネジメントを行っているため、同基金の管理区域内も一般的な国立公園のように、遺跡を中心に据えた展示や解説板の設置等の整備がなされている。

㊾ティムナ公園は、例外的に遺跡が公園の一つの目玉となっている事例である。㊾ティムナ公園は、一九八〇

表 8-1　ユダヤ民族基金が携わった文化遺産マネジメント一覧

地区		公園名	マネジメント対象						設備					備考
			森林	河川・湖	遺跡	近代遺産	戦跡	記念碑	史跡展示	博物館	トレイル	展望台	広場	
ガリラヤ地区	①	アドミット公園：カルメル地域の伝説の洞窟	■		■				■		■	■	■	
	②	バルアム森林公園：北イスラエルの歴史と景勝地	■		■			■	■		■	■		バルアム国立公園に隣接
	③	ベト・ケシェット森林公園：下ガリラヤのタボル山のブナ	■								■	■	■	
	④	ビリヤ森林公園：上ガリラヤの神秘	■		■				■			■	■	
	⑤	青い渓谷公園：ツファト	■	■							■	■	■	
	⑥	ハロド川公園：イスラエルの考古学と野鳥	■	■	■				■		■	■	■	ベト・シャン国立公園に隣接
	⑦	ギルボア森林公園：下ガリラヤの泉と渓谷	■								■	■	■	
	⑧	ゴレン公園：西ガリラヤのイスラエルの樹木	■	■	■				■		■	■	■	マウントフォート城国立公園に隣接
	⑨	ハニタ森林公園とキブツ・ハニタ：イスラエル物語	■	■	■				■	■	■	■	■	
	⑩	フラ湖公園：イスラエルの野鳥		■							■	■	■	フラ湖自然保護区に隣接
	⑪	ヨルダン公園とヨルダン川		■	■				■		■	■	■	マジウセ：ベティハ［ベト・サイダ渓谷］自然保護区に隣接
	⑫	ゴラン高原のナフタリ山森林公園	■	■	■			■	■		■	■		
	⑬	上ガリラヤのメナラ崖壁	■		■				■		■	■		
	⑭	ランダウ森林公園：西ガリラヤにおける古代と現代イスラエル	■					■			■	■		ベト・シェアリム国立公園に隣接
	⑮	ラモト・メナシェ公園：イスラエルで最初の生物圏	■	■	■				■	■	■	■	■	
	⑯	ツィッポリ森林公園：タルムード期のイスラエル	■	■	■				■		■		■	ツィッポリ国立公園に隣接
	⑰	スイス森林公園：ガリラヤ湖の眺望	■								■	■	■	
カルメル山地区	⑱	アロン・カナダ公園	■		■				■		■	■	■	
	⑲	アドゥラム――フランス公園：聖書の景観	■		■				■		■		■	
	⑳	アメリカ独立公園：イスラエル・アメリカの自然を通じた友好記念	■		■		■		■		■	■	■	鍾乳石窟自然保護区に隣接
	㉑	アミナダヴ森林公園：西エルサレムの森林展望	■					■	■		■	■	■	
	㉒	ベン・シェメン森林公園：中央イスラエルの考古学とハイキング	■		■				■		■	■	■	
	㉓	ピスガト・ゼエヴ森林公園：ネヴェ・ヤアコヴ	■		■		■	■	■		■	■	■	
	㉔	カルメル山と森林公園	■		■			■	■		■	■	■	カルメル山自然保護区に隣接

エルサレム地区	㉕	ハデラ川公園			■				■		■	■	■	
	㉖	ハルヴィト森林公園：中央イスラエルの自然と古代史を歩く	■		■				■		■	■	■	
	㉗	フルダ森林公園：イスラエルの始まり	■			■		■	■	■	■		■	
	㉘	イギリス公園：イスラエル中央部の景観トレイル	■		■				■		■	■		
	㉙	イタリア公園ーアレキサンダー川：イスラエルにおける河川の再生と共存		■							■	■	■	アレキサンダー川自然保護区に隣接
	㉚	エルサレム森林公園	■				■		■		■	■	■	
	㉛	エルサレム・メトロポリタン公園：イスラエルの首都のための森林公園	■		■				■		■	■	■	
	㉜	ヤボティンスキー・シュニ公園：イスラエルのワイン生産とローマ時代の居住地	■		■			■	■	■	■			
	㉝	殉教者森林公園：600万本の木々	■					■			■			
	㉞	ラビン公園：イツハク・ラビンとイスラエルの独立記念	■		■		■	■	■		■	■	■	
	㉟	ロシュ・ハアイン森林公園	■	■	■				■		■	■	■	
	㊱	サタフ：古代イスラエル民族の農業と泉			■				■			■		
	㊲	ツォラにおける大統領の森林	■					■			■	■	■	
ネゲヴ地区	㊳	アラヴァ平和の道			■				■		■	■	■	
	㊴	ベソル川：ネゲヴ砂漠の最長河川		■	■			■	■		■		■	
	㊵	ベエリ森林公園	■		■			■	■		■	■	■	
	㊶	ベエル・シェヴァ川公園		■		■			■		■		■	テル・ベエル・シェヴァ国立公園に隣接
	㊷	デヴィラ森林公園：地中海の生態系の小径	■		■				■		■		■	
	㊸	ゲラル川公園	■	■	■				■		■			
	㊹	ゴルダ・メイヤ公園：ネゲヴ砂漠の湖		■		■	■	■	■		■	■	■	
	㊺	ハマラキム：シャハリヤ森林公園	■		■				■		■	■	■	
	㊻	ハツェリム森林公園	■	■							■			
	㊼	ネゲヴ砂漠のオファキム公園	■	■	■				■		■		■	
	㊽	ラハヴ森林公園：南イスラエルの考古学と野草	■		■		■		■	■	■	■	■	
	㊾	ティムナ公園			■				■		■			
	㊿	ヤティル森林公園	■		■				■		■			

表 8-2　ユダヤ民族基金がマネジメントした文化遺産の類型化

地区	森林	河川・湖	遺跡	近代遺産	戦跡	記念碑
ガリラヤ	14	9	11	0	0	3
カルメル山地	7	0	6	0	2	3
エルサレム	10	2	8	1	2	5
ネゲヴ	8	6	10	2	2	3
合計	39	17	35	3	6	14

年代に行われたネゲヴ地方の観光振興事業の一環として整備された。ティムナ公園の景観は、ネゲヴ地方独特の地形と、紀元前一三世紀から一二世紀頃にかけてエジプトによって開発されたと言われている銅山とその関連遺跡群によって構成されている。ここは、他のユダヤ民族基金の公園と異なり、遺跡がマネジメント対象の中心であり、公園の目玉となっている（201頁の図8－3、図8－4）。

「記念碑」は、歴史的な出来事あるいは人物を記念して建てられた碑、建物、広場であるが、ユダヤ民族基金の公園にはイスラエルあるいはユダヤ教にとっての記念碑と、イスラエルとは直接的に関連性のない記念碑の二種類が存在する。たとえば、②バルアム森林公園には、公園に隣接するキブツ・イェロンの独立戦争戦没者の記念碑がある。また、⑭ランダウ森林公園には、イスラエルの記念碑にはほとんど見られない宗教シオニズムに関する記念碑がある。一方で、㉑アミナダヴ森林公園では、一九六三年に暗殺されたアメリカ元大統領ケネディの記念碑があり、必ずしもイスラエル史に直接関係のない記念碑も認められる。

「戦跡」は、㊽ラハヴ森林公園を除いては、独立戦争に関する戦跡である。また、「近代遺産」としては、イスラエル建国に尽力したヘルツルの自宅がある㉗フルダ森林公園、㊶ベエル・シェヴァ川公園、㊹ゴルダ・メイア公園がある。

次に、各公園に設置されている設備について考えてみたい（表8－3参照）。各公園内にある文化遺産を活用するため、ユダヤ民族基金は公園の基本設備として以下に挙げた五つ、「遺跡展示」、「博物館」、「トレイル」、「展望台」、「広場」の設備のいずれかを公園に設置している。表8－3は、各地区の公園でどのような設備が設置されているのかを表してい

表8-3　ユダヤ民族基金の公園に設置された設備

地区	遺跡展示	博物館	トレイル	展望台	広場
ガリラヤ	11	2	16	16	13
カルメル山地	6	0	7	6	7
エルサレム	10	2	12	10	9
ネゲヴ	12	1	13	5	9
合計	39	5	48	37	38

る。

もっとも多くの公園に設置されていのは、トレイルである。五〇カ所の公園のうち、九割以上に設置されており、園内にある遺産を見て回ることができるようになっている。次に、「遺跡展示」、「広場」、「展望台」がほぼ同数である。「遺跡展示」は、遺跡も近代遺産もすべて含まれた数字である。この表は、それぞれの設備の有無を表しているため、一カ所の公園に遺跡、近代遺産、戦跡があった場合でも、数字としては一で表している。前述したように、展示と言っても、遺跡の残存状態が目視でき、解説版が設置されているようなティムナ公園から、現在では遺跡そのものは目視できず、そこに遺跡があることだけを示す看板があるだけの場合もある。

ユダヤ民族基金の文化遺産マネジメントは、あくまで森林や河川といった自然環境の保護が中心であり、遺跡や歴史的建造物の保存・展示はその主眼に据えられていない。ただし、一九八〇年代から進められている観光振興に寄与すべく、⑪ヨルダン公園とヨルダン川や㊾ティムナ公園のように、国立公園と同等レベルの史跡整備を含む文化遺産マネジメントが行われている場合もある。

ユダヤ民族基金の元来の活動目的は、パレスチナに入植を希望するシオニストたちのための居住地や農耕地を用意することであり、すべての活動はそこから発展してきた。したがって、ユダヤ民族基金の活動の根底にはシオニズム思想が流れていることは看過できない。ただし、昨今の活動の中には、シオニズム思想に基づいた活動以外も見受けられる。たとえば、フランシスコ修道会の所有地でかつイスラエルの国立公園であるカファルナウムには、そこへより多くの人々が訪れることができるよう、隣接するガリラヤ湖の二つの都市ティベリアとエン・ゲヴに船が停泊できる船渠を設置した。これは、観光化を推進するイスラエルの観光省やＩＮＰＡとの共同事業でもある。また、ユダヤ民族基金は、コラジン遺跡やベト・サイダ遺跡といったＩＮＰＡの遺跡整備にも資金協力をしている。

同様の事例として、「ジーザス・トレイル」を挙げることができる。ジーザス・トレイルとは、ガリラヤ湖周辺に点在するイエス・キリストと関わりの深い史跡を結んだ六五キロメートルのハイキングコースである（202頁の図8－5）。受胎告知が行われたとされているナザレを出発し、ツィッポリ国立公園を通り、カナ、イラニヤ、ラビ、ヒッティン、アルベル国立公園、ミグダル、タブハ等を通過して最終地点のカファルナウムに向かう行程である。トレイルの要所には、方向を示す矢印が岩場に書かれている（202頁の図8－6）。利用者は無料で、トレイルを歩くことができる。

イスラエル全体の文化遺産マネジメントにおいて、ユダヤ民族基金のそれを考えてみると次のような点が指摘できる。元来、ユダヤ民族基金の主たる活動目的は、文化遺産マネジメントには置かれていなかった。ところが、入植してくるシオニストたちの土地購入と土地管理を行っていく過程で、徐々に森林管理へと活動はシフトしていった。さらに、一九八〇年代に入り、国を挙げた観光振興の動きの中で、ユダヤ民族基金は所有地の中にある資源を利用すべく積極的に遺跡、歴史的建造物、戦跡等の整備を始めた。ただし、あくまで彼らのマネジメントでは、森林や河川といった自然環境の保護が最優先であり、遺跡や歴史的建造物の文化的、歴史的な評価を踏まえた上での保存・展示を行っているわけではない。

ただ、前段でも述べたように、ユダヤ民族基金はＩＮＰＡの評議会の構成員として、ＩＮＰＡの国立公園・自然保護区のあり方に助言できる数少ない非政府団体である。一九九八年からは、総会の構成員としてＩＮＰＡの組織運営の決定に関わる任務も背負っており、政府主導の文化遺産マネジメントにおけるユダヤ民族基金の影響力は少なくない。五〇件の公園の中で、一一カ所がＩＮＰＡ管理の国立公園または自然保護区に隣接していることも、このことと無関係ではない。来訪者はユダヤ民族基金が設置したトレイルを通りながら、国立公園や自然保護区へと入場していくようになっている場所もあり、施設面では相互に協力しているようである。

この背景には、ユダヤ民族基金が所有する広大な土地には、ＩＮＰＡが自然保護区として指定した場所も含まれていることがある。しかし、自然保護区とユダヤ民族基金の公園が隣接して存在していたり、両者の公園が連携していたりするのは、ＩＮＰＡがユダヤ民族基金から経済的な支援を受けているためだと推測できる。自然保護区は生態系を維持しながら、なおかつ娯楽施設として運営していくため、遺跡保存を中心とした国立公園よりも財政的に負担が大きい。対照的に、ユダヤ民族基金は国際的な非政府団体であり、財政的にも安定しているため、今もなお、イスラエル内にいくつもの広大な敷地を所有し、その中で森林、河川、あるいは遺跡等のマネジメントを行い、イスラエルにおける文化遺産の多様性の維持に寄与している。

図 8-1　鉱物の貯蔵庫と工房址に関する展示解説板（ティムナ公園）

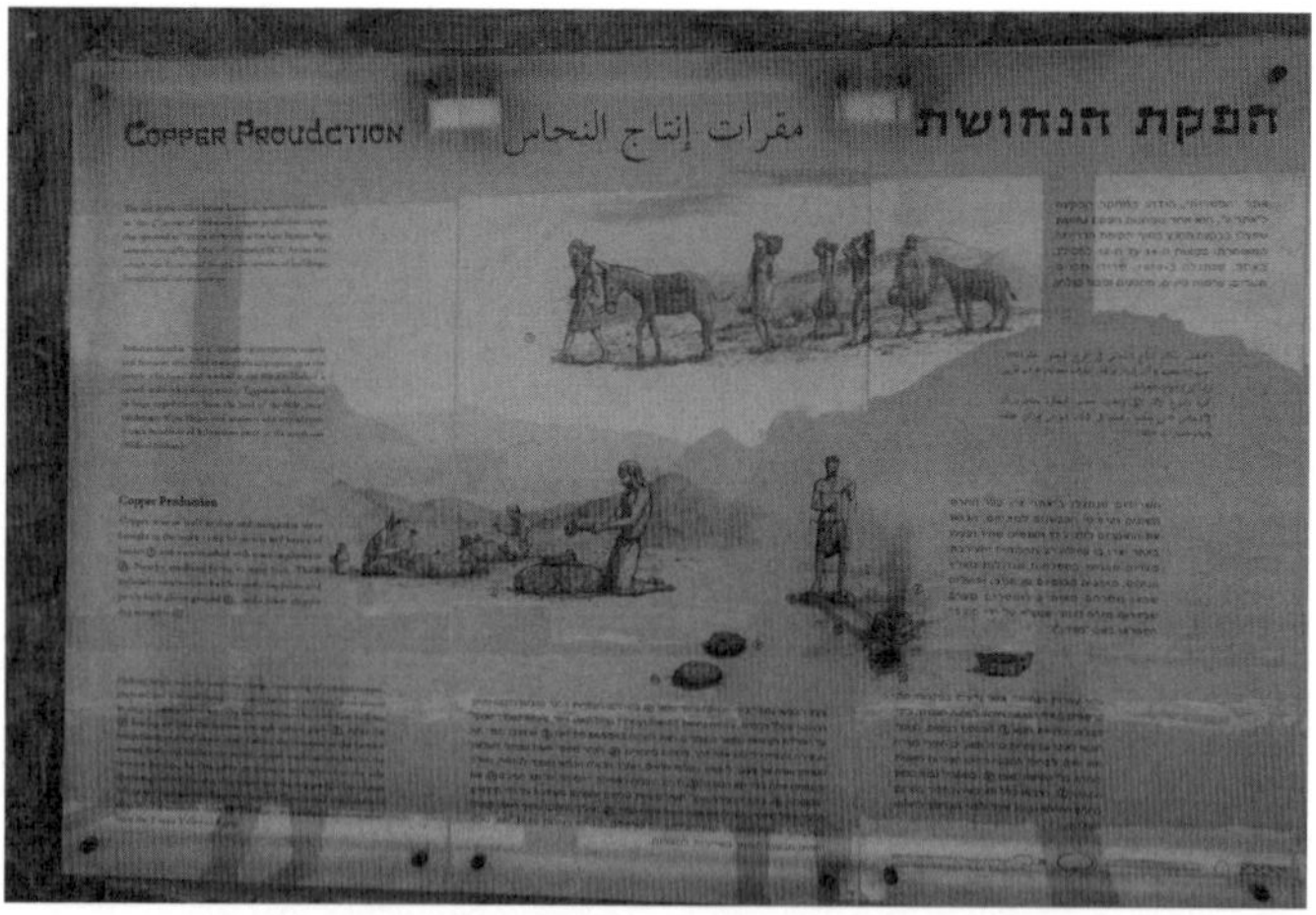

図 8-2　イラストを用いて解説されている当時の銅加工技術（ティムナ公園）

図 8-3　紀元前 13 世紀 -12 世紀頃のエジプトの神殿（ティムナ公園）

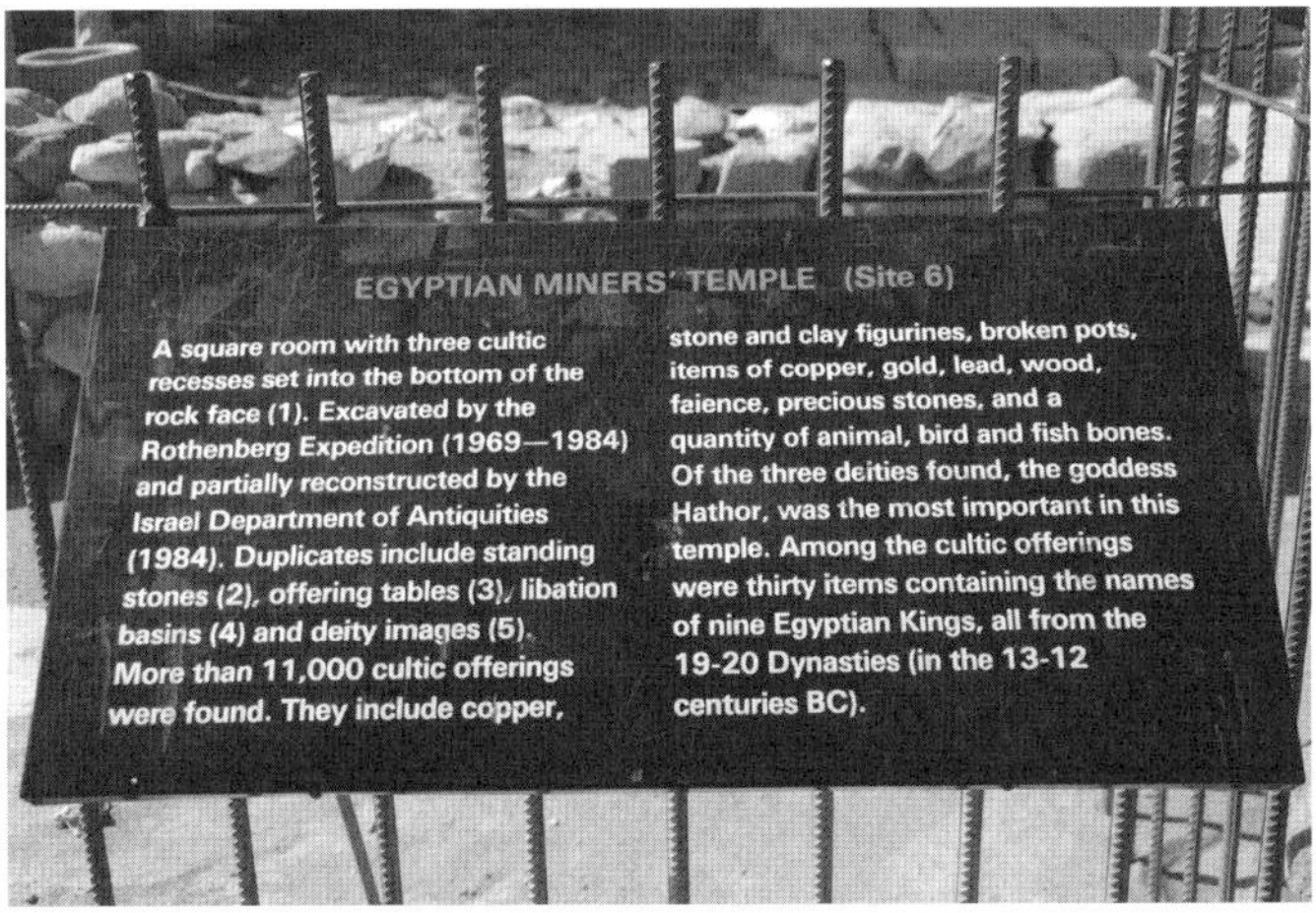

図 8-4　神殿遺跡に関する解説板（ティムナ公園）

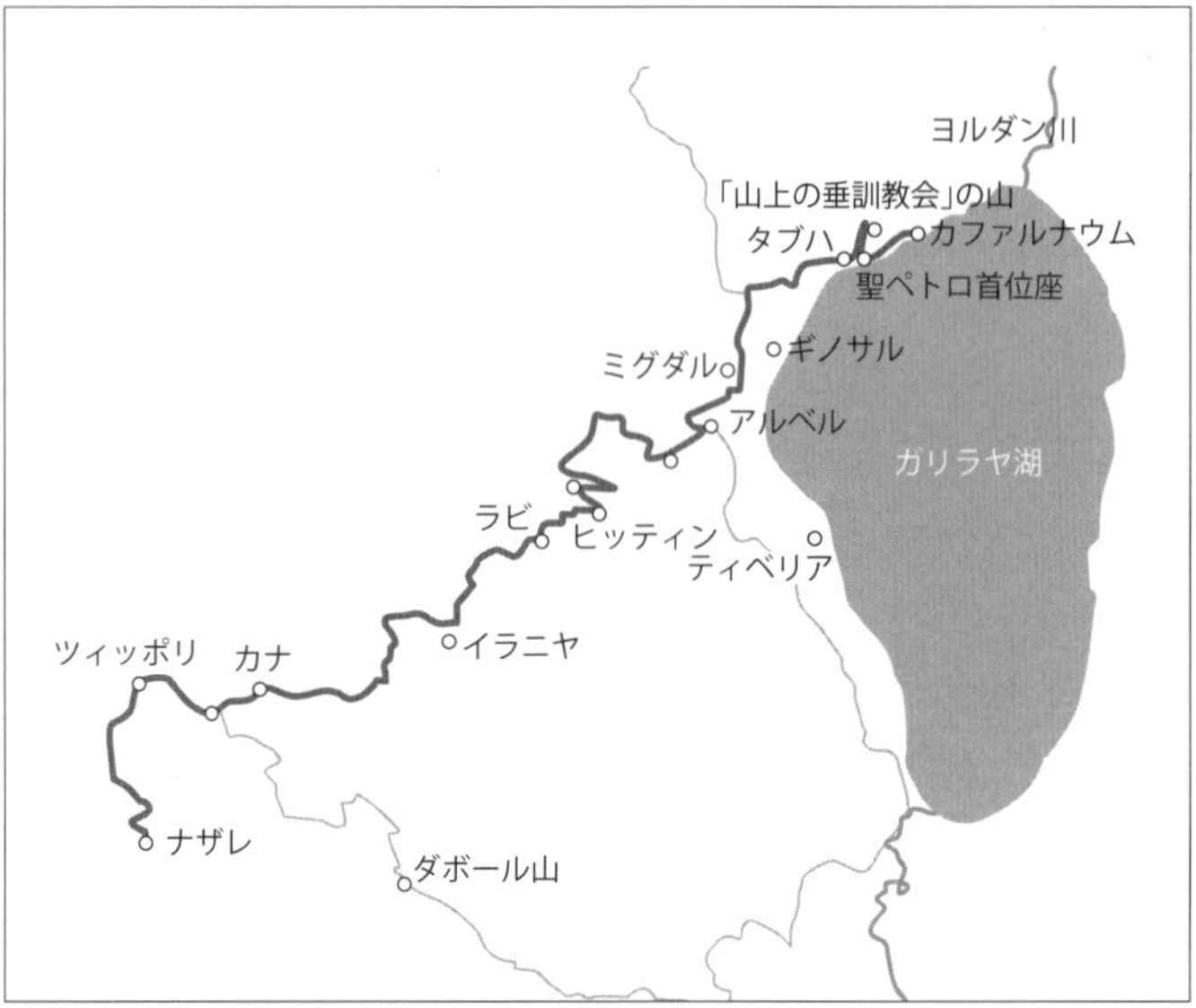

図 8-5　ジーザス・トレイルの行程

図 8-6　各要所に矢印で示されるジーザス・トレイルの行程

二　イスラエル史跡保存協会

組織の概要

イスラエル史跡保存協会 Society for Preservation of Israel Heritage Sites は二〇〇八年に設立された非営利団体で、一九八四年に設立された建造物および居住地保存委員会 Society for Preservation of Buildings and Setlement Sites を前身としている。建造物および居住地保存委員会は、一七〇〇年以後の歴史遺産、いわゆる近代遺産の破壊や損壊を危惧したイスラエル議会の提案により、ＳＰＮＩの一部として作られた組織であった。

活動の目的は、一八世紀年以降に造られた歴史的価値の高い、あるいは入植過程を示す建造物（群）の劣化や損壊を防ぎ、一八世紀初頭から連綿と続くイスラエルへのユダヤ人入植者たちの痕跡を保存し、それらを広く社会に伝えることである。[1] 主たる活動目的が、歴史的建造物（群）の保存と歴史遺産に対する社会的関心の喚起の二点にあるため、活動内容も⑴歴史遺産の保存計画および実施と⑵教育普及活動となっている。一点目の歴史遺産の保存計画および実施は、ＩＮＰＡ等の政府機関、地方自治体、あるいは開発業者と協力しながら行う。二点目の教育普及活動では、イスラエル史跡保存協会が中心となり、旅行業者、研究者、学芸員らと連携して、歴史遺産に関する講演会、イベント、ツアー等を企画する。

イスラエル史跡保存協会が文化遺産マネジメントの対象としているのは、「イスラエルの歴史の始まり」としている一八世紀以降の文化遺産が中心である。イスラエル史跡保存協会のマネジメントでは、市町村の自治体、民間団体、企業、時にはＩＮＰＡと協力しながら、既存の歴史的建造物を修復したり、十八世紀以降の民俗資料を展示するための博物館を建設したりする。しかし、イスラエル史跡保存協会自らが発掘調査をしたり、資料収集したりすることはない。

現在までに、イスラエル史跡保存協会がマネジメントに携わった物件一二三件を、表8－4にまとめた。イスラエル史跡保存協会が対象としている物件の特徴を挙げると、次のようになる。まず、地域的分布は、ガリラヤ地区一八件件、ハイファ地区一二件、カルメル海岸地区一五件、エルサレム地区一三件、中央部地区一九件、テルアビブ地区二一件、ネゲヴ地区一三件、である。ガリラヤ地区は面積も他に比べて比較的広いが、それを考慮しても、イスラエル史跡保存会が認定した文化遺産が集中している。さらに、文化遺産の中には、現存するキブツの敷地内、あるいはその近隣に位置するものも少なくない。一二三件のうち、およそ四分の一にあたる三一件がキブツ内もしくはその近隣に位置している。さらに、それらの特徴としては、キブツの郷土資料館あるいは博物館的要素を強く持っていることだ。歴史的建造物といった文化遺産の対象の年代に関しては、一六世紀が一件、一八世紀が一件、一九世紀が二〇件、二〇世紀が八四件であり、一九世紀以降が九割を占める。以上のことからも、イスラエル史跡保存協会が、パレスチナ地域への入植にまつわる文化遺産を中心にマネジメントしていることが看取できる。

分析対象および手法

イスラエル史跡保存協会がマネジメントを手掛ける文化遺産の特徴を抽出するため、表8－4の「文化遺産の類型」で、各文化遺産の特徴を示す用語を用いて類型化を行い、その結果を表8－5に示した。類型化に用いたキーワードは一四個で、イスラエル史跡保存協会の小冊子とホームページの記載に頻出するものを抽出した。

キーワードのうち、「郷土」はその地域の郷土史に関わる文化遺産、「入植」はユダヤ民族の入植活動に関わる文化遺産、「自警団」はイスラエル建国前にユダヤ系の住民で組織されたハガナやパルマック等に関わる文化遺産、「キブツ」はキブツの歴史に関わる文化遺産、「個人史」はある個人の人生や家族史に関する文化遺産、「著名人」はシオニズム運動の中心的指導者や著名な政治家等に関する文化遺産、「農業」はその地域の農業史に関わる文化遺産、「公共施設」は独立戦争や第三次中東戦争等の戦地に関わる文化遺産、水道、鉄道等のインフラに関する産業遺産、「工業」はその地域の工業の発展に関わる文化遺産、「牢獄」は主にイギリス委任統治時代に使用されていた監獄施設に関する文化遺産、「考古学」はその地域出土の遺物に関わる文化遺産、「民族誌」は入植してきたユダヤ民族の民族誌に関する文化遺産を表す。各物件に含まれる文化遺産を抽出し、上記のキーワードに合致する文化遺産の場合には、該当するキーワードに印をつけた。一つの物件の中に、二つ以上の特徴が見受けられる場合には該当するすべてのキーワードに印をつけた。ただし、この類型化では、各キーワードに該当する文化遺産の有無のみを示しており、たとえば一つの物件の中に遺跡が二カ所以上存在しても、とくにその個数は反映されない。

分析結果

表8-4と表8-5から、イスラエル史跡保存協会がマネジメントする文化遺産の中で最も特徴的なのは、「郷土」、すなわちユダヤ民族の入植活動に関するものであることが読み取れる。次いで「入植」、「自警団」、「キブツ」と続く。「キブツ」に関する文化遺産も、「郷土」に関わるものに含めるならば、その割合は全体の三分の一に上る。また、「入植」、「キブツ」、「農業」、「戦跡」、「公共施設」、「工業」、「考古学」は、郷土史に間接的に関わるものであるという見方をすれば、やはりイスラエル史跡保存協会がマネジメントに携わっている文化遺産の多くは、イスラエルの郷土史と深いつながりがあるものが多い。ちなみに、「郷土」に類型化された文化遺産のうちの二件（⑤⑨アグノンの家、⑪⑦ミツペ・グヴロット）は、ＩＮＰＡの文化遺産の一つである国立史跡に指定されており、この二件はＩＮＰＡとイスラエル史跡保存協会とは共同管理している。国立史跡とは、国家の入植の発展の歴史において国家的重要性を持つ建造物、もしくはそれに近接する建造物群のことであり（National Parks, Nature Reserves, National Sites and Memorial Sites Law 1992, Chap. 1）、『一九九二年国立公園・自然保護区法』が施行された

後に取り入れられた、新しい文化遺産の概念である。「入植」、「自警団」、「キブツ」とも、最も多かった地区は北部のガリラヤ地区である。ガリラヤ地区は、キブツ・デガニアをはじめとして初期に入植した移民たちが設立したキブツが多い。イギリス委任統治政府が治めていた二〇世紀後半、ユダヤ系移民たちはキブツの保安のために自警団を組織し、周辺のアラブ住民たちとの抗争に備えた。「入植」、「自警団」、「キブツ」の三要素は深く関わり合っているため、必然的にガリラヤ地区に集中したと考えられる。

次に「個人史」と「著名人」について見てみよう。個人史は、公の歴史舞台に名前を残すことはなかったものの、ある特定の地域や集団では知られている人物の歴史に関する文化遺産である。その多くは、地域に最初に入植してきた一家、地域の自警団の中心人物、あるいは独立戦争に貢献した個人にまつわる文化遺産である。著名人にまつわる文化遺産は、シオニズム運動の指導者、イスラエル首相歴任者の自宅や記念博物館である。著名人にまつわる文化遺産がエルサレム地区とテルアビブ地区に集中していることからも、著名人の中には政治的指導者が多く含まれていることがわかる。

「農業」、「工業」も近代遺産を象徴するものである。イスラエル史跡保存協会管理の文化遺産の中には、初期の入植者による農業および工業に関するものも見られる。初期のシオニストたちの多くが労働シオニズム(2)に共感して入植してきたため、ガリラヤ地方を中心に入植した初期の移民たちは農場や農業学校を建設した。事実、当時のキブツの経済的支柱は農業であったため、イスラエルの近代史を語る上で農業は重要な位置を占めており、それゆえ農業に関する近代遺産が多いことは何ら不思議ではない。

また「農業」や「工業」と並んで近代遺産に含まれるものが、鉄道や灌漑施設といった「公共施設」である。イスラエル史跡保存協会が手掛ける公共施設関連の文化遺産には、二種類の運営形態がある。一つ目は、かつて使用されていた鉄道や灌漑施設等の公共施設の修復を行い一般公開する方法、二つ目は②イスラエル国営水道局メコロット社のビジターセンターのように、現在も使用されている公共施設に関する博物館建設を支援するといった方法である。

「戦跡」にまつわる文化遺産のうち、その半数がエルサレム地区に所在している。その理由は、戦跡の多くが独立戦争の戦場に集中しており、とくにエルサレム地区にはエルサレム攻防戦の爪痕が残っているためである。また、独立戦争前から周辺のアラブ系住民との抗争があったネゲヴ地区にも三件の戦跡がある。「戦跡」にまつわる物件は、㊻ガッシュ・エツィオンビジターセンターや⑯ミショア・リティクマ博物館のように、当時使用されていた建造物あるいはその復元が伴う場所と、史資料の展示のみを行う場所がある。

「牢獄」は、その名の通り囚人を収容した施設である。イスラエル史跡保存協会の「牢獄」に関する文化遺産は、すべてイギリス委任統治時代に使用されていたものである。収容されていた囚人の中には、当時、ユダヤ民族のための独立国家樹立運動を行っていた活動家も多く含まれており、「牢獄」はイスラエル建国に立ちはだかる困難の象徴と言える。

イスラエル史跡保存協会の文化遺産の中には、『イスラエル古物法』が定める古物の範疇に入る、すなわち紀元一七〇〇年以前の遺跡の割合が少ない。イスラエル史跡保存協会のマネジメント対象が、現代イスラエル史にまつわる記念碑や歴史的建造物等であるため、一般的に考古学が扱う時代はその範疇にほとんど入らないのである。表8－4で挙げられている「考古学」に含まれるのは、エルサレム地区の㊳ダビデ王の塔博物館を除けば、キブツ史に関する郷土資料館の中に、キブツ周辺から出土した遺物を展示している程度である。

「民族誌」にまつわる文化遺産には、多民族国家イスラエルを象徴するものが含まれている。「民族誌」に関する史跡は、⑤チェルケス遺産センター：クファル・カマ、㊶城壁博物館：アッコ旧市街、⑮ヨエ・アロンセンターの三件である。それぞれ、パレスチナ地域に暮らしていた様々な民族的背景を持つ人々の暮らしを紹介している。⑤チェルケス遺産センターで紹介されているチェルケスは、元来コーカサス地域に住む民族であったが、一九世紀にロシア帝国が領内に侵攻してきたため、チェルケス民族の人々は各地に離散せざるを得なくなった。

離散したチェルケス民族の一部がパレスチナ領内にも移住し、コミュニティを形成していた。また、㊶城壁博物館では、十字軍時代からオスマン帝国時代までアッコが経験してきた多民族多文化の様相を紹介している。⑮ヨエ・アロンセンターではイスラエルでは珍しいベドウィンの民俗資料が展示されている。

前段でも述べたように、イスラエル史跡保存会が対象とする「文化遺産」は、イスラエルの建国史に関するものを意味している。したがって、同協会の文化遺産マネジメントの対象も一九世紀以降のものが九割を占める。こうした点をイスラエル全体の文化遺産マネジメントの中で考えてみると、イスラエル史跡保存協会が近代遺産のマネジメントを中心的に担っていることを特徴の一つとして指摘することができる。イスラエル古物局が古物として認めるのは、紀元後一七〇〇年より以前の遺物、遺跡そして建造物であり（Israel Antiquity Law 1972）、INPAをはじめとする政府機関には、近代遺産の保存や管理を行う独立した組織は存在しない。また、INPAが文化遺産マネジメントを行っている国立公園と自然保護区内にある遺跡や歴史的建造物も一七世紀より以前のものが圧倒的に多い(3)。それゆえに近代遺産は、『イスラエル古物法』あるいは『国立公園・自然保護区法』といういずれの法的保護策の対象にはなっていない。こうした近代遺産は、イスラエル史跡保存協会のような非政府団体がマネジメントしない限り、失われていってしまう。現在のところ、近代遺産のマネジメントを実施している非政府団体は、イスラエル史跡保存協会とユダヤ民族基金であるが、前者の文化遺産数の方が著しく多い。

次に、イスラエル史跡保存協会の運営方法における特徴を述べたい。イスラエル史跡保存協会は、自ら発掘調査を行ったり、資料収集をしたりはせず、市町村の自治体、非政府団体、企業、時にはINPAと協力する形で、既存の歴史的建造物の修復や復元を行ったり民俗資料を展示するための博物館を建設したりする。換言すれば、INPA、ユダヤ民族基金や後述する宗教団体の場合とは異なり、イスラエル史跡保存協会が所有する土地もなければ、建物等の資産も所有していない。あくまで、活動目的である歴史的建造物（群）の保存および歴史遺産に対する社会的関心の喚起を遂行するため、ＩＮＰＡ等の政府機関、地方自治体、あるいは開発業者、旅行業者、研究者、学芸員等と連携して近代遺産のマネジメントを行っている。

ただし、政府主導の文化遺産マネジメントとまったく無関係というわけではない。イスラエル史跡保存協会の母体であるＳＰＮＩは、『一九九八年国立公園・自然保護区法』により設立された総会の構成員に含まれており、ＩＮＰＡの業務や方針に係る決定において権限を持っている。[4] ガン・ハシュロシャ国立公園の中には、イスラエル史跡保存協会がマネジメントする㊱ホマ・ヴェ・ミグダル（防御壁と見張りの塔）がある（図８－７）。ガン・ハシュロシャ国立公園のパンフレットには記載されていないものの、人工の水場を配した娯楽地区を抜けていくと、突如、二〇世紀初頭に使用されていた見張りの塔と阻塞の壁が現れる。また、イェヒアム要塞国立公園内にも同協会が管理するイェヒアムの戦闘基地がある（図８－８）。イェヒアム要塞国立公園は、前出のガン・ハシュロシャ国立公園とは対照的に、パンフレットに一九四六年から一九四八年にかけてキブツ周辺で繰り広げられた戦闘と基地についての記載がある。イェヒアムの戦闘基地は、ＩＮＰＡ、ユダヤ民族基金、キブツ・イェヒアム、市議会と共同で管理運営されている。

以上のことから、イスラエル史跡保存協会がイスラエルで行われている文化遺産マネジメントに果たしている役割を述べるとすれば、イスラエルの近代遺産のマネジメントに貢献し、同国の文化遺産の多様性を高めていることであろう。建国後、急激な開発が進んだイスラエルでは、古代の遺跡だけではなく、一九世紀や二〇世紀初頭の建国史における黎明期の建造物等も失われていった。しかし、一九八〇年代にキブツを中心に郷土史復興運動が起こった際（Katriel 1997, 148-149）、近代国家イスラエルの歴史を伝える史跡の保護とその普及に着手したのは、ＩＮＰＡではなく、非政府団体のイスラエル史跡保存協会であった。その理由としては、周辺アラブ諸国と抗戦状態が続き、かつその後解決の糸口を見つけることができないパレスチナ問題の原因ともなった「入植」、「自警団」、「キブツ」、「戦跡」等が含まれる文化遺産の管理に、ＩＮＰＡが積極的に関与することは困難であったこ

表 8-4　イスラエル史跡保存協会が携わった文化遺産マネジメント一覧

地区	文化遺産名	設立・建設年代	施設類型	文化遺産の類型：郷土	入植	自警団	キブツ	個人史	著名人	農業	戦跡	公共施設	工業	その他	牢獄	考古学	民族誌
ガリラヤ地区	①ツファットのベト・ハメイリ博物館	1980	博物館					■									
	②エシュコルビジターセンター「メコロット」	1937- 現在	ビジターセンター		■	■						■					
	③ベン＝ズヴィの家屋：キブツ・ベト・ケシェット	1952	歴史的建造物						■								
	④ビルヤ要塞	1945	歴史的建造物		■	■											
	⑤チェルケス遺産センター：クファル・カマ	1878	歴史的建造物														■
	⑥デガニアの中庭	1909	歴史的建造物		■		■						■				
	⑦ドゥブロヴィン農場	1909	歴史的建造物		■					■							
	⑧ハイム・シュタルマンの家屋：エン・ハロド	1941	歴史的建造物、記念碑		■	■		■									
	⑨ハレウト博物館：メズダット・コアク	1948	歴史的建造物群博物館								■						
	⑩歴史的ナハラル警察署	1936	歴史的建造物			■											
	⑪ホマ・ヴェ・ミグダル（防御壁と見張りの塔）：ガン・ハシュロシャ	1936	歴史的建造物群（復元）				■										
	⑫フコック要塞	1946	歴史的建造物群			■											
	⑬ヤコブとエヤル・ホルウィッツ開拓者の家と博物館	1910	歴史的建造物		■					■							
	⑭カドオリー農業青年村	1933	歴史的建造物							■							
	⑮クファル・タボール博物館と農主の中庭	1901	歴史的建造物（復元）		■					■							
	⑯キネレットの中庭：ハツォル・キネレット	1908	歴史的建造物		■					■							
	⑰小さなミズラ：キブツ郷土資料館	20c	歴史的建造物群（復元）				■										
	⑱マイモン遺産センター（メルカツ・モレシェット・ハラムバン）	2003	ビジターセンター					■									
	⑲開拓者の中庭（ハツォル・リショニム）：クファル・ギラディ	1916	歴史的建造物群				■										
	⑳ロシュ・ピナの史跡復元	1882	歴史的建造物群（復元）		■		■										
	㉑テル・ハイの中庭	1907（2008）	歴史的建造物（復元）				■										
	㉒メルハヴィアの大中庭	1916	歴史的建造物群				■										
	㉓開拓者入植博物館：キブツ・イファット	1954	歴史的建造物群		■												
	㉔古代ゲシュルのナハライム（2つの川の）体験館	1948	歴史的建造物									■					
	㉕ミシュマル・ハエメックのパルマック洞窟	1941	歴史的建造物			■											
	㉖アイエレット・ハシャハルの靴職人工房	1915	歴史的建造物（復元）				■						■				
	㉗ナハラルの武器庫	1921	歴史的建造物					■									
	㉘クファル・エホシュアの渓谷鉄道跡	1905	歴史的建造物群									■					
	㉙クファル・ギラディの見張り小屋（ベト・ハショメル）	1916	歴史的建造物		■	■											
	㉚キブツ・ギノサルのイガル・アロンの家	1980	博物館					■								■	

地区	文化遺産名	設立・建設年代	施設類型	文化遺産の類型													
				郷土	入植	自警団	キブツ	個人史	著名人	農業	戦跡	公共施設	工業	その他	牢獄	考古学	民族誌
ハイファ地区	㉛ハイファの密航移民と海軍博物館	1953	博物館		■	■											
ハイファ地区	㉜ドル・レ・ドル：キルヤット・ビアリックと第五次アリヤー	1934	歴史的建造物		■			■									
ハイファ地区	㉝漁師の家：キルヤット・アタ郷土資料館	19c 末	歴史的建造物（復元）				■										
ハイファ地区	㉞グルシュケヴィッツの家	1933（2006）	歴史的建造物（復元）	■													
ハイファ地区	㉟ハイファ市博物館	1869	歴史的建造物（復元）	■													
ハイファ地区	㊱ホマ・ヴェ・ミグダル（防御壁と見張りの塔）：キブツ・ハニタ博物館	1936（1960）	歴史的建造物（復元）			■											
ハイファ地区	㊲リバーマンの家：ナハリヤ	1860 年	歴史的建造物	■													
ハイファ地区	㊳地下牢博物館：アッコ	16c（2007）	歴史的建造物												■		
ハイファ地区	㊴ラマット・ヨハナン遺産トレイル	1932	歴史的建造物群	■													
ハイファ地区	㊵国立海軍博物館：ハイファ	1953	博物館			■											
ハイファ地区	㊶城壁博物館：アッコ旧市街	19c 初	歴史的建造物														■
ハイファ地区	㊷ユガル小路：大武器庫	1940	歴史的建造物群			■											
カルメル海岸地区	㊸カン博物館：ハデラ	1891（1982）	歴史的建造物	■													
カルメル海岸地区	㊹アァロンソンの家：ニリ博物館	1956	歴史的建造物			■		■									
カルメル海岸地区	㊺アルロイ渓谷鉄道駅	20c	歴史的建造物群									■					
カルメル海岸地区	㊻アトリット抑留者キャンプ	1938	歴史的建造物												■		
カルメル海岸地区	㊼ベト・ハグドゥディム（ユダヤ軍人会博物館）：アヴィカイル	1961	博物館				■								■		
カルメル海岸地区	㊽エン・シェメルの中庭	1927	歴史的建造物群（一部復元）				■										
カルメル海岸地区	㊾フェインベルグの家：ハデラ	1896	歴史的建造物（復元）				■										
カルメル海岸地区	㊿設立者の家：ビンヤミナ	1922	歴史的建造物群	■				■									
カルメル海岸地区	(51)設立者の家：パルデス・ハンナ=カルクル	1966	博物館	■													
カルメル海岸地区	(52)グラジエル博物館	1891（1980）	歴史的建造物（復元）				■						■			■	
カルメル海岸地区	(53)ハナ・セネシュの家：キブツ・スドット・ヤム	1950	歴史的建造物					■									
カルメル海岸地区	(54)ヘフジバ：ハデラ	1906（1992）	歴史的建造物（復元）			■				■							
カルメル海岸地区	(55)ヨアラ博物館	20c	歴史的建造物			■											
カルメル海岸地区	(56)第 1 次アリヤーのモシェとサラ・アリソン博物館	1903（1999）	歴史的建造物（復元）		■												
カルメル海岸地区	(57)カディマ郷土資料館	2004	博物館	■						■							
エルサレム地区	(58)「エルサレム城壁のアロン」	21c	博物館								■						
エルサレム地区	(59)アグノンの家	1931	博物館						■								
エルサレム地区	(60)武器の丘	1975	博物館								■						
エルサレム地区	(61)イスラエル銀行ビジターセンター	2012	ビジターセンター											■			
エルサレム地区	(62)ベギン遺産センター	2004	博物館						■								
エルサレム地区	(63)ヘルツル・センター	1960	博物館						■								
エルサレム地区	(64)エルサレムの地下牢博物館	1960（1991）	歴史的建造物												■		
エルサレム地区	(65)ラビ・クックの家	1923	歴史的建造物						■								
エルサレム地区	(66)ガッシュ・エツィオンビジターセンター	1940s	歴史的建造物								■						

地区	文化遺産名	設立・建設年代	施設類型	文化遺産の類型													
				郷土	入植	自警団	キブツ	個人史	著名人	農業	戦跡	公共施設	工業	その他	牢獄	考古学	民族誌
エルサレム地区	㊲イツハック・カプラン・エシャヴ中庭博物館	16c (1976)	歴史的建造物群					■									
エルサレム地区	㊳ダビデ王の塔博物館	2c〜(1980)	歴史的建造物													■	
エルサレム地区	㊴ラットランの機甲部隊記念史跡と博物館	1948	博物館、記念碑								■						
エルサレム地区	㊵モッツァのイェリンの家	1890	歴史的建造物		■			■		■							
中央部地区	㊶アヤロン研究所：レホヴォト銃弾工場	1945 (1987)	歴史的建造物（一部復元）			■											
中央部地区	㊷ベト・ハベエル（泉の家）博物館：ネタンヤ	1927	歴史的建造物			■				■							
中央部地区	㊸ベト・ハリショニム（設立者の）博物館：エヴェン・イェフダ	1960s	歴史的建造物	■													
中央部地区	㊹ネス・ツィオナのフラッグ・ルート	1882	歴史的建造物	■									■				
中央部地区	㊺設立者の家と博物館：ペタ・ティクヴァ	1887	歴史的建造物	■													
中央部地区	㊻フルダ森のヘルツォルの家	1904	歴史的建造物						■								
中央部地区	㊼歴史的建造物：ラアナナ	1925	歴史的建造物	■													
中央部地区	㊽歴史博物館：クファル・サヴァ	—	博物館													■	
中央部地区	㊾領主の家：テル・モンドの史料館	1931	歴史的建造物	■													
中央部地区	㊿ミシュマリショニム	1924	歴史的建造物	■													
中央部地区	(81)ムセアタル：ベン・シェメンの青年村	1927	歴史的建造物群		■												
中央部地区	(82)オツァロット（宝物）博物館：キブツ・ギヴァット・ブレンネル	1779	歴史的建造物群				■			■			■				
中央部地区	(83)ラムラ博物館	1922 (2001)	歴史的建造物	■													
中央部地区	(84)リション・レ＝シオン博物館	1882	歴史的建造物群	■													
中央部地区	(85)エラ・シャミル村博物館：マズケレット・バタヤ	1885 (1987)	歴史的建造物群	■													
中央部地区	(86)ミンコヴ・シトラス果樹園博物館：レホヴォット	1904 (1970s)	歴史的建造物（復元）										■				
中央部地区	(87)ゲデラとビルイム郷土資料館	1884	歴史的建造物群	■													
中央部地区	(88)ズリフ・ハリショニム：ホド・ハシャロン	1924	歴史的建造物群	■													
中央部地区	(89)ウェイツマンの家：レホヴォット	1937	歴史的建造物						■								
テルアビブ地区	(90)アヴラハム・クリニジの家	1925	歴史的建造物	■													
テルアビブ地区	(91)ベト・ハイル（市庁舎）：テルアビブ	1925	歴史的建造物	■													
テルアビブ地区	(92)ベト・リショニム（設立者の家）：ヘルズリヤ博物館	1924	歴史的建造物	■													
テルアビブ地区	(93)ベン・グリオンの家：テルアビブ	1929-1939	歴史的建造物						■								
テルアビブ地区	(94)ビアリクの家：テル・アビブ	1924	歴史的建造物						■								
テルアビブ地区	(95)イスラエル国防軍歴史博物館	1892	博物館			■											
テルアビブ地区	(96)ヘルズリレンブラム：テルアビブ銀行博物館	1909 (2006)	歴史的建造物											■			
テルアビブ地区	(97)ホスマサ：ハガナ記念博物館：ホロン	1934	歴史的建造物			■											
テルアビブ地区	(98)独立会館	1910	歴史的建造物														
テルアビブ地区	(99)ヤボティンスキー博物館	1937	博物館						■								
テルアビブ地区	(100)ヨセフ・バウ博物館	1956	博物館											■			
テルアビブ地区	(101)ホロン歴史博物館・資料館	20c	歴史的建造物	■	■												
テルアビブ地区	(102)ナクム・ガットマン美術館	1887	歴史的建造物											■			
テルアビブ地区	(103)ロカク・ハウス：ネヴェ・ツェデック	1887	歴史的建造物														

	文化遺産名	設立・建設年代	施設類型	文化遺産の類型													
				郷土	入植	自警団	キブツ	個人史	著名人	農業	戦跡	公共施設	工業	その他	牢獄	考古学	民族誌
テルアビブ地区	(104)エツェル博物館：1948	1900	歴史的建造物	■	■												
	(105)ハガナ博物館	1923	歴史的建造物			■											
	(106)イツハック・ラビンセンターのイスラエル博物館	1997	博物館						■								
	(107)ミクヴェ・イスラエル・ビジターセンター	1870	歴史的建造物							■							
	(108)パルマック博物館	2000	博物館			■											
	(109)ピエール・ギルデスゲイム・マカビー・スポーツ博物館	1982	博物館											■			
	(110)サミー・オフェル・コミュニケーション学校博物館	1994	博物館											■			
ネゲヴ地区	(111)エイラット・イリ（私の町エイラット）郷土資料館	21c	博物館	■													
	(112)ベエロット・バンネゲヴ	2011	歴史的建造物									■					
	(113)ベト・ハティヴァット・ギヴァティ（ギヴァティ地区の家）博物館	1980s	博物館			■											
	(114)ベン＝グリオンの小屋：スデ・ボケル	1953	歴史的建造物						■								
	(115)ヨエ・アロンセンター	1980	博物館														■
	(116)ミショア・リティクマ博物館：ヤド・モルデカイ（「ホロコーストから復活博物館」）	1968	博物館								■						
	(117)ミツペ・グヴロット	1949	歴史的建造物群	■													
	(118)ミツペ・レヴィヴィム	1943	歴史的建造物群		■		■										
	(119)水と安全博物館：キブツ・ニル・アム	20c	博物館		■		■					■					
	(120)ネゲブ開拓者の痕跡：ルハマ	1913	歴史的建造物群		■		■										
	(121)古代ニツァニム：ヴォロルの女性センター	1948	歴史的建造物								■						
	(122)サアド：ガザの要塞博物館	20c	博物館				■										
	(123)野外博物館：キブツ・ネグヴァ	1939	歴史的建造物群								■						

表 8-5　イスラエル史跡保存協会がマネジメントした文化遺産の類型化

地区	郷土	入植	自警団	キブツ	個人史	著名人	農業	戦跡	公共施設	工業	その他	牢獄	考古学	民族誌
ガリラヤ	0	11	7	8	5	1	5	1	3	2	0	0	1	1
ハイファ	4	2	4	1	1	0	0	0	0	0	0	1	0	1
カルメル山地	4	1	3	4	3	0	2	0	1	1	0	2	1	0
エルサレム	0	1	0	0	2	4	1	4	0	0	1	1	1	0
中央部	11	1	2	1	0	2	2	0	0	3	0	0	1	0
テルアビブ	5	2	4	0	0	4	1	0	0	0	5	0	0	0
ネゲヴ	2	3	1	4	0	1	0	3	2	0	0	0	0	1
合計	26	21	21	18	11	12	11	8	6	6	6	4	4	3

とが考えられる。ＩＮＰＡは観光資源開発の役割も担っているため、現在も火種となっている歴史事象に関する場所や建造物を対象とした文化遺産マネジメントを避けたという可能性もある。

しかし、ＩＮＰＡもまったく近代遺産に無関心だったわけではない。第六章で確認したように、『一九九二年国立公園・自然保護区法』で、国立史跡と記念史跡という二つの新しい文化遺産概念が提示されている。国立史跡は、「国家への入植の発展の歴史において国家的重要性を持つ建造物、もしくはそれに近接する建造物群」、記念史跡は「国家の歴史上、特別な重要性を記念した史跡」と定義されている (National Parks, Nature Reserves, National Sites and Memorial Sites Law 1992, Chap. 1)。そして、イスラエル史跡保存協会がマネジメントする文化遺産の中で、「カン博物館――ハデラ」、「アトリット抑留キャンプ」、「アグノンの家」、「ミツペ・グヴロット」の四カ所が国立史跡に指定されている。イスラエルのノーベル賞作家の生家「アグノンの家」以外はすべて、入植やイスラエル建国のための抗争に関する文化遺産である。これらの国立史跡はＩＮＰＡが提供している国立公園・自然保護区の一覧に掲載されていないものの、イスラエル史跡保存協会の枠組の中で、その役割を果たしている。

図 8-7　イスラエル史跡保存協会の文化遺産「ホマ・ヴェ・ミグダル（防御壁と見張りの塔）」（ガン・ハシュロシャ国立公園）

図 8-8　「イェヒアムの戦闘基地」に展示してある武器庫（イェヒアム要塞国立公園）

三　西壁遺産財団

組織の概要

西壁遺産財団 Western Wall Heritage Foundation は、一九八八年にイスラエル政府によって設立された団体である。財団の活動目的は、(1) 西壁が継受してきた価値をユダヤ教徒に向けて普及する、(2) 西壁とその地下にあるトンネルを保存する、(3) ユダヤ人がエルサレムを身近に感じられるような教育的枠組を開発する、ことである。(5)

西壁遺産財団の主な役割は、主に西壁と西壁広場の管理・運営である。とくに、西壁トンネル内のツアー実施は、その重要な要であるが、西壁トンネル以外の場所でも文化遺産を舞台としたツアーを実施している。一つ目は、西壁トンネルに隣接する「世代の絆 Chain of Generations」と呼ばれる施設で行われているツアーで、その施設には、部分的に第一神殿と第二神殿の遺構が組み込まれている。施設内では、映像や写真等を通じて、当該地域における古代から現代までのユダヤ民族の連続性が表現されている。二つ目の施設は、オヘル・イツハク・シナゴーグである。エルサレム旧市街イスラム地区の南側、西壁への参道から二〇メートルのところにあるオヘル・イツハク・シナゴーグは、一九〇四年に建設されたが、一九三〇年代にアラブ民族とユダヤ民族との抗争が激化すると、シナゴーグは放棄されてしまう。一九四八年に東エルサレムがヨルダン領になると、シナゴーグは取り壊されたが、二〇〇八年に西壁遺産財団がシナゴーグを復元し、現在もシナゴーグの管理運営を行っている。また、西壁遺産財団は、ユダヤ教の伝統的な成人儀礼であるバル（女性の場合はバト）・ミツヴァの開催やユダヤ教に関する講習会を西壁周辺で行っている。

イスラエル政府によって設立された非政府団体の西壁遺産財団は、とくに宗教省とのつながりが強い。建前上、西壁と西壁トンネルはイスラエル古物局と宗教省の共同管理となっているが、最終的な物事の決定権は宗教省にあるため[6]（Abu El-Haj 2001, 312）、実質的な管理者である西壁遺産財団とのつながりも深い。

西壁周辺の調査史

西壁は、国内外の超正統派を中心とするユダヤ教徒たちの聖地であり、かつイスラエル観光には欠かせないスポットでもある。その西壁周辺の調査史は、一八六七年のC・ウィルソンから始まる。イギリス人技師のC・ウィルソンは、エルサレムの下水道改善のための悉皆調査に参加し、その際に西壁の北西角のアーチを発見した。発見者の名前から、このアーチは「ウィルソン・アーチ」と呼ばれている。ウィルソンは、その後、英国パレスチナ調査財団の調査員として、パレスチナ西部の調査に多く関わっている。一八六七年から、C・ウォレンが神殿の丘（ハラム・アッ・シャリフ）の岩盤を調査するための試掘を行った。また、すでに確認されていた「ロビンソン・アーチ」[7]と「ウィルソン・アーチ」をそれぞれ発掘し、紀元後一世紀のヘロデ時代のものと同定した。しかし、その後は、一九六七年の第三次中東戦争後に東エルサレムがイスラエルに併合されるまで、西壁周辺の調査はほとんど行われなかった。

第三次中東戦争が終結した翌年の一九六八年には、政府の命を受けたB・マザールが英国パレスチナ調査財団とともに、神殿の丘の南西側を調査した（Abu el-Haj 2001, 130）。この調査の目的の一つは、エルサレムにおける古代の集団形成のプロセスを明らかにすることであった（Mazar 1969, 2）。この調査は、イスラエルの地とその文化財研究会 Society for the Study of the Land of Israel and its Antiquities、ヘブル大学、NNPA、エルサレム市[8]が支援する大規模な発掘調査となった。当初、調査責任者のマザールのもと、通常の学術発掘が行われる予定であったが、宗教省の首席ラビがこの発掘調査に対して声明を発表した。その内容は、西壁で行われる発掘調査は、ユダヤ教の教義に反しない範囲で行うものとし、発掘期間中の西壁管理権は宗教省が持つものとした。ラビたちが最も懸念したことは、発掘調査によってユダヤ教徒たちの祈りが妨げられることであった（Cohen-Hattab 2010, 131）。

旧市街の北東の門から神殿の丘の南西の角にわたる広大な範囲を発掘調査した結果、第一神殿時代から中世までの遺構が確認された。この調査で助手を務めたM・ベンドヴは、一九七〇年代と一九八〇年代初期に、第二神殿と旧市街の構造的な関係性を考察するため、旧市街の南側の城壁を調査している。

一九九七年以降は、イスラエル古物局が中心となって神殿の丘の周辺の調査が開始された。一九九七年から一九九九年にかけて行われた神殿の丘の南側の調査では、ハルダ門周辺でヘロデ時代の遺構が、「ロビンソン・アーチ」の周辺ではウマイヤ朝時代の遺構が多数出土した（Reich et al. 1999）。二〇〇五年から二〇〇九年にかけては、西壁トンネル等に付随するビジターセンターを建設するための緊急調査が、神殿の丘の西側一〇〇メートルに位置する一五〇〇平方メートルの範囲で同じくイスラエル古物局によって行われた。この調査では、岩盤から一九六七年までの各時代層が詳細に調査され、報告されている（Weksler, S. et al. 2009）。

西壁遺産財団による西壁トンネルツアー

ここでは、西壁遺産財団がマネジメントする文化遺産の中でも、主に西壁トンネルを対象として、トンネル内部にある西壁とその関連遺構がどのように保存・展示されているかについて検討したい。ただし、西壁トンネルの管理・運営法について詳細に扱ったものは、アブ・エル＝ハジ（Abu El-Haj 2001）の研究以外にはないため、筆者が行った二回の現地調査とアブ・エル＝ハジの研究を用いて検討していく。

西壁トンネルは、西壁の幅と同じ四八八メートルのうち、五七メートルを見学用に整備したものである（図8-9）。入口は西壁広場の北側に位置し、出口はキリスト教区のエッケホモ教会の前に出るトンネルは、主にヘロデ時代の遺構によって構成されている。西壁トンネルに入場するためには、西壁遺産財団が実施するツアー（予約制、有料）に参加しなければならず、さらに男性はユダヤ教徒であろうとなかろうとキッパを被らなければならない。キッパを被るのは、訪問先が聖地であることに対する配慮であり、西壁トンネルツアーは聖地ツアーと

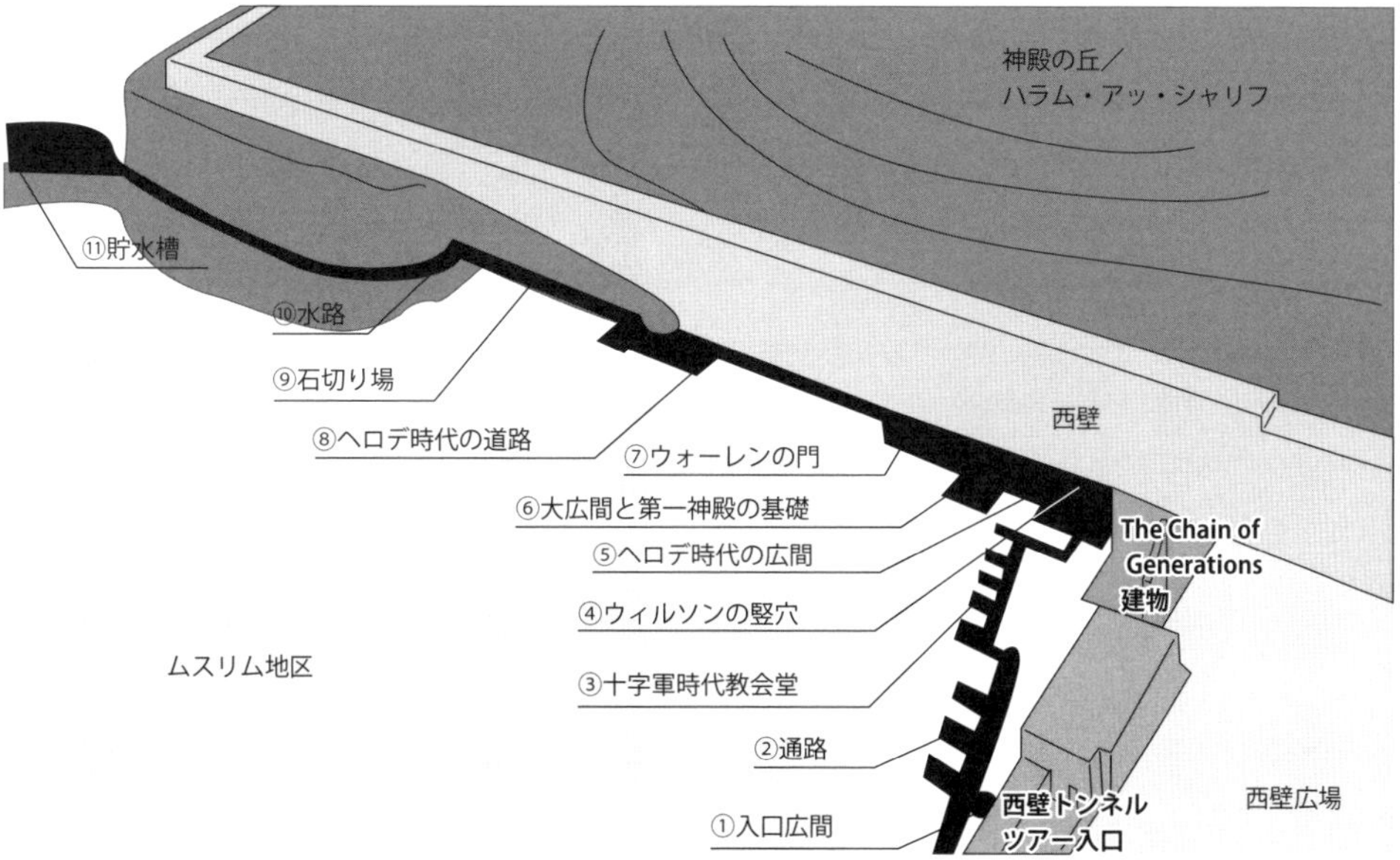

図 8-9　西壁トンネルツアーの経路

して実施されているのである。西壁が接するユダヤ教地区には、ローマ時代の大通り、旧イシャヴ博物館 the Old Yishuv Court Museum、被火家屋博物館 the Burnt House Museum、複数の歴史的なシナゴーグといった文化遺産が点在するが、来訪者がキッパを被らなければならないのは、西壁トンネルと西壁広場の男性用礼拝所だけである。

まず、事前に予約をしたツアーに参加するために、指定された時間にトンネル入口に集合する。ツアー開始時間になると、トンネルの入口の扉が開き、入口ホールに案内される。二〇人も入ると満員になる大きさのホールには、神殿の丘／ハラム・アッ・シャリフの模型が台の上に置いてある。ツアーには必ず一人のガイドが付き、参加者に解説しながらトンネルを案内する。筆者が参加した時のツアーガイドは、二回ともアメリカのユダヤ教の学校を卒業した超正統派の神学生で、このツアーガイドの仕事をするためにイスラエルに来たという。

ガイドは、神殿の丘の模型を使いながら、神殿の丘の建設過程とこれから見学する神殿の遺構の関係

図8-10　入口ホールにて、模型を使って神殿の丘の説明をするツアーガイド

図8-11　西壁広場の地下に広がるトンネル

性について説明する（図8－10）。その後、細いトンネルを奥へと進んでいく（図8－11）。この細いトンネルの一部は、一九世紀にC・ウォレンが発掘調査で発見した際に「秘密の小道」と名付けた通路で、ちょうどムスリム地区の真下にあたる。この細い通路を抜けると、西壁にぶつかり、広い空間に出る。ここは、「ウィルソン・アーチ」の場所であり、西壁に沿って広がる空間には、ユダヤ教徒が祈るための場所が男性用と女性用それぞれに設けられており、ツアー参加者が横を通る中、一心に西壁に向かって祈りをささげている。祈りをささげるためにやってくるユダヤ教徒たちは、ツアー参加者とは異なり、いつでも西壁トンネルを行き来することができる。

地下に埋もれた西壁に沿って北に向かって進んでいくと、さらに広い空間に出る。そこには、第二神殿の模型が設置され、その模型を囲むようにベンチがある（図8－12）。ガイドは、ツアー参加者をベンチに座らせてから、第二神殿の模型を使って上部構造、すなわち現在のハラム・アッ・シャリフと第二神殿の関係性を改めて説明する。また、模型の前にはトンネル発掘時の写真がパネル展示されており、ここはイスラム教の聖地ハラム・アッ・シャリフの下で脈々と受け継がれてきたユダヤ民族の遺産である、という強いメッセージが発せられている。説明を受けた後、より西壁に近い場所に移動すると、いよいよこのツアーの最大の見どころに到着する。トンネルの床面から立ち上がる巨大な一枚岩は、ちょうど西壁とオリジナルの地表面近くにある。（図8－13）。長辺一三・六メートル、短辺三・三メートル、幅四・五メートル、重さ五五〇トン以上もある一枚岩から切り出され

図 8-12　地下の大広間に置かれた第二神殿の模型とトンネル発掘時の写真展示

図 8-13　西壁を構成する巨大な一枚岩

た石は、当時の第二神殿の壮麗さを物語っている。巨大な一枚岩の西壁を右手に北上すると、ウォレンの門があり、ユダヤ教徒たちが最上の聖地として崇める至聖所 the Holy of Holies がある。ここは、神殿の丘にかつて十戒の石板が収められていた契約の箱があった聖所に最も近い礼拝所であり、熱心なユダヤ教徒はわざわざトンネルの奥深くまで来て礼拝を行う。

その後、高さ二メートルもない細いトンネルを抜けると、狭い空間に出る。ここで、第二神殿の建設の様子に関する再現ビデオを小さなスクリーンで放映している。細いトンネル部分の足元には、ローマ軍によって破壊されたと考えられている第二神殿の遺構の一部が散乱しているため、板が渡してある。再び、板敷きではなく石敷きの道路になった部分が、ヘロデ時代に建設された道路である。細い通路よりも少しだけ広くなった空間は、奥行き三メートル、高さが六メートルほどである。道路は石敷きで、道路わきにあったと思われる列柱が数本残されている（図8－14）。ヘロデ時代の道路をさらに奥に進んでいくと、ハスモン朝時代に建設された水路が見え始め、最終的に貯水槽に行きつく。貯水槽がツアーの最終地点で、参加者はもと来た道を戻って西壁広場に出るか、最寄りの出口を使ってキリスト教地区のエッケホモ教会付近に出る。

図 8-14　ヘロデ時代に造られた道路や列柱

参加者が目にする遺構の多くは、第二神殿の大修復事業を行ったヘロデ時代に属するものである。ただ、ガイドの説明はローマ時代の第二神殿とユダヤ教徒の関係性に集約するというよりは、現代においてどのように第二神殿が発見され、ユダヤ人たちの心の拠り所になっているのかに力点が置かれている（Abu El-Haj 2001, 219）。また、地下ツアー実施のため、かなり強固な補強工事が為されており、いたるところに鉄筋の補強材が張り巡らされている。しかし、遺構そのものが漆喰等を用いて再現されていることはない。あくまで、ローマ時代の第二神殿の時が止まったように、佇んでいるようである。後年、そこに異教徒や異民族が暮らした雰囲気は展示からもガイドの解説からも感じられない。

西壁トンネルツアーで参加者が知ることができる遺産は、ローマ時代、とくにヘロデ王の時代の第二神殿とその関連遺構である。地下トンネルは、考古学が明らかにする層位の中からある一つの時代層を選定し、その時代層に沿って横に造られていく。通常、発掘では、層位を垂直に縦に掘っていくことで、その地域の歴史的特徴を把握する。しかし、この西壁トンネルは、そういった地域の歴史的特徴や多様性を捨象するように、特定の一時代の空間的広がりのみを見せる構造となっている。

西壁遺産財団という非政府団体が主体となっているものの、その背景には宗教省が関係している。宗教省と西壁遺産財団が実施する西壁における文化遺産マネジメントは、ＩＮＰＡやイスラエル古物局が進めてきた世俗的なナショナリズムに基づくそれとはまったく異なる方針に沿って行われている。宗教省および西壁遺産財団の文化遺産マネジメントの根幹にあるのは、ユダヤ教である。政府主導による文化遺産マネジメントである国立公園制度では為しえなかったユダヤ教を全面に押し出した文化遺産マネジメントが、エルサレムの中心部で行われているのである。西壁遺産財団によって建てられた西壁トンネルツアーの付近にある仕切り壁には、「（ユダヤ教の）神は決して西壁から動くことはない」と書かれており、彼らが西壁広場に抱く想いをうかがい知ることができる。

ただし、西壁のマネジメントにおいて世俗主義ではなく宗教主義を全面に出したとしても、西壁トンネルのツアーの参加者には非宗教的な理由で参加する人たちもいる。たとえ、ツアー参加者たちがキッパを被ってトンネルを通行したとしても、至聖所で熱心に祈っているユダヤ教徒たちにとって、彼らは観光客であることには変わらず、むしろ祈りの邪魔になることは十分考えられる。それでも、西壁遺産財団、ひいては宗教省がツアーを実施しているのは、西壁が持つ影響力の強さを十分に認識しているからである。エルサレムの帰属は、イスラエルとパレスチナが抱える問題の中核を占めており、エルサレムでユダヤ教の存在感をどのように対外的に示していくかは、エルサレムの実効支配を行う上で重要な鍵となっている。たとえば、世俗国家イスラエルを象徴するイスラエル国防軍の入隊式が、この西壁広場で執り行われるのも、そうした事情が関係している。世俗主義側にとっても、イスラエルの象徴としての西壁が必要であり、また宗教主義側としても、超正統派以外による西壁への理解と支援が欠かせないのである。

エルサレムでは現在、ユダヤ民族主義を全面に押し出した文化遺産マネジメントを行っている非政府団体がもう一つある。最後に、もう一つの事例を紹介しながら、非政府団体による文化遺産マネジメントについて別の角度から考えてみたい。

ダビデの町財団 Ir David Fundation は、一九八六年に設立された非営利団体で、聖書に描写されているダビデの町とその環境を保存し、ユダヤ民族のために活用することを目的に活動している。ダビデの町財団は、ダビデの町とエルサレムの城壁国立公園における発掘調査の資金調達から国立公園の運営まで広く深く関与している。しかしながら、ダビデの町財団がエルサレムのユダヤ化を謳う右翼的な思想を持ったＮＰＯ団体であり、パレスチナ人の居住地と隣接する本遺跡の保存と管理のために、遺跡周辺の土地を買収するといった強硬的な手段を用いてきたことから、(1) 右翼的思想の強いＮＰＯ団体が深く関与した状態で行われる発掘調査において、研究の倫理性および公平性が担保できるのかどうか、(2) 公的な資産である国立公園を公的機関ではないＮＰＯ団体が管理を担っていいか、[9] という点が問題視されている。とくに、イスラエル社会における考古学の政治利用を憂慮する考古学者と活動家から構成されるエメク・シャヴェ Emek Shaveh は、様々な手法でこの状況に対して警告を鳴らしている。エメク・シャヴェは、ダビデの町財団が発掘調査を口実に近隣のパレスチナ住民たちの土地を買収していることに対する批判や、その事実を黙認して発掘調査と国立公園運営を委任しているイスラエル政府の責任を追及する文章をホームページに掲載している。さらに、現在ダビデの町遺跡で進められているユダヤ民族主義的な発掘調査と文化遺産マネジメントを批判的に見学するツアーも実施している(10)。

ダビデの町遺跡は、エルサレム東部、旧市街の南側に位置し、イスラエルの国立公園に指定されている。本遺跡を含む旧市街一帯は、一九七〇年にエルサレムの城壁国立公園という国立公園に認定された。一九九七年以降、同公園はダビデの町とエルサレムの城壁国立公園と改名され、ダビデの町遺跡の発掘調査と並行して、遺跡の保存・展示のための整備も進められた。イスラエルの国立公園の中では、マサダ国立公園と並んで整備が行き届いた場所であり、地下トンネルツアーや当時の建物の様子を再現した映像を上映する劇場といった展示施設を備えている。

しかし、ダビデの町とエルサレムの城壁国立公園は今、イスラエル国内外の研究者らを巻き込んだ論争の火種となっている（Greenburg 2009; Mizrachi 2010; Meyers 2012 等）(11)。二〇〇五年に、遺跡を発掘しているE・マザールによって遺跡に関する新解釈が提示され、大きな話題となった。それは、約三〇〇〇年前に最初の統一イスラエル王国を築いたと言われているダビデ王の宮殿がこの場所にあった、という考古学的解釈であった。パレスチナ地方にユダヤ民族の国家を建設することを目指すシオニズム運動の語源となった「シオン」は、もともとエルサレムを指す言葉であり、エルサレムは聖書時代から連綿と続く象徴的な場所である。その場所から、ダビデ王の王宮跡が発見されたというマザールの解釈は、イスラエル国内だけでなく世界中のユダヤ教徒にとって、イスラエル建国の歴史的正当性が考古学的に証明された、と思わせるのに十分な重大ニュースとなったのである。

この解釈で批判されている点は、発掘調査とそこから導き出される解釈の科学的実証性である。しかしその理由は、ダビデの町遺跡の発掘調査の資金を提供し、一般開放のための整備、国立公園管理にまで関与しているダビデの町財団の理念が、イスラエルが掲げる国民国家の方針と合わないからである。事実、パレスチナ人が多く住む地区に位置するダビデの町遺跡において、文化政策の一つとして進められる国立公園開発と運営のために、住まいを追われたり、観光による弊害を被ったりするパレスチナ人たちもいる。また、市民の公共財である文化遺産のマネジメントに、「右翼的思想の強く」、「公的機関ではない」団体が深く関与することで、国家が重要だと認めた遺跡の歴史解釈に、特定の思想が強く反映してしまう恐れがあると批判されている。(12)

イスラエルの市民のアイデンティティに深く関わる文化遺産を管理することは、ＩＮＰＡの重要な責務である。ところが、ＩＮＰＡは、国内に数百カ所の国立公園と自然保護区を保有しているため、すべてを管理・運営することが財政的に難しくなってきている。その結果、現在のＩＮＰＡにとって個人や市民団体からの寄付金は、国家の文化遺産マネジメントを守っていく上で重要な資金源となっている。しかしながら、本節の事例のような、民族のアイデンティティに直接的に関わる政治的なものの場合には、市民(団体)が国家の文化遺産管理に携わることの是非がとくに問題となるのである。

ただし見方を変えると、ダビデの町財団の手法を批判する利害関係者も、擁護する利害関係者も、エルサレムの帰属というあまりに強い政治性のために、考古学から導き出されるはずの解釈がそれぞれの思想的前提によって強く影響を受けてしまう危険性があるともいえる。元来、ダビデの町遺跡は、古代イスラエル統一王国の王ダビデの王宮である可能性が高い遺跡として知られてきたが、現在では最もイデオロギー対立が激化している遺跡の一つとなってしまった。不要な考古学の政治利用を防ぐためには、イデオロギーをイデオロギーで封じ込めるのではなく、精緻な物質文化研究と闊達な学究的議論が為されるべきである。

本節では、イスラエルの心臓部といえるエルサレムで行われている非政府団体による文化遺産マネジメントを見てきた。いずれの事例も、イスラエル政府がＩＮＰＡや古物局を通して進めようとしてきた脱宗教的な文化遺産マネジメントとは異なるイデオロギーのもと、実施されている。さらに、単なる非政府団体によるマネジメントではなく、その背景には宗教省やＩＮＰＡが関係している。未だに帰属が定まっておらず、宗教的にも民族的にも象徴的な場所であるエルサレムの文化遺産をあえて、政府と関係のある非政府団体にマネジメントさせるという点は、諸外国からの批判をかわす目的があるようにも思われる。

四　フランシスコ修道会

宗教団体による文化遺産マネジメント

ユダヤ教、キリスト教、イスラム教の聖地が集中するパレスチナ地域では、聖地の保護の一環として、聖地の歴史に深く関わる場所の整備が古代より行われていた（Killebrew 1999, 17）。すでに、紀元後二世紀頃よりパレスチナへの巡礼を行っていたキリスト教徒は、イエス・キリストが生きた時代の痕跡を探す「発掘」のような作業も行っていたようで、三一三年にキリスト教を公認した皇帝コンスタンティヌスの母ヘレナが、イエス・キリストの足跡をたどってパレスチナ地域に巡礼し、ゴルゴタの丘等を「発掘調査した」と言われている（Silberman 1982, 6; Killebrew 1999, 17）。また、一九四八年にイスラエルが建国された際に、文化遺産の対象から外されそうになったラビ・ユダヤ教に関連する聖地の保護を行った宗教省長官のＳ・Ｚ・カハナの活動については、すでに前段で述べた（Bar, D. 2004; Bar, G. 2008）。

各宗教団体が保有する土地は、イスラエル建国前、すなわちオスマン帝国時代やイギリス委任統治時代にその所有権が認められたものが多く、イスラエル建国後も宗教団体が持つ所有権はそのまま引き継がれている。そのため、敷地内部にある遺跡に関しても、『イスラエル古物法』や『国立公園・自然保護区法』等のイスラエルの法律は適用されていない。関係する法律の条文の中にも、宗教的な目的で使用されている土地が適用外であることが記されている。ただし、ユダヤ教に関わる史跡の管理は、宗教省が『聖地保護法』に則って管理している。

イスラム教ではワクフが、キリスト教では各宗派がそれぞれの規則に従って管理を行っている。

本節では、とくに教会堂遺構の調査と保護を積極的に行ってきたキリスト教の一派フランシスコ修道会を事例として取り上げ、その調査史とマネジメントについて論じる。そして、フランシスコ修道会の文化遺産マネジメントがイスラエルのそれにどのような影響を与えてきたのかを考察する。

フランシスコ修道会と教会堂遺構マネジメント

現在、イスラエル、エジプト、ヨルダン、シリア、レバノンといった南レヴァント地域には、イエスや使徒の伝道活動と関わりのある場所に教会堂が建設され、様々な宗派がその教会の管理者となっている。とくに、本節で取り上げるフランシスコ修道会は、すでに一三世紀からパレスチナ地域で活動を始め（Custody of the Holy Land 1981, 10）、一二一八年には最初にアッコ、次いでエルサレムに修道院を建設した（Meyers 1997, 432-434. 表8－6）。一二二九年、フランシスコ修道会はエルサレムに管理局を設置し、エルサレム、ベツレヘム、エン・カレムといった新約聖書とゆかりの深い土地の所有権や管理権を取得していった。そして、それらの場所に、記念教会堂や修道院を建設し、聖地の管理と巡礼者の保護を行ってきた（Hoade 1961, 10）。

また、フランシスコ修道会の組織の一部であるフランシスコ修道会聖書研究所Studium Biblicum Franciscanum（以後、SBF）では、フランシスコ修道会所有地内にある遺跡や遺物を中心とした調査・研究・教育が行われている。SBFは、一九二四年に「初期キリスト教教会堂と新約聖書に記されている聖地を同定する」ために設立された[13]。それまで、パレスチナ地域の新約聖書時代を専門に研究する機関はなかったが、一九〇一年にフランシスコ修道会聖地保存会Franciscan Custody of the Holy Landがエルサレムに設立されると、新約聖書を文献だけでなく物質文化からも学ぶ機関の必要性が高まり、ローマ教皇庁アントニウム大学が土台となって、SBFが設立された。一九七三年には、ヨルダンのネボ山にも研究所が設立され、ヨルダンにあるキリスト教に関連する

表 8-6　パレスチナ地域におけるフランシスコ修道会の聖地取得経緯

年	フランシスコ修道会に関する出来事
1218	アッコに最初のフランシスコ修道会の修道院を建設
1219	エジプトのスルタンより聖墳墓教会への礼拝許可を取得
1229	エルサレムのヴィア・ドロロサ第5留に管理局を設立
1252	フランス王ルイ9世がヤッフォに修道院を下賜
1309	エジプトのスルタンより「最後の晩餐の間」とベツレヘムの聖誕教会の管理権を取得
1333	エジプトのスルタンより聖墳墓教会と周辺の所有地を管理するための修道士たちの居住権を取得
1335	ナポリ女王が「最後の晩餐の間」に修道院を建設
1347	ベツレヘムの聖誕教会の管理を開始
1363	エルサレムのマリアの墓の管理を開始
1392	「ゲッセマネの園」の北にある洞窟での礼拝許可を取得
1485	洗礼者ヨハネの生家があるエン・カレムの土地を取得
1551	「最後の晩餐の間」の修道院から一時的に追放
1557	フランシスコ修道会本部をアルメニア教会所有の救世主修道院へ移転
1620	ドルーズ教徒よりナザレの受胎告知の土地を取得
1621	エン・カレムに修道院を建設
1631	ドルーズ教徒よりタボル山を取得
1641	オスマン帝国に対してカナの所有権獲得交渉開始（19世紀まで継続）
1650	ティベリアのペトロの生家の土地を取得
1661	オスマン帝国に対してゲッセマネの土地所有権獲得の交渉開始
1666	ゲッセマネの土地所有権を取得
1679	エン・カレムの土地所有権を取得
1730	ナザレに受胎告知教会を建設
1745	ナザレの聖ヨセフの生家の土地所有権を取得
1836	エルサレムのヴィア・ドロローサの第2留を取得
1872	エンムスに礼拝堂を建設
1873-1875	タボル山に教会堂と修道院を建設
1875	エルサレムのヴィア・ドロローサ第5留を取得
1878	ナイムの土地所有権を取得
1879	カナの土地所有権を取得
1880	ベト・ファゲの土地所有権を取得
1883	ベト・ファゲに礼拝堂を建設
1889	「主の泣かれた教会」土地所有権を取得 タブハとマグダラの土地所有権を取得 オスマン帝国に対してベタニアの土地所有権の交渉開始
1891	「主の泣かれた教会」を建設
1894	カファルナウムの土地所有権を取得
1903-1904	ヴィア・ドロローサ第1留に礼拝堂を建設
1909	エリコに善き羊飼いの野土地所有権を取得
1919-1924	ゲッセマネに万国民教会を建設
1921-1924	タボル山にキリストの変容教会を建設
1924	エリコに善き羊飼いの教会を建設
1932	ネボ山の土地所有権を取得
1933	ヨルダン川にある「イエスの洗礼」の土地所有権を取得
1936	シオン山の「最後の晩餐の間」に修道院を建設
1937	聖墳墓教会のカトリック教会所有の礼拝堂を修復
1950	ベタニアの土地所有権を取得
1952-1953	ベタニアに礼拝堂を建設
1990	カファルナウムに聖ペトロ記念教会を建設

遺跡の発掘調査も進められている。新約聖書とその時代を文献と物質文化から解釈する研究は、学術界にも積極的に発信され、現在では*Liber Annus*という学術雑誌が年に一度刊行されている。

前記のように、新約聖書に関連する聖地の土地所有権や管理権を取得し、新しい宗教施設を建設する過程で見つかった古代の教会堂遺構は、当時派遣された修道士たちによって調査されてきた。この行為こそが、フランシスコ修道会がパレスチナ地域で文化遺産マネジメントに関わる出発点となったと言えよう。ただし、初期の頃から現在の水準に近い発掘調査が行われていたわけではない。フランシスコ修道会で、考古学的な手法を用いた発掘調査が開始されたのは、一九世紀末にベツレヘムの聖誕教会でモザイク床を伴う教会堂遺構の発掘および保存が実施されてからである（Custody of the Holy Land 1981）。

一九二四年にSBFが設立された以降、V・コルボやB・バガッティが積極的にパレスチナ地域に散在する教会堂遺構の踏査や発掘調査を行った。これまでに発掘調査された約四〇〇カ所の教会堂遺構のうち二〇％以上が、SBFによって実施されていることからも、新約聖書時代の考古学におけるSBFが果たしてきた役割の大きさがわかる（Okada 2012, 152）。このように活発に教会堂遺構の調査を行ってきたフランシスコ修道会の中でも、とくに新約聖書と関わりの深い遺跡の発掘調査史を表8-7に表す。

フランシスコ修道会による文化遺産マネジメントの特徴

ここでは、SBFによって本格的な調査が行われ、さらに来訪者のための遺跡整備がしっかりと行われている五カ所の事例を中心に、フランシスコ修道会による文化遺産マネジメントの特徴について論じる。対象事例の五カ所は、聖ペトロ記念教会（カファルナウム）、パンと魚の増加の教会（タブハ）、受胎告知教会（ナザレ）、聖誕教会（ベツレヘム）、聖墳墓教会（エルサレム）である。この五カ所は、信仰を持って訪れるキリスト教の巡礼者だけでなく、一般的な観光客も多数訪れる観光地でもある。さらに、現在の教会堂から、かつて発掘された古代の教

表 8-7　フランシスコ修道会の主な教会堂遺構の調査史

遺跡名	調査年	調査者	主要な調査対象	関連する聖書箇所
カファルナウム	1921	G. オルファリ	八角教会堂遺構	マタイ 8:5 ルカ 7:1 ヨハネ 6:59 マルコ 2:1
	1944	B. バガッティ	同上	
	1968	V. コルボ等	遺跡全面	
	2000-	S. ロフリーダ	住居址	
タブハ	1935	B. バガッティ等	バシリカ式教会堂遺構	マタイ 15:34-36 ルカ 9:16 マルコ 6:41
	1968	S. ロフリーダ	同上	
	1970	S. ロフリーダ	パンと魚の増加の教会堂の周辺踏査	
山上の垂訓教会堂	1936	B. バガッティ	山上の垂訓教会堂建設前の緊急発掘	マタイ 5:1-10
エン・カレム	1938	B. バガッティ	洗礼者ヨハネ聖誕教会堂建設前の緊急発掘	ルカ 1:15-25
	1940	B. バガッティ	同上	
ベツレヘム	1948	B. バガッティ	聖誕教会堂および周辺の発掘調査	マタイ 1:18-25 ルカ 2:1-7
	1948	V. コルボ	善き羊飼いの野の教会堂遺構	
	1951-52	V. コルボ	善き羊飼いの野の教会堂新設に伴う緊急発掘	
ベタニア	1949-53	S. サリール	洗礼者教会堂建設前の緊急発掘	マタイ 26:6-13 ヨハネ 12:1-8 マルコ 14:3-9
オリーブ山	1953-55	B. バガッティ	主の泣かれた教会堂建設前の緊急発掘	マタイ 24:3-14 ヨハネ 21:7-19 マルコ 13:3-13
	1959	V. コルボ	オリーブ山の遺跡踏査	
ナザレ	1954-60	B. バガッティ	受胎告知教会堂建設前の緊急発掘	ルカ 1:26-38
カルメル山	1960-61	B. バガッティ	十字軍時代の教会堂遺構	
エルサレム	1961	V. コルボ	聖墳墓教会堂のカトリック教会所有礼拝堂の修復に伴う緊急発掘	マタイ 27: 57-61 ルカ 23:50-56 ヨハネ 19:38-42 マルコ 15:42-47
	1905	G. オルファリ	ゲッセマネの万国民教会堂建設前の緊急発掘	マタイ 26: 36-46 ルカ 22:39-46 マルコ 14:32-42
	1920-21	G. オルファリ	同上	
ヘロディウム	1962-67	V. コルボ	ヘロディウム遺跡内の教会堂遺構査	
カナ	1969	S. ロフリーダ	カナの婚礼教会堂の発掘調査	ヨハネ 2:1-12
	1997	S. ロフリーダ	同上	
タボル山	1920-21	G. オルファリ	イエスの変容教会堂建設前の緊急発掘	マタイ 17:1-9 ルカ 9:28-36 マルコ 9:2-8

表8-8　フランシスコ修道会施設の教会堂遺構の層位と展示方法

教会堂名	層位	公開	題箋	解説板	パンフレット
聖ペトロ記念教会	1世紀, 4世紀, 5世紀	○	○	○	○
パンと魚の増加の教会	4世紀, 5世紀, 20世紀	○	○	○	○
受胎告知教会	4世紀, 12世紀, 18世紀, 20世紀	○	×	×	○
聖誕教会	4世紀, 6世紀, 19世紀	○	×	×	○
聖墳墓教会	4世紀, 11世紀, 12世紀, 20世紀	○	×	×	×

会堂遺構を確認することができるため、フランシスコ修道会の文化遺産マネジメントの経緯を確認することができる。以上の理由から、上記五カ所を選定した。

表8－8は、五カ所から検出された教会堂遺構とその層位を示している。カファルナウム以外の遺跡は、教会堂遺構もしくはその起源となった洞窟や住居の遺構のみが残っているが、カファルナウムは例外的に敷地内に教会堂以外の遺構が保存・展示されている。紀元一世紀頃、カファルナウムはガリラヤ湖北岸地域最大の都市で、イエスの伝道活動の中心地であり、新約聖書には「（イエスにとって）自分の都市」と表現されている（マタイの福音書九章一節）。カファルナウムでは、教会堂遺構の他に、紀元前一世紀頃の住居址と同時期に建設された玄武岩製のシナゴーグが検出されている（図8－20）。

次に、教会堂遺構のマネジメント手法について見ていきたい。図8－15から図8－19（237－238頁）に、五カ所の教会堂遺構の検出状況を示した。各教会堂の遺構は、聖跡を中心としたほぼ同じ場所に立て直されているため、層位が重層的に堆積している。たとえば、先ほどのカファルナウムの教会堂遺構を事例に見てみると、まず聖ペトロの生家といわれている紀元前一世紀の住居址があり、その上に「家の教会」(14)として用いられていた紀元四世紀の遺構がある。そして、五世紀に建設された八角堂教会堂が最上層にある（図8－15）。つまりカファルナウムは、聖ペトロの生家を聖跡として、四世紀、五世紀と三時期に建物が造られたことがわかる。三時期の遺構はすべて現在まで保存され、各時期の遺構については、解説板にて考古学的な説明が細かくなされている（239頁の図8－21）。現在の聖ペトロ記念教会堂は、一九九〇年に三時期の教会堂遺構が残る場所の直上に建設された。遺構の破壊を最小限にとどめ、かつ新しい教会堂が過去の信仰と連続性を保持していることを表現するため、新しい教会堂は五世紀の八角堂教会堂の直上に高床式の教会堂として建設された。図８－20（239頁）の写真の左側にある灰色の八角形の屋根が新設の教会堂で、その下に一世紀から五世紀までの遺構がある（240頁の図８－22も参照）。また、集中式教会堂として造られた建物の身廊は「ガラス張り」になっているため、直下にある遺構が見下ろせるような構造になっている（240―241頁の図８－23、24）。それゆえ、来訪者は教会堂の外側からも内側からも古代の教会堂遺構を確認することができる。

このように、床の一部をガラス張りにすることで、現在の建物の直下にある遺構を見せる展示手法は、カファルナウムだけで見られるものではない。エルサレムの聖墳墓教会、タブハのパンと魚の増加の教会でも同様の手法で、古い教会堂遺構を見ることができるようにしている。

この手法は、フランシスコ修道会が管理してきた教会堂の建築方法が関係していると考えられる。一三世紀にフランシスコ修道会がパレスチナで活動を開始した目的は、聖地の管理と巡礼者の保護であった。つまり、彼らが新たに教会堂や修道院を建設した場所は、すでに何らかの聖蹟が存在していたため、人為的・自然的原因によって教会堂が損壊しても、フランシスコ修道会は聖蹟がある同じ場所に再び教会堂を建設したのである。それゆえ、カファルナウム等で実践されているように床をガラス張りにすることで、現在の建物とほぼ同じ機能を有した遺構を展示するという手法が可能になった。カファルナウムでは、ガラス張りにされた現在の集中式礼拝堂から、四世紀と五世紀に使用された礼拝堂が目視できる。タブハでは、側廊に部分的に張られたガラス床から、モザイクが施された四世紀と五世紀の側廊を見ることができる。

聖蹟や過去の教会堂遺構と現在の教会の連続性を示すための手法は、ガラス張りだけではない。図８－25（241頁）は、受胎告知教会堂地下にある礼拝堂である。図８－25の写真の左上部分が、受胎告知の洞窟を聖蹟とした現在の地下礼拝堂のアプスである。ただし、図８－18に示されている受胎告知教会堂の各時期の遺構を見てみると、過去に受胎告知の洞窟をアプスとして利用しているのは、一八世紀に建てられた礼拝堂のみである。その他

表 8-9　フランシスコ修道会施設の教会堂遺構の聖蹟の保存方法

教会堂名	聖蹟	保存・展示手法
聖ペトロ記念教会	聖ペトロの住居址	ガラス張り
パンと魚の増加の教会	岩	再利用
受胎告知教会	洞窟	再利用
聖誕教会	洞窟	外装
聖墳墓教会	ゴルゴタの丘	ガラス張り
	イエスの墓	外装

の四世紀、一二世紀、二〇世紀に建てられた教会堂のアプスはすべて東側に設けられている。現在の教会堂には二つの礼拝堂があり、地上の礼拝堂のアプスは東側に、地下の礼拝堂のアプスは北側に向いている。つまり、地上の礼拝堂は一二世紀の教会堂遺構を、地下の礼拝堂は一八世紀の教会堂遺構と構造的に重複して造られていることがわかる。また、地下の礼拝堂のアプスの奥には（242頁の図8−26）、一二世紀の側廊の柱が今もなお残されている。さらに、地下の礼拝堂の東側側廊にあるニッチのような空間は、四世紀の教会堂遺構のアプス部分である。このように、過去の教会堂遺構を部分的に「再利用」しながら、それぞれの時代の教会堂に組み込んでいく事例は、タブハのパンと魚の増加の教会堂でも見られる。タブハでは、イエスがパンと魚を分け与える際にそれらを置いたとされる岩が、現在の教会堂のアプスに礎石として設置されている。過去の教会堂遺構の一部を現代の教会堂の一部に再利用する手法も、過去との連続性を示唆するためだと推察できる。また、ベツレヘムの聖誕教会やエルサレムの聖墳墓教会の聖蹟では、周りを大理石や構造物で覆って保護する「外装」というマネジメントの仕方も見られる（図8−27）。

フランシスコ修道会の教会堂遺構保存と展示に特徴的な手法、「ガラス張り」、「再利用」、「外装」を見てきたが（表8−9）、いずれの場合も、過去の教会堂遺構を完全に取り壊してから新しい教会堂を建設するのではなく、過去の教会堂遺構を礎として現代の教会堂の中に残している。ただし、いわゆる展示に求められる題箋や解説板が設置されているのは、カファルナウムの聖ペトロ記念教会堂とタブハのパンと魚の増加の教会のみである。それゆえ、博物館での展示や遺跡公園での保存・展示と、フランシスコ修道会の教会堂で行われている過去の遺構のそれとは、目的が異なる。キリスト教徒にとっては、前記の手法で保存され、目に見える形で置かれている状態は、鑑賞の対象ではなく、自己の信仰を可視的、物理的に確認するものであるといえよう（Ovadiah 1991, 470; 岡田 2009, 149）。

宗教団体による文化遺産マネジメントの一つの事例として、フランシスコ修道会の教会堂遺構を中心とした文化遺産マネジメントについて考察してきた。信仰の対象でありながら、考古学的・歴史学的に価値の高い史跡や建造物等を、本論で論じてきた「文化遺産」と一括りにしてしまうことには、議論の余地がある。しかし、実際に宗教的な理由ではなく、「観光地」の一つとして教会堂を訪れることは一般的になりつつある。また、コリンズ＝クライナーらがイスラエルを訪れたキリスト教の巡礼者に対して行ったアンケート調査からは、巡礼者自身でさえ物見遊山的な観光と巡礼とを明確に切り離していないことが示されている（Collins-Kreiner & Kilot 2000, 55-67）。したがって本節でも、フランシスコ修道会による教会堂遺構の保存・活用を、その他の主体によって実施されているそれと同じく論じることにする。

これまで見てきたフランシスコ修道会の文化遺産マネジメントの特徴をまとめると、次の点を指摘することができる。フランシスコ修道会が教会堂遺構を発掘調査し保存する目的は、キリスト教を文献だけでなく物質文化からも理解するという、信仰の涵養を目的としている点が特徴である。それゆえ、マネジメントの対象は聖蹟、古代の教会堂、そしてそれに付随する施設に集中しており、国立公園や自然保護区で見られるような都市遺跡はカファルナウムのみである。カファルナウムは国立公園にも指定されており、キリスト教の巡礼者だけでなく一般の観光客も多いためか、遺構に関する題箋や説明板が設置されている。タブハにあるパンと魚の増加の教会にも遺構年代を示す表示が施されている。しかし、その他の場所は、遺構が残されていても、それを示す題箋や説明板がない。こうした点から、フランシスコ修道会の教会堂内にある古代の教会堂遺構は、カファルナウムとタブハを除いて、展示されているというよりも、キリスト教の信仰の継続性を示すための証として「残されている」と表現したほうが適切であろう。

　また、ＩＮＰＡやユダヤ民族基金による文化遺産マネジメントは、保護すべき遺跡や自然環境を中心として、その周辺にトレイルや娯楽施設等を配した空間づくりが行われていた点が特徴だった。しかし前段でも述べたように、フランシスコ修道会の文化遺産マネジメントの主眼はあくまでキリスト教の信仰の理解とその継続性を示すことであるため、教会堂遺構の周辺にトレイルや娯楽施設を配することはしていない。同じ教会堂遺構があるものの、トレイルが配されていたり各遺構の歴史的背景が説明板に記されていたりする点で、クルシ国立公園やアヴダット国立公園等は、フランシスコ修道会所有の教会堂とは異なる目的で造られた空間であることがわかる。

　以上の点を踏まえて、イスラエルにおけるフランシスコ修道会による文化遺産マネジメントを考えると、マネジメント方針としてはＩＮＰＡやユダヤ民族基金とは異なり、どちらかと言えば、文化遺産マネジメントを通じて主義主張を行うイスラエル史跡保存協会や西壁遺産財団に近い。ＩＮＰＡやユダヤ民族基金は、歴史的、文化的、環境的に価値のある遺産を保護しつつも、その遺産を公共財として活かすために、トレイル等を設置した空間づくりを行っている。一方、イスラエル史跡保存協会、西壁遺産財団は、対象とする遺産を保護しつつ、その行為を通じてパレスチナ地域の過去と現在の継続性を主張している。たとえば、イスラエル史跡保存協会であれば、現代イスラエルの起源となった入植活動の痕跡をマネジメントすることで建国の事実を、西壁遺産財団は、ユダヤ教によるエルサレム統治の痕跡をマネジメントすることでエルサレムの帰属権を、そしてダビデの町財団はイスラエル王国の王宮跡をマネジメントすることでエルサレムの帰属権をそれぞれ主張している。聖蹟や聖地を単純に文化遺産と同類にしてしまうことは議論の余地があるとしても、フランシスコ修道会の文化遺産マネジメントは、公共財としての空間づくりではなく、キリスト教の教義の理解と普及が目的である。こうした点で、フランシスコ修道会はイスラエルにおける文化遺産マネジメントのあり方の多様性に寄与してきたということができよう。

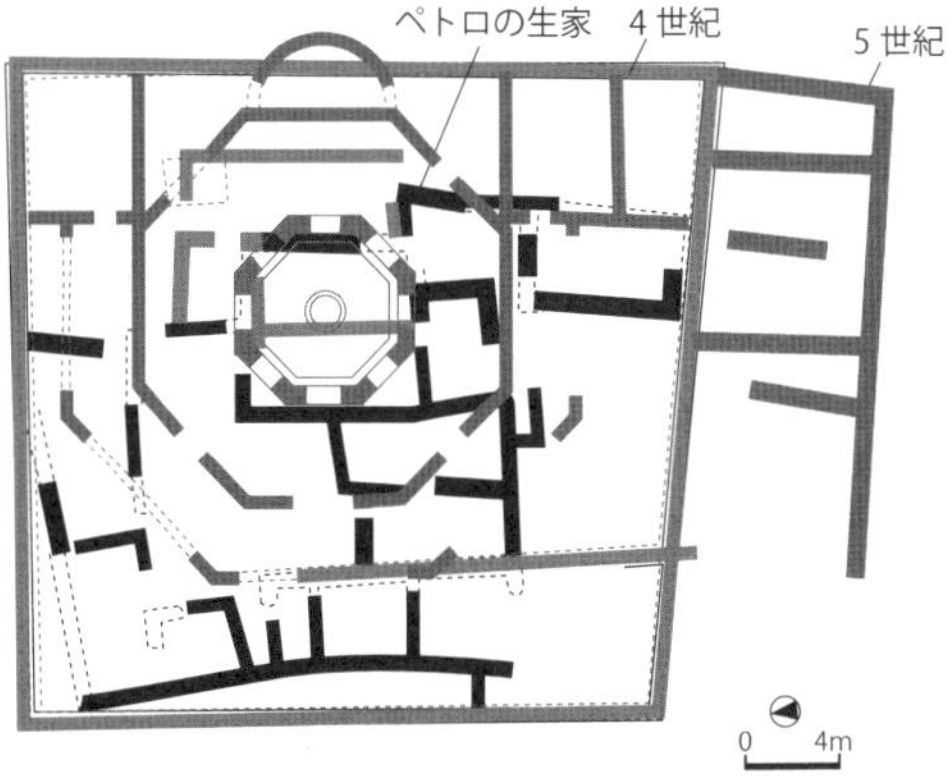

図 8-15　聖ペトロ記念教会堂遺構図

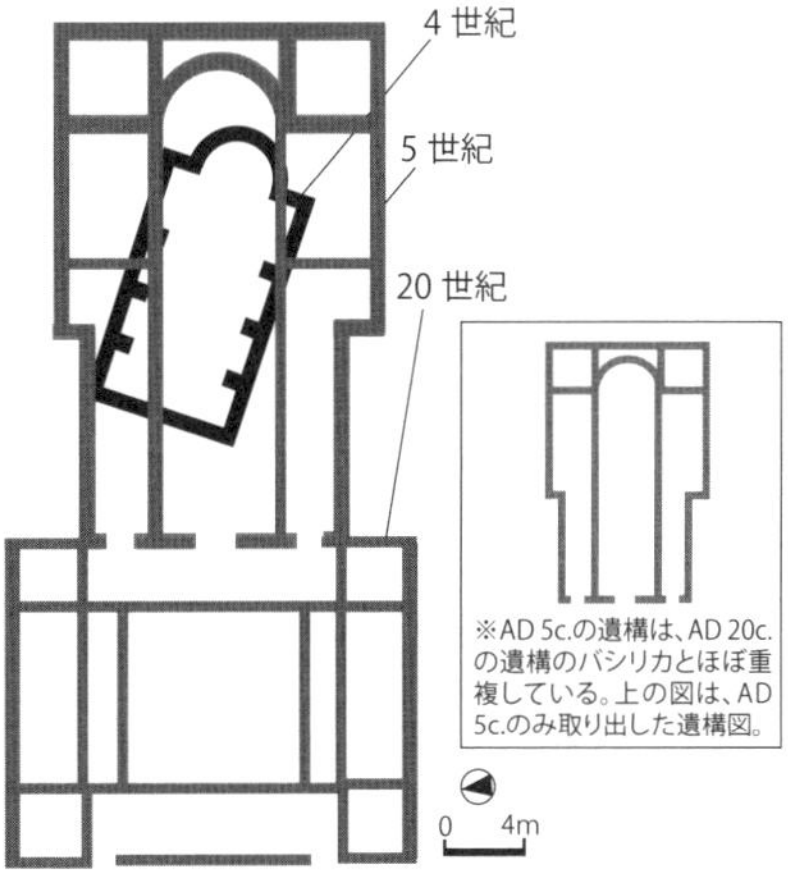

図 8-16　パンと魚の増加の教会遺構図

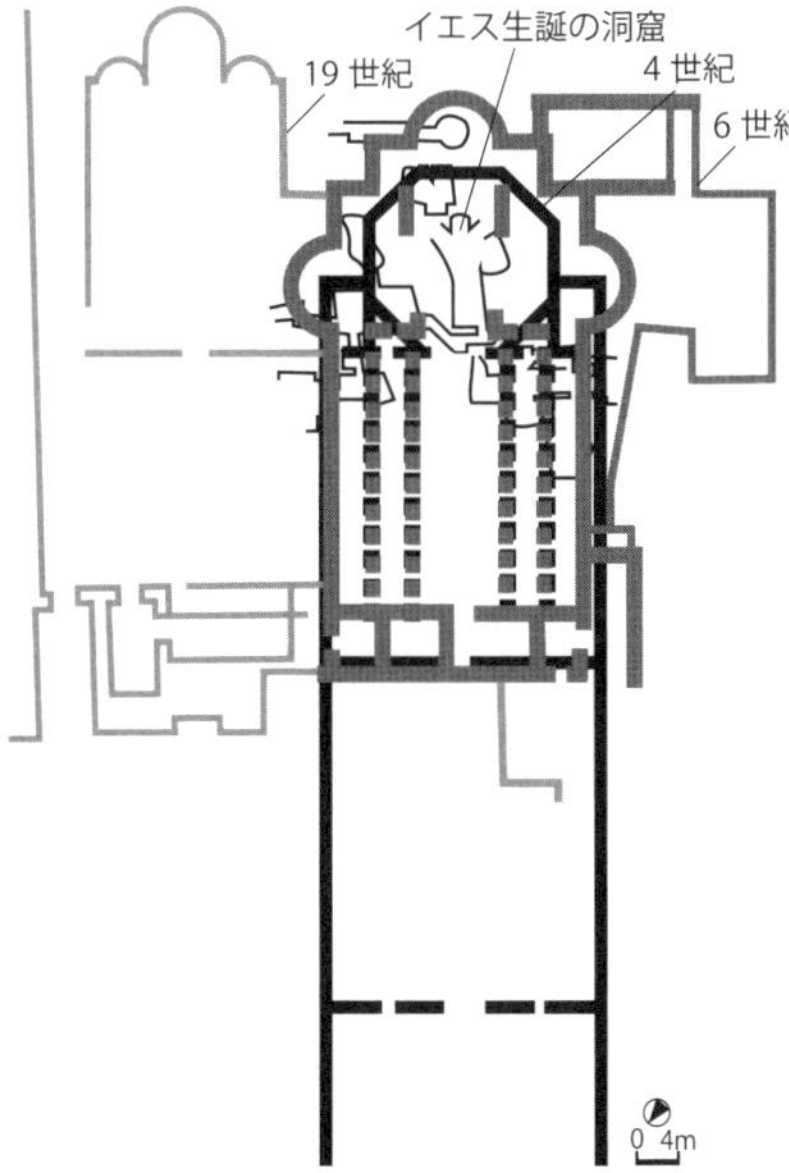

図 8-17　聖誕教会堂遺構図

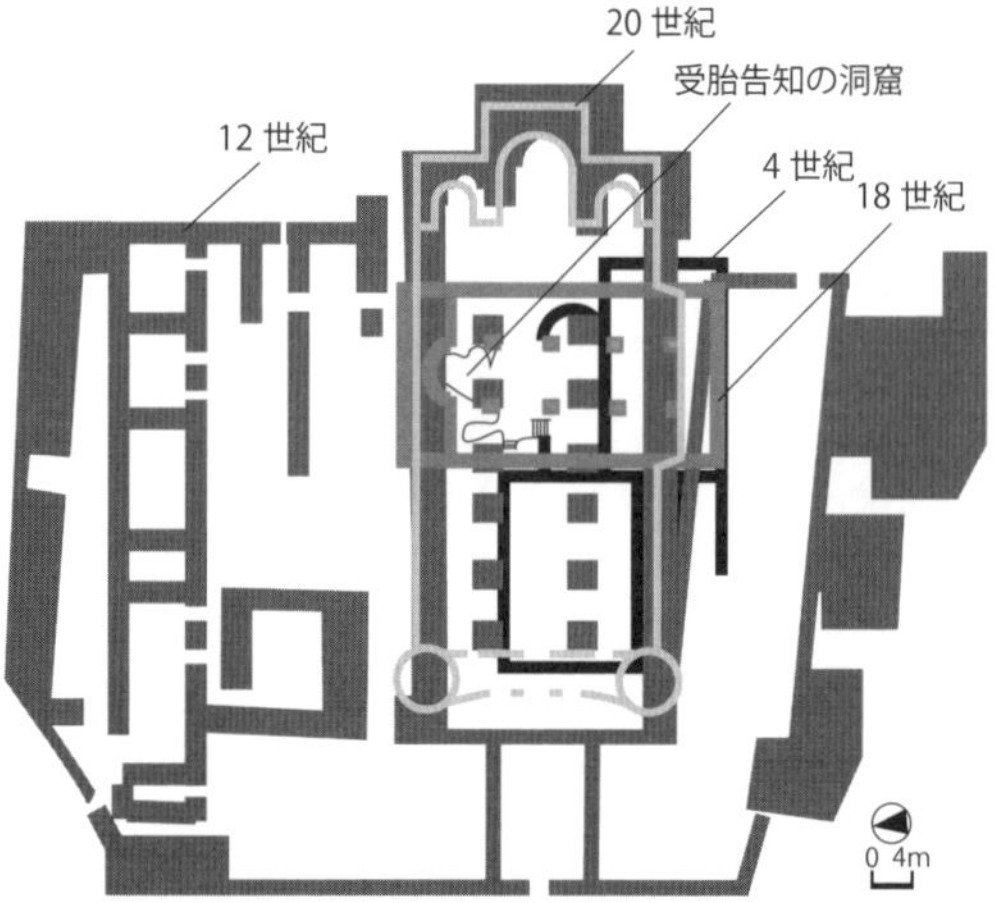

図 8-18　受胎告知教会堂遺構図

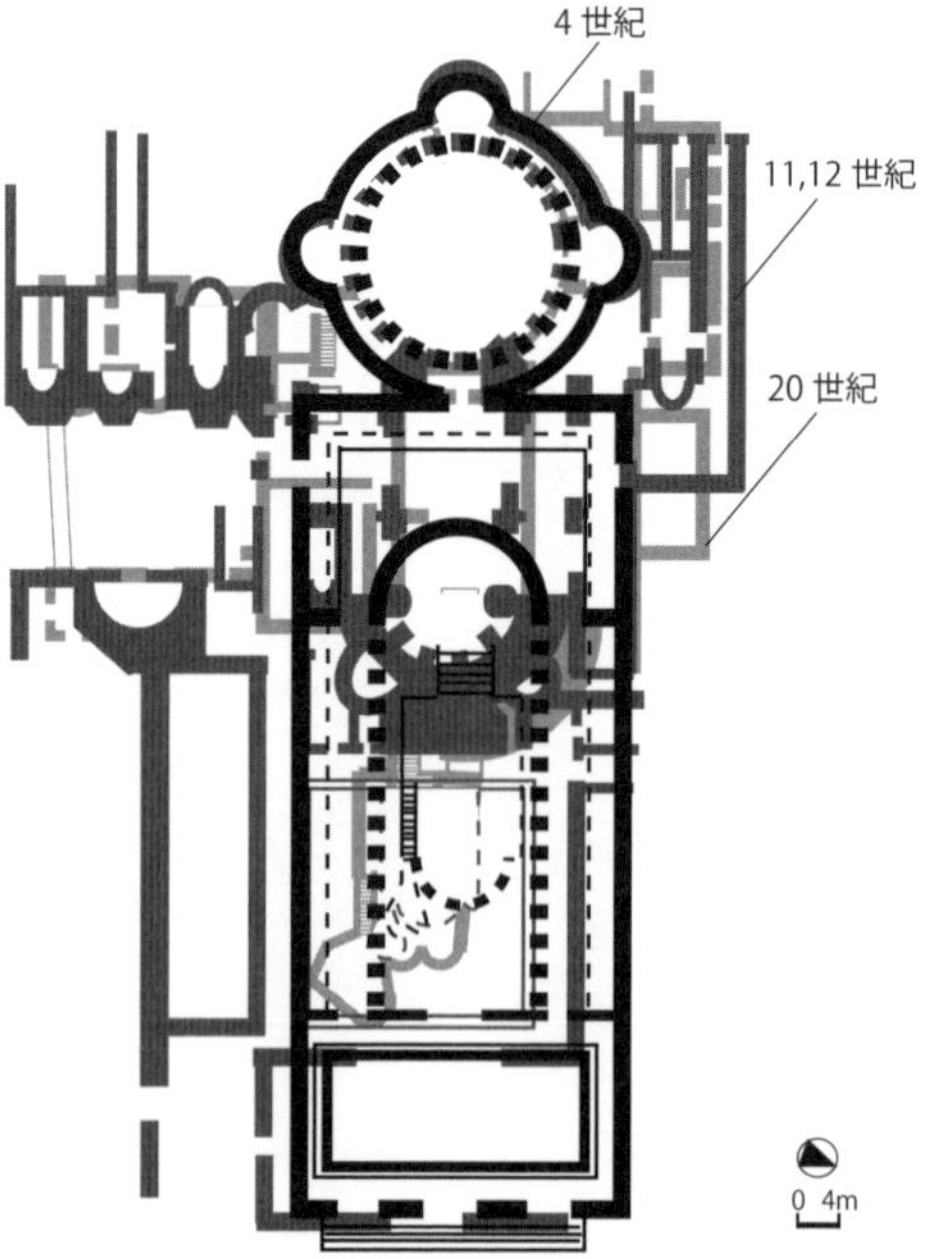

図 8-19　聖墳墓教会堂遺構図

図 8-20　教会堂、住居址、シナゴーグが残るカファルナウム遺跡

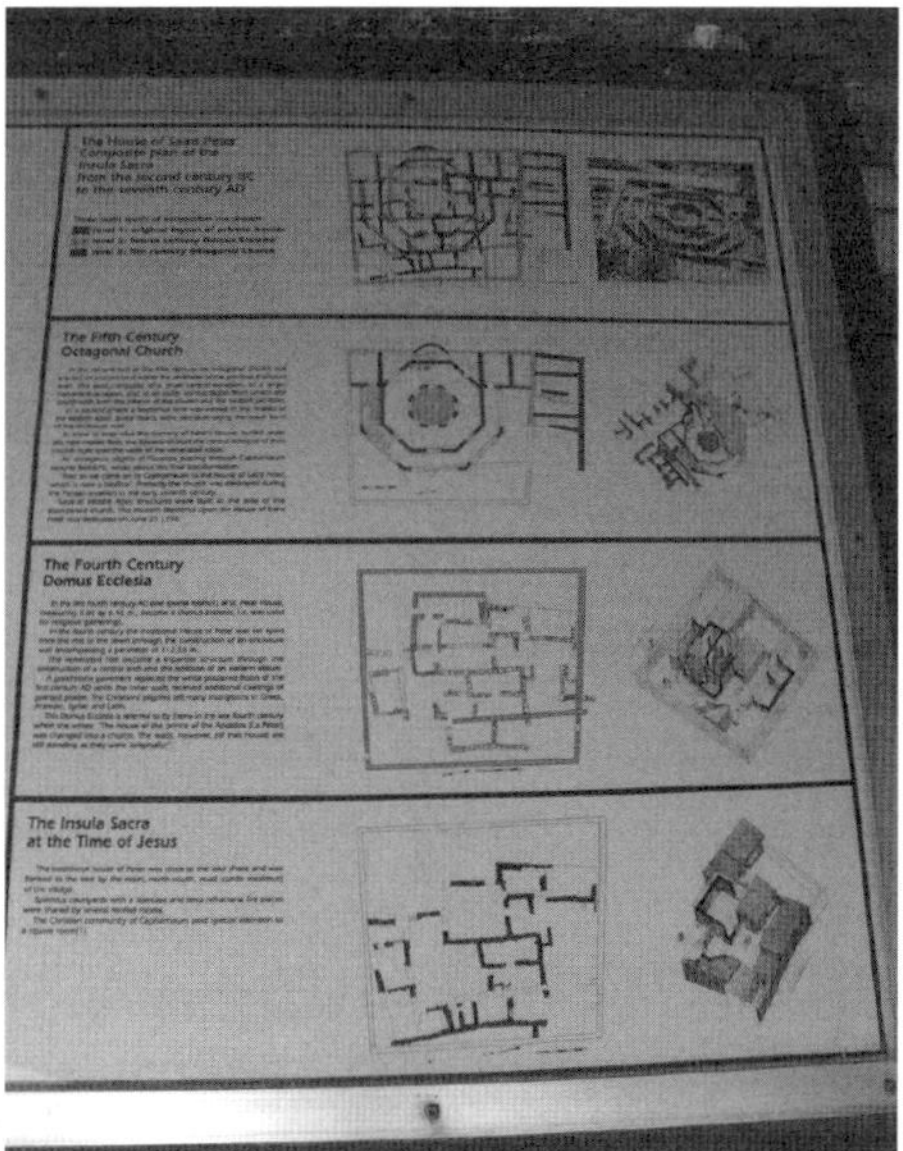

図 8-21　各時期の教会堂遺構に関する解説板
（聖ペトロ記念教会）

図 8-22　現在の礼拝堂の床下に残る古代の教会堂遺構
（聖ペトロ記念教会）

図 8-23　床がガラス張りになっている集中式の礼拝堂
（聖ペトロ記念教会）

図 8-24　ガラス張りの床から見える 4 世紀と 5 世紀の教会堂遺構
(聖ペトロ記念教会)

図 8-25　4 世紀（東側）と 12 世紀、18 世紀（北側）の教会堂遺構を再利用して造られた現在の礼拝堂（受胎告知教会）

図 8-26　受胎告知の洞窟を再利用して造られた地下の礼拝堂のアプス（受胎告知教会）

図 8-27　大理石で覆われた聖蹟（聖誕教会）

結　論

本書は、パレスチナ地域／イスラエルにおける文化遺産に関する価値観や制度の形成過程と、政府主導および非政府団体主導で実施されてきた遺跡や歴史的建造物の保護と活用の実態について考察してきた。

まず、一九世紀末から現在に至るまでに当該地域で実施された文化遺産に係る制度史をまとめ、とりわけ一九六〇年代以降にイスラエルの文化遺産マネジメントの中核を担ってきた国立公園・自然保護区制度の条文分析を通じて、同国の「文化遺産」をめぐる思想の変化を論じた。

次に、国立公園・自然保護区制度の枠組で遺産化された遺跡の実態を解明するために、史跡開発局とＩＮＰＡが国立公園・自然保護区内で保存・展示している（あるいは保護対象の候補とした）遺跡の特徴を抽出し、どのような歴史的・文化的特徴を持った遺跡が国の文化遺産として選出される傾向にあったのかについて考察した。また、国立公園・自然保護区内で展示される遺跡の層位と遺構の特徴の抽出を行い、実際に発掘された遺構の性格と国立公園・自然保護区で展示されている内容の違いについて分析した。

そしてそこで得られた結果を、イスラエル政府以外が主体（ユダヤ民族基金、イスラエル史跡保存協会、西壁遺産財団、フランシスコ修道会）となって実施されている文化遺産マネジメントの事例と比較検討した。

これらの考察から明らかになったことは、主として以下の三点であり、これらをもって本書の結論としたい。

(1) イスラエル政府主導の文化遺産マネジメントに関する法制史と実態の総合的な分析に基づくと、当該地域の文化遺産マネジメントは、必ずしも一面的に自国のアイデンティティと聖書の歴史記述との結びつきを強めるだけを目的としたものではなかったことが明らかになった。むしろ一九五〇年代に開始された文化遺産マネジメントの根底には、民族的・宗教的イデオロギーとは別に、観光産業開発といった当時の社会的ニーズも大きな意味を持っていたことは留意すべきである。このことは、残存状態の良いローマ時代、ビザンツ時代の遺跡や観光資源として見栄えがする都市遺跡が積極的にマネジメント対象となってきたという傾向性があることからも追認できる。

(2) 同時に、とくにイスラエルで実施されてきた文化遺産マネジメントのあり方は、時間の流れとともに大きく変化したことも示された。イスラエル政府主導のもと、国立公園・自然保護区制度で遺産化された遺跡は、郷土学習のための歴史資源として保存される形から、自然環境保護や参加型余暇に資する形で保存されるようになっていった。また、『イスラエル古物法』が定める古物の定義から外れた、いわゆる一九世紀以降の近代遺産への関心の高まりも大きな変化の一つといえる。この背景には、一九八〇年代以降、旧約聖書に基づいた一つの大きな古代国家史を追い求める流れに加え、世俗（シオニズム）国家イスラエルの建国史への関心が高まり、それに関わる近代遺産を保護する動きが各地で起こったことが挙げられる。さらに一九八〇年代から始まった各都市の再開発に伴い、それまで中央政府が担ってきた文化遺産行政の責務を地方政府も負うことになり、各地域の歴史の特色を活かした文化遺産マネジメントを独自展開する地域も現れた。こうした社会における思想的な変化や文化遺産の保護に係る制度上の変革は、国立公園・自然保護区制度の中に新しい文化遺産の概念を生み出しただけでなく、ユダヤ民族基金やイスラエル史跡保存協会のような非政府団体による文化遺産マネジメントが台頭してくるきっかけにもなった。

(3) 前記二点に加え、イスラエルの文化遺産を見渡すと、非政府組織によるマネジメントの果たしている役割も決して小さくないことがわかる。これらは、ともすると特定のイデオロギーに偏った文化遺産マネジメントになりかねない危険性をはらんでいる。しかし、イスラエル政府主導による文化遺産マネジメントとそれらが並列して認められていることによって、結果的に、多様な視点からイスラエルの文化遺産が後世に継承されることを可能にしているとも言える。

西壁遺産財団やダビデの町財団は、その文化遺産マネジメントのあり方が国際社会や国内の考古学者等から強い批判を浴びていることも事実である。こうした特定の主義主張を実現させるための文化遺産マネジメントは、一般的に世界遺産を通じて普及している多文化主義を推奨する文化遺産マネジメントとは一線を画す。イスラエルが『世界遺産条約』を締結し、政府としては世界遺産型の文化遺産マネジメントに舵を切りつつあるのに対し、西壁遺産財団等はその真逆を突き進んでいる。しかし、イスラエルには様々な思想や宗教を持った人々が存在しており、このような相異なる文化遺産マネジメントのあり方が併存する同国の事例は、文化遺産研究が向き合うべき「誰のための文化遺産か」という問いに対して、新たな一石を投じるものであろう。

まとめると、本書では政府主導型と非政府団体主導型の代表的な事例を研究対象とすることで、イスラエルで実施されてきた文化遺産マネジメントの歴史的な全体像とその特徴を明らかにすることができた。時代ごとの文化遺産マネジメントの方針は、基本的には法制度によって形づくられたものの、同時にその時々の考古学者の関心、各遺跡の特徴、発掘調査や文化遺産マネジメントの実施体制等に加え、観光開発との関係、市民の考古学への関心、そして国際社会における文化遺産マネジメントの潮流に影響を受けながら形成されていった。換言すれば、イスラエルの文化遺産は先行研究で指摘されてきたような一面的なイデオロギーに彩られたものばかりではなかったこと、また、時代ごとに思想や社会の要請を反映して変化してきたものであることが明白になった。これはイスラエルに限らず、どの地域においても、特定のイデオロギーと実際の文化遺産マネジメントを結びつける時には、個別の事象だけではなく、その全体像を分析しなければならないことを示した点で意味があるであろう。

しかし同時に、中央政府主導でない文化遺産マネジメントについては、十分扱いきれなかった点が多々残っていることは今後の課題の一つである。たとえば、地方政府主導の文化遺産マネジメントはその一つである。とくに一九八〇年代以降、イスラエルのエルサレム、テルアビブ、アッコ等の地方政府は都市の再開発に伴うまちづくりの一環として、独自の文化遺産マネジメントを展開し、まちづくりに活かしてきた。また、キブツ（農業共同体）も、中央政府とは異なる潮流の中で、イスラエルの文化遺産マネジメントを進めてきた。キブツは、イスラエル建国の礎となった集団であり、入植者たちの土地に対する想いは一般的な都市に比べて強い。筆者がこれまで訪問したキブツでも、考古資料や入植に関する歴史資料を展示している場所がいくつもあった。キブツによる地域密着型文化遺産マネジメントに光をあてることは、政府でも非政府団体でもない、イスラエル独自の文化遺産マネジメントの主体のあり方を浮き彫りにしてくれるであろう。本書で取り上げた宗教団体は、活動が顕著であるキリスト教フランシスコ修道会だけであるが、他の宗教団体が信仰に関わる過去の痕跡とどのように向き合っているのか、という点は先行研究でもあまり論じられておらず、今後取り組むべき論点の一つである。

本書は、イスラエルの文化遺産マネジメントの歴史像とその特徴について、遺跡の保護・活用を中心に論じ、一応の結論に到達した。しかし、本テーマをより大局的に理解するためには、上述した通り、その他の様々な文化遺産マネジメントの利害関係者に関する事例研究が必要であり、筆者は今後もそうしたテーマに取り組んでいく所存である。また、主に批判的、理論的視座から導き出された本書の成果を机上の空論で終わらせず、実践面に反映させる努力もパブリック考古学を研究する者として心にとどめておく必要がある。本書で解明されたイスラエルにおける文化遺産マネジメントの諸問題は、程度の差はあれ、その他の地域でも抱えている課題である。今後は、本研究の成果を他地域における文化遺産マネジメント研究にも当てはめて検討していきたい。

あとがき

二〇〇六年の夏、筆者は大学院の先輩の紹介で、イスラエル北部のガリラヤ湖東岸に位置するヒッポス遺跡の発掘調査に参加する機会を得た。ハイファ大学を中心に進められている調査には、世界各地から参加している老若男女のボランティアたちが、土の下に埋もれているヘレニズム時代からビザンツ時代にわたって人々が暮らした痕跡を探し求め、一生懸命発掘を行っていた。また、国立公園としてヒッポス遺跡が保存・展示される予定となっているため、発掘にはＩＮＰＡの職員も参加し、遺構に保存処理を施していた。これが国籍を超えて多くの人々を魅了し続けるイスラエルの遺跡との出会いであり、遺跡を保護しながら活用するイスラエルの国立公園に触れた瞬間でもあった。その後、イスラエルの遺跡を見て回る中で、多くが国立公園や自然保護区の中で保存・展示され、遺跡がある空間を観光客だけでなくイスラエル国民も楽しんでいる場面に幾度となく遭遇した。こうした経験を通じて、筆者は「現代のイスラエルにとって遺跡はどのような存在か」、そして「いかにして遺跡が文化遺産として守られてきたのか」ということに強い関心を持つようになっていった。

本書の内容は、二〇一五年二月に慶應義塾大学大学院に提出した博士論文がもとになっている。本書は、イスラエルの遺跡や歴史的建造物といった文化遺産マネジメントに対する価値観の形成過程を理解し、建国当時から現在までに行われた政府主導および非政府団体主導の文化遺産マネジメントの全体像を描き出すため、博士論文を書き上げる中でいただいたご指導やご助言をふまえ、構成の一部を変更し、イスラエルの文化遺産マネジメントの礎に影響を与えたイギリス委任統治時代の叙述やイスラエルとパレスチナ間で起きている文化遺産をめぐる葛藤の部分等を書き改めた。しかし、筆者の力不足のせいで、本書においてもやり遂げられなかったことも多々残っている。一つ一つの遺跡や歴史的建造物がたどってきた「遺産化」を詳細に追い、イスラエルの文化遺産マネジメントの全体像に位置づけていくことは、イスラエルの文化遺産研究を深化させるためにも、引き続き、取り組むべき課題としたい。

初めてイスラエルにおける遺跡の発掘調査を経験し、また国立公園の中で展示されている遺跡を見てから、博士論文の完成、そして本書の出版までおおよそ一〇年。その間、本当に多くの方々からご協力とご指導をいただいた。最後に、お世話になった方々に感謝の意を伝えたい。

指導教員であった慶應義塾大学大学院文学研究科の杉本智俊教授には、学士、修士、博士課程を通して、終始温かい激励と熱心なご指導をいただいた。パブリック考古学という比較的新しい分野の視点を取り入れて、イスラエルの遺跡や歴史的建造物の保護と活用に関する博士論文を書きたいという筆者の研究計画に対して、貴重なアドバイスの数々と最大限のチャンスをくださったおかげで、博士論文を書き上げることができた。また、博士論文の審査をしてくださった慶應義塾大学の山口徹教授、上智大学の月本昭男教授、北海道大学の加藤博文教授からも、大変多くのご指導とご助言をいただいた。

博士課程在学中、博士論文の構想段階からご指導いただいた慶應義塾大学大学院文学研究科民族学考古学分野の佐藤孝雄教授、安藤広道教授、故阿部祥人教授、そして筆者の研究テーマだけでなく様々なトピックについて議論を交わした諸先輩方、同期、後輩の皆様にも、心より御礼申し上げたい。

二〇〇九年から二〇一一年まで参加したイスラエルのエン・ゲヴ遺跡の発掘調査において、キブツ・エン・ゲヴの住民と遺跡の発掘調査の関係性についてパブリック考古学の視点から調査ができたことは、「現代のイスラエルにとって遺跡はどのような存在か」という本書のテーマの根幹に関わる点を考える上で重要な機会となった。加えて、二〇一二年から携わる機会を得たパレスチナのベイティン遺跡の発掘調査は、歴史的な文化遺産がいかに現代の地政学的な影響を受けているのかをあらためて考え直すきっかけを与えてくれた。イスラエルとパレスチナ、双方の発掘調査でのパブリック考古学研究を行うことができたのも、慶應義塾大学を中心とするそれぞれの発掘調査隊のご理解とご協力があってこそであった。とくに、エン・ゲヴ遺跡でともに調査にあたったヘブル大学のイド・ヴァクテル氏には、イスラエルの考古学に関することだけでなく、国立公園や自然保護区という空間の重要性についても示唆的なご助言をいただいた。また、ベイティン遺跡の発掘調査を通じて知り合うことができた前パレスチナ自治区観光・考古省副大臣ハムダン・タハ氏は、ご自身がこれまでに培われてきたパレスチナの考古学研究や文化遺産マネジメントに関する知識を快く共有してくださった。

イスラエルやパレスチナの考古学と文化遺産マネジメントの現地調査において、イスラエル自然・公園局のツヴィカ・ツク氏とエリゼル・フランケンバーグ氏、ハイファ大学のミハエル・アイゼンバーグ氏、フランシスコ修道会聖書研究所の故ミケーレ・ピッチリッロ氏とカルメロ・パッパラドール氏、イスラエル自然保護協会のアミール・バラバン氏とアザリア・アロン氏、イスラエル政府認定ガイドのタマル・バックナー氏、そしてパレスチナ古物・文化遺産局長官ジハド・ヤシン氏にも大変お世話になった。

博士論文執筆の後半、二〇一二年より研究員として在籍した北海道大学アイヌ・先住民研究センターの加藤博文教授からも、各地で散見される文化遺産と現代社会との間で起きている諸課題、およびその解決策としてパブリック考古学が果たしうる可能性について多大なご指導をいただいた。また、同大学の観光学高等研究センターの山村高淑教授からは、観光学の視点からアプローチする文化遺産研究についてご助言いただいた。

本書の出版は、平成二九年度科学研究費助成事業の研究成果公開促進費の助成（17HP5097）により実現した。タイトなスケジュールの中で、編集に携わってくださった慶應義塾大学出版会の片原良子氏と上村和馬氏には、心より御礼申し上げたい。博士論文への加筆・修正が多いうえに、出版について何も知らない筆者に寄り添い、両氏が励ましつづけてくださったからこそ、最後まで走り抜けることができた。

最後に、最も身近で支えてくれた家族にも感謝の言葉を述べたい。永遠に終わらないと思われた博士論文の執筆の最終局面を乗り越えることができたのは、家族からの温かい応援があったからこそである。イスラエルという少なからず穏やかでない地域に毎年出かけて行った娘を、無条件で見守り続けてくれた両親には、感謝しても し尽せない。また、異分野ながらも同じ研究者として筆者の研究を理解し、また家族としても博士論文および本書の執筆を支えてくれた夫にも心から感謝を伝えたい。

二〇一七年八月

岡田　真弓

索　引――文化遺産関係

④ パレスチナの登録推薦物件暫定一覧

⑤ 遺跡

索　引——国立公園・自然保護区

＊遺跡が保存・展示されている場所のみ記す。

索　引——機関・組織名

索　引——法律関係

注

序

(1)　当時の「聖書考古学」は，考古学的な個々の発見を聖書のテキストと短絡的に結び付ける傾向が強くなっていき，次第にG. W. ディーバー等のニュー・アーケオロジー論者によって厳しく批判された（Dever 1985, 355-367）．その結果，伝統的な「聖書考古学」の立場をとる研究者は減少している．現在，聖書考古学という用語を用いる場合には，過去の批判を踏まえて，聖書と関わりのある地域・時代の考古学を指し示す，あるいは南レヴァント地域の考古学と聖書学，そして西アジア銘文学を融合させた学際的研究を意味することが多い（Davis 2004, 145）．

(2)　The ICOMOS Charter for the Interpretation and Presentation of Cultural Heritage Site 2008, Definitions.

(3)　The ICOMOS Charter for the Interpretation and Presentation of Cultural Heritage Site 2008, Definitions.

(4)　ここでは，一般的に文中に出てくる「解釈」や「展示」と区別するため，あえて片仮名で「インタープリテーション」と「プレゼンテーション」と表記する．

(5)　Israel Antiquities Law 1978, Article 1.

(6)　מורשת תרבותית

第一章

(1)　1515年，ローマ法王レオ10世が，L. サンティを古物文物調査官に任命し，イタリアに残るローマ時代から継承された文化財の実態調査をさせた．一般的に，これを以てヨーロッパにおける文化財保護が始まったと認識されている（川村・根木・和田 2002, 1-2）．しかし，法王主導で行われたローマ時代古物の残存調査の目的は，バチカンのサンピエトロ大聖堂の改修費を抑えるため，再利用できる大理石を遺跡から調達するための在庫調査のようなものであった．教会堂を建設する際に，古い建材を再利用する習慣は古くから存在しており，サンピエトロ大聖堂にローマ時代の遺跡に残る建材が用いられたことは，特段珍しいことではない．よって，この調査を文化財保護の始まりとするのは無理である．

(2)　泉美知子　2013：『文化遺産としての中世――近代フランスの知・制度・感性に見る過去の保存』三元社，115頁の和訳参照．

(3)　Athens Charter for the Restoration of Historic Monuments 1931, Article 65.

(4)　2017 年 1 月時点．World Heritage Conveution State Panty: http://whc.unesco.org/en/statesparties/（2017 年 4 月 7 日アクセス）．

(5)　『世界遺産条約』第 5 条．具体的には，世界遺産の保護を目的とした行政機関を設置し，学術調査を奨励する等の措置を取る必要がある．

(6)　諮問機関には，文化財の保存および修復のための国際センター（ICOMOS）と，自然および天然資源の保全に関する国際同盟（IUCN）がある（『世界遺産条約』第 13 条第 7 項）．

(7)　Mexico City Declaration on Cultural Policies 1982, Preamble.

(8)　Mexico City Declaration on Cultural Policies 1982, Article 25.

(9)　World Heritage and Sustainable Development (Report): http://whc.unesco.org/uploads/events/documents/event-958-6.pdf（2016 年 3 月 30 日アクセス）．

第二章

(1)　この地域がパレスチナと呼ばれるようになったのは，紀元後 135 年の第二次ユダヤ戦争（バル・コクバの乱）後である．二度のローマ軍との戦いによって，ユダヤ人が暮らしていたエルサレムをはじめとする都市の多くは破壊された．ローマ帝国は，ユダヤ民族が二度と立ち上がることができないように，属州名から「ユダヤ」という名称を抹消し，代わりにユダヤ人にとって宿敵である「ペリシテ人の土地」という意味のパレスチナを付した「シリア・パレスチナ」という属州名に変更した．パレスチナとは，意識的にユダヤ人を侮辱するための造語である（佐藤 2003, 179-181）．

(2)　本書では，現在のイスラエルの領域を次のように記す．すなわち 1948 年の国家独立以前は「パレスチナ地域」，独立後は「イスラエル」と記載する．

(3)　『イスラエル独立宣言（公益財団法人日本国際問題研究所訳）』，3-4 頁．鍵括弧の数字は筆者による追記．

(4)　近年増加しているミズラヒームの中には，宗教的か世俗的かという基準では割り切れない「伝統的」と呼ばれる集団が存在している．

(5)　メシアニズムとは，T. ヘルツル等によって提唱された世俗的な贖罪に基づくシオニズムとは異なり，メシア（救世主）の来臨によって初めてイスラエルの民は隷属状態から解放され，神の赦しを得てエレツ・イスラエル（イスラエルの地）へ帰還できるという考え方である（臼杵 2008, 36-37）．

(6)　イスラエル国内に住むパレスチナ人は，「市民権」か「居住権」かのいずれかを所有している．「市民権」は通常のイスラエル国籍の市民が持つ権利と同等である．対して，「居住権」は身分証（ID カード）を保持することで，投票権，イスラエル内・ヨルダン川西岸・ガザ地区での移動の自由，国民保険の受給，医療サービスを受けることができるが，その制度自体不

安定で，国内情勢によってイスラエル政府による権利の規制や剝奪が行われてきた（飛奈 2008, 224）.

第三章

(1) フラウィス・ヨセフス 2002：『ユダヤ戦記3』秦剛平（訳），筑摩学芸文庫，161-195.

(2) 1982年にヨルダンによって登録申請された「エルサレム旧市街地とその城壁群」を含めれば，イスラエル国の世界遺産数は11件となる.

(3) ヘブル語聖書によれば，ダビデ王の墓は，エルサレムにあるダビデの町にあり（列王記上2章10節），過去の調査からシロアムの池付近にある横穴墓が，その候補地として論じられてきた．シオンの丘が「ダビデ王の墓」と認識され始めたのは，14世紀以後である（関谷 1981, 217-218）.

第四章

(1) 本書では，中期青銅器時代から鉄器時代までを「聖書時代」と表現する.

(2) 1920年6月から1921年12月までに保存処理が施された場所は，アトリット遺跡，アシュケロン遺跡，カエサリア遺跡であった（Jarman 1995a, 328）．1925年には，ベト・ジブリン遺跡 Bet Jibrin，エルサレム要塞，コラジン遺跡，カファルナム遺跡，メギド遺跡等の清掃や修復作業が行われた（Jarman 1995b, 58）.

(3) ガースタングが参照した法令等は，『オスマン帝国古物法』，1920年以前に編纂された英国考古学学院による『古物法草案』，1912年に施行された『エジプト古物法 Egyptian Law of Antiquities 1912』，1913年にイギリスで施行された『古代記念碑法 Ancient Monuments Act of 1913』，S. モード卿が草案した『メソポタミアの古物のための宣言 Proclamation on Antiquities for Mesopotamia』である（Gibson 1999, 137）.

(4) Official Gazette of the Government of Palestine 29, 4-16. October 1920.

(5) Antiquities Ordinances1920, Article 1.

(6) Official Gazette of the Government of Palestine 236, 548-554. June 1929.

(7) Antiquities Ordinance No.51 1929, Article 2.

(8) Antiquities Ordinance No.51 1929, Article 19.

(9) ロックフェラー博物館という名称に変更されたのは，1967年以降である.

(10)『1929年古物条令』は，イスラエルだけではなく，当時ヨルダン領であったエルサレム，ガザ地区，ヨルダン川西岸地区でも適用されていた．1966年にヨルダン政府は，新しい文化財保護条例として，『暫定古物法（No.51）Antiquities, Provisional Law No.51』を施行した.

(11) 鉄器時代，とくにイスラエル王国時代の専門家として Y. アハロニ，ギリシア・ビザンツ

時代の専門家としてA. ヨナ，そしてイスラム・十字軍時代の専門家としてE. メイヤーが招へいされた（Tsuk 2004, 4）.

(12) メンバーには，財務省代表のS. イタイ，宗教省代表のS. Z. カハナ，労働省の代表のY. エイラム，そして内務省のE. エフラットとM. パヴェルがいた.

(13) ユダヤ民族基金は，もともとシオニストがパレスチナに移住して住み着くための土地を購入する基金として，1901年に設立された．1948年イスラエル建国後も，不安定な政府に代わって，国内の居住地整備に取り組んできた．しかしながら，1961年にイスラエル土地管理局が誕生し，居住地の開発・整備の役割がイスラエル土地管理局に移行すると，次は自然環境を管理するために植林事業に乗り出した.

(14) シナイ半島は，1973年の第四次中東戦争後にエジプトに返還された．1967年から1973年までは，基本的に『1929年古物条例』に準じた『1959年古物規則』が用いられたが，エジプトに返還後は，エジプトの法律が適用されている.

(15)『1963年国立公園・自然保護区法』の時点では，『聖地保護法』は制定されていない.

(16) Antiquities Law 1978, Article 1.

(17) Antiquities Ordinance No. 51 1929, Article 2.

(18) Planning and Building Law, Amendment 31 1991.

(19) National Parks, Nature Reserves and Memorial Site Regulation 1994.

(20) 2017年4月時点．ただし，イェフディア森林自然保護区とメシュシム川自然保護区，およびエン・ゲディ古物国立公園とエン・ゲディ自然保護区は，同一地区に所在しているため，図4-2に記されている通し番号は，76番までである.

(21) 国立公園や自然保護区内で遺跡の存在が確認されているものの，一般の来訪者が見学できるように整備されていない場所は10カ所ある.

(22) イスラエルの国土の93％の土地が国有あるいは政府系の公共団体の所有地である（Werczberger & Borukhov 1999, 129）．例外的にカファルナウム国立公園は，フランシスコ修道会所有の敷地内にある.

第五章

(1) ヨルダン申請の「エルサレムの旧市街とその城壁」を含む．イスラエル政府申請による物件は9件のみ.

(2) ユネスコの世界遺産委員会の地域区分では，アラブ諸国は，エジプト（1974年），イラク（1974年），スーダン，シリア，ヨルダン（1975年），カタール，サウジアラビア（1978年），イエメン（1980年），リビア，モーリタニア，モロッコ，オマーン（1981年），クウェート，レバノン（1983年），アルジェリア，バハレーン（1991），チュニジア，アラブ首長国連邦（2001

年）の 18 カ国である．イスラエルはトルコ（1983 年）とともに「欧州・北アメリカ」の地域区分に分類されている．[World Heritage Convention State Party: http://whc.unesco.org/en/statesparties/?region=4（2016 年 2 月 1 日アクセス）].

(3)　『世界遺産条約』第 4 条.

(4)　『世界遺産条約』第 6 条第 1 項.

(5)　1993 年にオスロ合意の結果誕生したパレスチナ自治区では，イスラエル政府とパレスチナ自治政府の統制の割合によって，発掘権を発行する場所が異なる．エリア A とエリア B ではパレスチナ政府，エリア C ではイスラエル政府が，発掘権の管理を行っている．

(6)　ヨルダン川西岸では，『1966 年暫定古物法』が，ガザ地区では『1929 年古物条例』が適用されている．

(7)　これらの NGO のうち，リワク建造物保存センターだけは全地域を対象として活動を行っている．

(8)　たとえば, 過去にテル・エス＝スルタン・パレスチナ考古学パイロットプロジェクト（パレスチナ古物・文化遺産局，ローマ・ラ・サピエンツァ大学），テル・バラタ考古学公園プロジェクト（パレスチナ古物・文化遺産局，ライデン大学，ユネスコ），エリコ・マフジャルプロジェクト（パレスチナ古物・文化遺産局，シカゴ大学）といった学術調査において，地域社会への働きかけが行われた．

第六章

(1)　ここで言及されている聖地とは, 1924 年にイギリス委任統治政府によって発効された『パレスチナ（聖地）評議会勅令 the Palestine (Holy Places) Order in Council 1924』の定義が適用されている．すなわち，キリスト教，ユダヤ教，イスラム教が認めている聖地，宗教施設，宗教遺構が含まれる．

(2)　ヘブライ語原文：

"גן לאומי" שטח ששר הפנים הכריז עליו ברשומות שהוא גן לאומי, (חוק גנים לאומיים ושמורות טבע, תשכ-1963, פרק ראשון: פרשנות).

英訳の出典：National Parks and Nature Reserves Law 1963, Chap.1: Definitions.

(3)

"שמורת טבע" שטח שבו נשמרים חי, צומח, קרקע, מערות אר מים, שיש בהם עניז של מדע אל של חינוך, מפני שינויים בלתי רצויים במראם, בהרככם הביאולוגי או במהלך התפתחותם, וששר הפנים, לפי הצעת שר החקלאות, או לאחר התייעצות אתו, הכריז עליו ברשומות שהוא שמורת טבע, (חוק גנים לאומיים ושמורות טבע, תשכ-1963, פרק ראשון: פרשנות).

National Parks and Nature Reserves Law 1963, Chap.1, Definitions.

(4)

"גן לאומי" שטח המשמש או המיועד לשמש לצורכי נופש לציבור בחיק הטבע או להנצחת ערכים שיש להם חשיבות היסטורית, ארכיאולוגית, אדריכלית, טבעית או נופית וכיוצא באלה, בין שנשאר בטבעו וביו שהותקו לשמש מטרות אלה ואשר שר הפנים הכריז עליו בהתאם להוראות סעיף22 שהוא גו לאומי, (חוק גנים לאומיים שמורות טבע, אתרים לאומיים ואתרי הנצחה, התשנ-1992, פרק ראשון: פרשנות).

National Parks, Nature Reserves, National Sites and Memorial Sites Laws 1992, Chap.1, Definitions.

(5)

"אתר הנצחה" אתר להנצחת לוחמי צבא-הגנה לישראל ומערכות הבטחון, שנתנו נפשם על בטחת קיומה של מדיונת ישראל, להנצחת לוחמי מרכות ישראל שנפלו למען תקומת ישראל ולהוצחת חללי פגיעות איבה, שהוכרז כאתר הנחה, (חוק גנים לאומיים שמורות טבע, אתרים לאומיים ואתרי הנצחה, התשנ-1992, פרק ראשון: פרשנות).

National Parks, Nature Reserves, National Sites and Memorial Sites Law 1992, Chap.1, Commentary.

(6)

"אתר הנצחה ממלכתי" אתר הנצחה כמשמעותו בסעיף 35א, (חוק גנים לאומיים שמורות טבע, אתרים לאומיים ואתרי הנצחה, התשנ-1992, פרק ראשון: פרשנות).

National Parks, Nature Reserves, National Sites and Memorial Sites Law 1992, Chap.1, Commentary.

(7)

"גן לאומי" שטח המשמש או המיועד לשמש לעורכי נופש לציבור בחיק הטבע או להנצחת ערכים שיש להם חשיבות היסטורית, ארכיאולוגית, אדריכלית, טבעית או נופית וכיוצא באלה, בין שנשאר בטבעו ובין שהותקן לשמש מסרות אלה ואשר שר הפנים הכריז עליו, בהתאם להוראות סעיף 22, שהוא גן לאומי, (חוק גנים לאומיים שמורות טבע, אתרים לאומיים ואתרי הנצחה, התשנ-1998, פרק ראשון: פרשנות).

National Parks, Nature Reserves, National Sites and Memorial Sites Law 1998, Chap.1, Commentary.

(8)

חוק גנים לאומיים, שמורות טבע, אתרים לאומיים יאתרי הנצחה (תיקון מסי 2), התשסייב-2002

National Parks, Nature Reserves, National Sites and Memorial Sites Amendment Law 2002.

(9)

שר הפנים, לאחר שניתנה הזדמנות למועצה ולכל רשות מקומית שבתחומה נמצא שן המיועד להיכלל בגן הלאומי לחוות את דעתם בדבר יעודו של השטח כגן לאומי, ולאו שנתקיימו הוראות הסעיפים 4 וי5, רשאי להכריז של גן לאותי יחולו הוראות הסעיפים 4 וי5 רשאי להכריז על שטח כגן לאומי, (חוק גנים לאומיים ושמורות טבע, תשכ-1963, פרק שלישי: ננים לאומיים).

National Parks and Nature Reserves Law 1963, Chap.3, Pre-Conditions as to Certain Areas.

(10)

מקום קדוש כמשמעותו בדבר המלך במועצה על ארץ ישראל (המקומות המקים), 1924-אחירי שהובטח מילוי דרישותיו של שר הרתות להגנת המקים מפני פגיעה בו, (חוק גנים לאומיים ושמורות טבע, תשכ-1963, פרק שלישי: ננים לאומיים).

National Parks and Nature Reserves Law 1963, Chap.3, Pre-Conditions as to Certain Areas.

(11)

אתר היסטורי כמשמעותו בפקודת העתיקות-אחרי שהובטח מיל דרישותיו של שר החינוך והתרבות להגנת האתר מפני פגיעה בו, (חוק גנים לאומיים ושמורות טבע, תשכ-1963, פרק שלישי: ננים לאומיים).

National Parks and Nature Reserves Law 1963, Chap.3, Pre-Conditions as to Certain Areas.

(12)

נכלל בשטח המיועד להיות גן לאומי שטח שהוא, לדעת שר הבטחון, בעל חשיבו בטחונית, או הודיע שר ה בטחון לשר הפנים שבקרבתו של השטח המיועד כגן לאומי אלא אחו התייעצות עם שר הבטחון, (חוק גנים לאומיים ושמורות טבע, תשכ-1963, פרק שלישי: ננים לאומיים).

National Parks and Nature Reserves Law 1963, Chap.3, Areas Important to Security.

(13)

המועצה תייעץ לשר הפנים, לשר לאיכות הסביבה ולשר החקלאות-לכל אחד בתחום סמכותו, בכל הנוגע ל ביצוע של חוק, (חוק גנים לאומיים, שמורות טבע, אתרים לאומיים ואתרי הנצחה, תשנ-1992, פרק שני: המועצה לגנים לאומיים, שמורות טבע ואתרים לאומיים)

National Parks, Nature Reserves, National Sites and Memorial Sites Law 1992, Chap.2, The Council for National Parks, Nature Reserves and National Sites.

(14)

זה וכן תייעץ למוסדות החינוך ולרשויות המקומיות בדבר יעוד שטחים לגנים לאומיים, לשמורות טבע ולאתרים לאומיים ותייעץ לרשות הגנים לרשות שמורות הטבע בענינים שבתחום תפקידיה, (חוק גנים לאומיים, שמורות טבע, אתרים לאומיים ואתרי הנצחה, תשנ-1992,פרק שני: המועצה לגנים לאומיים, שמורות טבע ואתרים לאומיים).

National Parks, Nature Reserves, National Sites and Memorial Sites Law 1992, Chap. 2, The Council for National Parks, Nature Reserves and National Sites.

(15)

לגבי שטח שהוא שמורת טבע או שהוא מיועד להיות שמורת טבע - בהתייעצות עם שר החקלאות, (חוק גנים לאומיים, שמורות טבע, אתרים לאומיים ואתרי הנצחה, תשנ-1992, סימן הי: גן לאומי-הכרזה ומעמד).

National Parks, Nature Reserves, National Sites and Memorial Sites Law 1992, Chap.3, Article E National Park Declaration.

(16)

שר הפנים בהתייעצות עם המועצה, רשאי להכריז ברשומות, על אתר כאתר לאומי ואם ראה צורך בכך,
לקבוע גבולותיו, הוראות סעיפים 22 עד 28 יחולו על אתרים לאומיים בשינויים המחוייבים לפי הענין,
(חוק גנים לאומיים, שמורות טבע, אתרים לאומיים ואתרי הנצחה, תשנ-1992, פרק שישי - אתרים
לאומיים, 46 הכרזה על אתר לאומי).

National Parks, Nature Reserves, National Sites and Memorial Sites Law 1992, Chap.6, National Sites.

(17)

הממשלה תמנה, על פי הצעת שר הפנים, שר הבטחון ושר העבודה והרווחה, מועצה לאתרי הנצחה (להלן
- המועצה להנצחה), ואלה חבריה. המועצה להנצחה רשאית לייעץ לשר הפנים ולשר הבטחון בכל הנוגע לא
תרי הנצחה,
לרבות בענין ריכוז מפעלי זכרון שהוקמו לפני יום ז' בניסן התשמייו (16 באפריל 1986) לאתר הנצחה
אחד,
לאחר התייעצות עם יוזמיהם או עם האחראים להם, (חוק גנים לאומיים, שמורות טבע, אתרים לאומיים
ואתרי הנצחה, תשנ-1992, פרק שביעי: אתרי הנצחה).

National Parks, Nature Reserves, National Sites and Memorial Sites Law 1992, Chap.7, Memorial Sites.

(18)

השר לאיכות הסביבה רשאי, לאחר התייעצות במועצה, להתקין תקנות לאיסור הפגיעה באתר לאומי
ולהסדרת השמירה עליו, החזקתו, הגנתו והטיפול בו, בין דרך כלל ובין לאתר לאומי פלוני... היה
לאתר לאומי ערך מקומי מיוחד, רשאי השר לאיכות הסביבה, בהסכמת שר הפנים ושר האוצר, להטיל
בצו את ניהול האתר על הרשות המקומית שבתחומה הוא נמצא, (חוק גנים לאומיים, שמורות טבע,
אתרים לאומיים ואתרי הנצחה, תשנ-1992, פרק ששי: אתרים לאומיים).

National Parks, Nature Reserves, National Sites and Memorial Sites Law 1992, Chap.6, National Sites.

(19)

האחריות לאחזקת אתר הנצחה היא על הרשות המקומית שבתחומה הוא נמצא, בין במישרין ובין
באמצעות יזם או אדם אחר שנתנו הסכמתם לכך.... שר הפנים רשאי, לאחר התייעצות במועצה
להנצחה או על פי הצעתה, להתקין תקנות בדבר אחזקת אתרי הנצחה; התקנות יכול שיהיו לכל אתרי
ההנצחה או לאתר פלוני; היו התקנות לאתר פלוני - יתייעץ השר גם עם הרשות המקומית שבתחומה
הוא נמצא. (חוק גנים לאומיים, שמורות טבע, אתרים לאומיים ואתרי הנצחה, תשנ-1992, פרק שביעי:
אתרי הנצחה).

National Parks, Nature Reserves, National Sites and Memorial Sites Law 1992, Chap.7, Memorial Sites.

(20)

אושרה תכנית המייעדת את השטח כגן לאומי או כשמורת טבע, (חוק גנים לאומיים שמורות טבע, אתרים לא
ומיים ואתרי הנצחה, התשנ-1998,פרק רביעי:גן לאומי ושמורת סבע).

National Parks, Nature Reserves, National Sites and Memorial Sites Law 1998, Chap.4, National Park and Nature Reserve.

(21)

ניתנה הזדמנות למועצה ולכל רשות מקומית שבתחומה נמצא שטח המיועד להיכלל בגן הלאומי או בשמורת הטבע, לחוות את דעתן בדבר ייעודו של השטח כגן לאומי או כשמורת טבע; ובלבד שחוות דעת לפי פסקה זו תוגש תוך שישים ימים מיום שהובאה לידיעת המועצה או הרשות המקומית כאמור, הכוונה להכריז על: השטח כגן לאומי או כשמורת טבע, (חוק גנים לאומיים שמורות טבע, אתרים לאומיים ואתרי הנצחה, התשנ-1998,פרק רביעי:גן לאומי ושמורת סבע).

National Parks, Nature Reserves, National Sites and Memorial Sites Law 1998, Chap.4, National Park and Nature Reserve.

(22)

חוק גנים לאומיים ושמורות טבע, התשכ"ג-1963, פרק שלישי: סמכויותיה של רשות הגנים.; פרק רביעי: ס מכויותיה של רשות שמורות הטבע.

National Parks and Nature Reserves Law 1963, Chap. 3, Powers of Parks Authority; Chap.4, Powers of Nature Reserves Authority.

(23)

השר לאיכות הסביבה רשאי, לפי הצעת רשות הגנים ולאחר התייעצות עם שר האוצר, לקבוע בתקנות, אגרות כניסה, בכפוף להוראות כל דין, לשטח גן לאומי ולשירותים הניתנים בו; בתקנות יכול שייקבעו שיעורים שונים, וכן פטורים של מבקרים. (חוק גנים לאומיים, שמורות טבע, אתרים לאומיים ואתרי הנצחה, תשנ-1992, סימן בי: אגרות ותקציב הרשות).

National Parks and Nature Reserves Law 1992, Chap.2, Article B, the Budget.

(24)

חוק גנים לאומיים, שמורות טבע, אתרים לאומיים ואתרי הנצחה, תשנייח-1998, פרק שלישי: תפקידי הרש ות.

National Parks, Nature Reserves, National Sites and Memorial Sites Law 1998, Chap.3, Functions of the Authority.

(25)

חוק גנים לאומיים, שמורות טבע, אתרים לאומיים ואתרי הנצחה, תשנייח-1998, פרק שלישי: סמכויות הרשות.

National Parks, Nature Reserves, National Sites and Memorial Sites Law 1998, Chap.3, Powers of Authority.

(26)

חוק גנים לאומיים, שמורות טבע, אתרים לאומיים ואתרי הנצחה, תשנייח-1998, פרק שלישי: אגרות כניסה ושירותים.

National Parks, Nature Reserves, National Sites and Memorial Sites Law 1998, Chap.3, Entrance Fee.

(27)

חוק גנים לאומיים ושמורות טבע, התשכ"ג-1963, פרק שני:מועצת גנים לאומיים ושמורות טבע.

National Parks and Nature Reserves Law 1963, Chap.2, National Parks and Nature Reserves Council.

(28)

חוק גנים לאומיים ושמורות טבע, התשכ"ג-1963, פרק שלישי: סמכויות הרשות.

National Parks and Nature Reserves Law 1963, Chap. 3, Powers of Parks Authority.

(29)

חוק גנים לאומיים ושמורות טבע, התשכ"ג-1963, פרק שני: תסקידי המועצה.

National Parks and Nature Reserves Law 1963, Chap. 2, Functions of Council.

(30)

חוק גנים לאומיים, שמורות טבע, אתרים לאומיים ואתרי הנצחה, התשנ"ב-1992, פרק שש': אתרים לאומיים.

National Parks, Nature Reserves, National Sites and Memorial Sites Law 1992, Chap. 6, National Sites.

(31)

חוק גנים לאומיים, שמורות טבע, אתרים לאומיים ואתרי הנצחה, התשנ"ב-1992, פרק שביעי: אתרי הנצחה.

National Parks, Nature Reserves, National Sites and Memorial Sites Law 1992, Chap. 7, Memorial Sites.

(32)

חוק גנים לאומיים, שמורות טבע, אתרים לאומיים ואתרי הנצחה, תשנייח-1998, פרק שני: המועצה ותפקיד יה.

National Parks, Nature Reserves, National Sites and Memorial Sites Law 1998, Chap. 2, The Council and its Functions.

(33)

חוק גנים לאומיים, שמורות טבע, אתרים לאומיים יאתרי הנצחה (תיקון מסי 2), התשסייב-2002

National Parks, Nature Reserves, National Sites and Memorial Sites Amendment Law 2002.

(34)

חוק גנים לאומיים, שמורות טבע, אתרים לאומיים ואתרי הנצחה, תשנייח-1998, פרק שני: המועצה ותפקידיה.

National Parks, Nature Reserves, National Sites and Memorial Sites Law 1998, Chap. 2, The Council and its Functions.

(35)

חוק גנים לאומיים, שמורות טבע, אתרים לאומיים ואתרי הנצחה, תשנייח-1998, פרק שביעי: אתרי הנצחה.

National Parks, Nature Reserves, National Sites and Memorial Sites Law 1998, Chap. 7, Memorial Sites.

(36)

המועצה להנצחה רשאית לייעץ לשר הפנים ולשר הבטחון בכל הנוגע לאתרי הנצחה, לרבות בענין ריכוז מפעלי זכרון שהוקמו לפני יום ז' בניסן התשמ"ו (16 באפריל 1986) לאתר הנצחה אחד, לאחר התייעצות עם יוזמיהם או עם האחראים להם, (חוק גנים לאומיים שמורות טבע, אתרים לאומיים ואתרי הנצחה, התשנ-1998, פרק שביעי: אתרי הנצחה) .

National Parks, Nature Reserves, National Sites and Memorial Sites Law 1998, Chap.7, Memorial Sites.

(37)

חוק גנים לאומיים, שמורות טבע, אתרים לאומיים ואתרי הנצחה, תשנייח-1998, סימן ג'-מליאת הרשות.

National Parks, Nature Reserves, National Sites and Memorial Sites Law 1998, Chap.3, Article C, Composition of the Plenum.

(38)

המליאה, מבלי לגרוע משאר תפקידיה-(1) תקבע את המדיניות הכללית של הרשות בתחום תפקידיה; (2) תתווה את קווי פעולתה של הרשות; (3) תקבע את תכניות העבודה של הרשות, תאשות, תאשר את הצעת התקציב שהוכנה לפי סעיף 10 ותדון בדוחותיה הכספיים; (4) תעקוב אחר ביצוע המדיניות, התכניות והתקציבים של הרשות; (5) תנחה את מנהל הרשות; (6) תדון ותחליט בכל ענין אחר שנראה לה דרוש לביצוע תפקידיה. (חוק גנים לאומיים שמורות טבע, אתרים לאומיים ואתרי הנצחה, התשנ-1998, סימן ג' - מליאת הרשות).

National Parks, Nature Reserves, National Sites and Memorial Sites Law 1998, Chap.3, Article C, Functions of the Plenum its Powers and Work Procedures.

(39) とりわけ SPNI が行っているエコツアーと環境教育は，イスラエル全土にあるフィールドスクールで行われ，教育省も学校教育の一環にエコツアーを取り入れている（Selwyn 1995, 120; Bar-Gal & Bar-Gal 2008, 56）.

(40) イスラエル遺産保存協会 : http://www.shimur.org/english/index.php（2014 年 1 月 24 日アクセス）.

第七章

(1) 本分析では，各遺構の時代や機能を判断するにあたり，明確な数値基準を設けていない．本分析は，あくまで傾向性を把握するための類型化であり，遺跡の性格付けの出典も各遺跡の発掘報告書の記述に拠る．すでに，各研究者の解釈基準によって判断された遺構の時代や機能を新たな数値基準を設定して判断しなおすことは，分析の意図に鑑みて必要ないと判断した．

(2)　㉔アシュケロン遺跡の 1b に該当する時代には，ペリシテの町の遺構が検出されているため，類型は 10 その他とした．ペリシテ人の遺構は，比較的小規模であるのに対し，カナン時代の斜堤やローマ時代の円形劇場が大規模な遺構として現存している．

(3)　当該時期を統一王国時代ではなくその後の分裂王国時代にあたると主張する研究者もいる（フィンケルシュタイン・シルバーマン 2009, 407 等参照）．

(4)　ギベオン遺跡の本格的な発掘調査は，1956 年から開始される J. B. プリチャードによって実施された．プリチャードの調査では中期青銅器時代とローマ時代の竪穴墓等が発掘された．しかし，それ以前に既に大規模な地下水利施設（C. シック）や鉄器時代の墓（A. ダジャニ）の存在は報告されていた（Stern 1993, 514）．

(5)　入場料が設定されていない国立公園と自然保護区では，ほとんどの場合，展示用の遺跡整備が行われていないため，本分析対象から除外した．また，国立公園・自然保護区の領域内で遺跡が確認されている場所は，10 カ所あるものの，一般に展示されていないため，本分析の対象には含んでいない．

(6)　発掘調査で確認される遺構の種類は，桑原（2014）が挙げたものを参考に，筆者が一部加筆したものである．桑原は，西アジアにおいて発掘調査で確認された建築遺構を，「宗教的施設（祭壇，神殿）」「行政施設（宮殿，王宮）」「貯蔵施設（ピトス，サイロ，倉庫）」「軍事施設（市壁，斜堤，稜堡，市門，タワー）」「居住区（家屋，街路）」の 5 つに区分している（桑原 2014，3）．

(7)　403 遺構という数値は，*Ancient Churches Revealed*（Tsafrir, Y. 1993）付属の古代教会遺構地図と *The New Encyclopedia of Archaeology in the Holy Land*（Stern, E. 1993）の古代教会遺構地図から筆者自身がリストを作成した結果算出した数値である．ただし近年さらに発掘が進み，新たに検出された教会堂は数値には反映されていないので，数値はあくまで概算である．

第八章

(1)　イスラエル史跡保存協会ホームページ「活動目的」：http://eng.shimur.org/viewStaticPage.aspx?pageID=258（2014 年 3 月 12 日アクセス）．

(2)　労働シオニズムとは，自己労働に基づく集団農場の建設を通じて，建国を現実させようという思想である（臼杵 2009, 39）．

(3)　国立公園と自然保護区の中で近代遺産が主要なマネジメント対象となっているのは，カステル国立史跡とベングリオン首相の墓地国立公園のみである．

(4)

ארבעה נציגי ציבור, והם: נציג הקרן הקיימת לישראל, נציג החברה להגנת הטבע, נציג ציבור שיש לו ענין
בתחומי פעילות הרשות ונציג אחד של הגופים הציבוריים שענינם בשמירת איכות הסביבה מתוך רשימת מו
עמדים שיגישו גופים אלה; לענין זה, "הגופים הציבוריים שענינם בשמירת איכות הסביבה" – הגופים המפו
רטים בחלק א' בתוספת לחוק ייצוג גופים ציבוריים שענינם בשמירת איכות הסביבה (תיקוני חקיקה), התש
ס"ג-2002 . (חוק גנים לאומיים שמורות טבע, אתרים לאומיים ואתרי הנצחה, התשנ-1998, סימן ג' - מליא
-, ת הרשות א-3)

National Parks, Nature Reserves, National Sites and Memorial Sites Law 1998, Chap. 3, Article C.

(5)　西壁遺産財団 : http://english.thekotel.org/content.asp?Id=139（2014 年 5 月 30 日アクセス).

(6)　西壁広場では，宗教省や超正統派ユダヤ教徒たちの発言力が強い．こうした状況に対して非超正統派ユダヤ教徒たちが反対の声を上げ，1990 年代後半から両者の間にしばしば対立が起こっている（Cohen-Hattab 2010, 134-136).

(7)　ロビンソン・アーチは，1938 年にアメリカの宗教学者 E. ロビンソンが発見したアーチのことである．

(8)　当時の市長は，T. コレック氏が務めていた．

(9)　ダビデの町財団は，1992 年より INPA からダビデの町遺跡国立公園の管理を委任されている（Greenburg 2009).

(10) エメク・シャヴェ：http://alt-arch.org/en/（2014 年 3 月 3 日アクセス).

(11) ナショナルジオグラフィック（日本版）2010 年 12 月号「古代イスラエル：消えた王国」でも取り上げられた．

(12) 1998 年，ヘブル大学の考古学者たちが最高裁判所に対して，ダビデの町財団によるダビデの町遺跡の独占的な発掘調査と管理を是正するように求めたが，敗訴した（Meyers 2012, 211).

(13) SBF：http://198.62.75.4/www1/ofm/sbf/SBFarch.html.（2013 年 1 月 13 日アクセス).

(14) トランス・ヨルダン地域には，紀元後 3 世紀から 4 世紀にかけて，キリスト教徒が会衆するために使用していた部屋を伴う個人住宅の遺構が検出している（White 1990).

図表一覧

本書に掲載した図表に適宜，出典を示す。

参考文献

序

Davis, T. W. 2004: *Shifting Sands: The Rise and Fall of Biblical Archaeology*, Oxford: Oxford University Press.

Dever, G. W. 1985: "Syro-Palestinian and Biblical Archaeology," in D. N. Freedman (ed.) *The Anchor Bible Dictionary*, Vol. 1, New York: Doubleday, 354-367.

Killebrew, A. E. 2010: "Who Owns the Past," in R. Boytner et al. (eds.): *Controlling the Past, Owing the Future: The Political Uses of Archaeology in the Middle East,* Tuscon: The University of Arizona Press.

Harvey, D. C. 2001: "Heritage Pasts and Heritage Presents: Temporality, Meaning and the Scope of Heritage Studies," *International Journal of Heritage Studies,* Vol. 11 (3), 319-338.

Israel Antiquities Authority 2003: *Policy for the Conservation of the Built Heritage.*

Lipe, W. D. 1984: "Value and Meaning in Cultural Resources," in H. Cleere (ed.), *Approaches to the Archaeological Heritage: A Comparative Study of World Cultural Resource Management System*, Cambridge: Cambridge University Press, 1-11.

Lissovsky, N. 2012: "National Parks in the Service of Nation Building: the Pioneering Work of Lipa Yohalom and Dan Zur in Israel," *Studies in the History of Gardens and Designed Landscapes International Quarterly*, Vol. 32 (2), 63-83.

Lowenthal, D. 1997: *The Heritage Crusade and the Spoils of History*, London: Cambridge University Press.

Mason, R. 2002: "Assessing Values in Conservation Planning: Methodological Issues and Choices," in Torre, M. de la (ed.), *Assessing the Values of Cultural Heritage*, Los Angeles: Getty Conservation Institute, 5-30.

Munasinghe, H. 2005: "The Politics of the Past: Constructing a National Identity through Heritage Conservation," *International Journal of Heritage Studies,* Vol. 7 (4), 251-260.

Silberman, N. A. 2009: "Process Not Product: the ICOMOS ENAME Charter (2008) and the Practice of Heritage Stewardship," *Selected Publication of EFS Faculty, Students, and Alumni*, 7-15.

Sharon, A. 1952: "Planning in Israel," *Town Planning Review*, Vol. 23 (1), 66-82.

Smith, L. 2006: *Use of Heritage*, Abingdon and New York: Routledge.

Walsh, K. 1992: *Representation of the Past: Museums and Heritage in the Post Modern World*, London:

Routledge.
金子　淳　2003:「歴史展示の政治性 :〈歴博〉の前身・国史館計画の事例をもとに」国立歴史民俗博物館（編）『歴史展示とは何か : 歴博フォーラム歴史系博物館の現在・未来』アム・プロモーション .
西村正雄　2006:「「遺産」概念の再検討」『文化人類学研究』第 7 巻，1-22.
マザール，A.　2003:『聖書の世界の考古学』杉本智俊 , 牧野久実（訳), リトン（Mazar, A. 1992: *Archaeology of Land of the Bible: 10,000-586 B.C.E.*, Doubleday).
松田　陽，岡村勝行　2012:『入門パブリック・アーケオロジー』同成社.
松宮修治　2003:『ミュージアムの思想』白水社.
山　泰幸　2009:「遺跡化の理論 : 歴史のリアリティーをめぐって」土生田純之（編）『文化遺産と現代』同成社，77-107.
山村高淑　2012:「ヘリテージツーリズムと先住民研究」『先住民文化遺産とツーリズム : アイヌ民族における文化遺産活用の理論と実践』北海道大学アイヌ・先住民研究センター，35-44.

第一章

Hall, M.　2011: *Towards World Heritage: International Origins of the Preservation Movement 1870-1930*, Farnham: Ashgate Publishing Ltd.
Harrison, R.　2009: *Understanding Politics of Heritage*, Manchester: Manchester University Press.
Harrison, R.　2013: *Heritage: Critical Approaches*, Abingdon: Routledge.
Kohl, F. & C. P. Fawcett　1995: “Archaeology in the Service of the State: Theoretical Considerations,” in F. Kohl & C. P. Fawcett (eds.) *Nationalism, Politics, and the Practice of Archaeology*, Cambridge: Cambridge University Press, 295-302.
Lowenthal, D.　1997: *The Heritage Crusade and the Spoils of History*, London: Cambridge University Press.
Merriman, N. (ed.)　2004: *Public Archaeology,* London: Routledge.
Munasinghe, H.　2005: “The Politics of the Past: Constructing a National Identity through Heritage Conservation,” *International Journal of Heritage Studies,* Vol. 7 (4), 251-260.
Sørensen, M. L. S. & J. Carman　2009: *Heritage Studies: Methods and Approaches*, Abingdon: Routledge.
Trigger, B.　1996: A *History of Archaeological Thought,* Cambridge: Cambridge University Press.
青柳正規，松田　陽　2005:「世界遺産の理念と制度」佐藤　信（編）『世界遺産と歴史学』山川出版社，5-25.

大澤真幸他（編） 2012：『現代社会学事典』弘文堂.
加藤博文 2009:「先住民考古学という視座 : 文化遺産・先住民族・考古学の課題」『北海道考古学』第 45 巻，31-44.
川村恒明（監修）・根木 昭・和田勝彦（編） 2002:『文化財政策概論 : 文化遺産保護の新たな展開に向けて』東海大学出版会.
西村正雄 2006:「「遺産」概念の再検討」『文化人類学研究』第 7 巻，1-22.
村野正景 2015:「文化遺産の継承へそして創造へ : 参加型考古学を試みる」九州史学・公益財団法人史学会（編）『過去を伝える、今を遺す』，84-114.
菊地淑人 2013:「国際憲章等にみる遺産のパブリック」奈良文化財研究所文化遺産部遺跡整備研究室（編）『パブリックな存在としての遺跡・遺産 : 平成 24 年度遺跡等マネジメント研究集会（第 2 回）報告書』奈良文化財研究所，136-137.
長谷川俊介 2009:「世界遺産と地域住民」『レファレンス』, Vol. 31.

第二章

Herzl, T. 1993: *The Jewish State: An Attempt at a Modern Solution of the Jewish Question*, London: Henry Pordes.
Killebrew, A. E. 2010: "Who Owns the Past," in R. Boytner et al. (eds.): *Controlling the Past, Owing the Future: The Political Uses of Archaeology in the Middle East,* Tuscon: The University of Arizona Press.
Yom-Tov, Y. & E. Tchernov (eds.) 1988: *The Zoogeography of Israel: The Distribution and Abundance at a Zoogeographical Crossroad*, Dordrecht: Dr. W. Junk Publishers.
市川 裕 2008:「第一章 宗教学から見た近代ユダヤ人のアイデンティティ」市川裕他（編）『ユダヤ人と国民国家 :「政教分離」を再考する』岩波書店，2-22.
臼杵 陽 1998:『見えざるユダヤ人 : イスラエルの〈東洋〉』平凡社 .
臼杵 陽 2008:「第二章 イスラエルの政教分離とユダヤ・アイデンティティ」市川裕他（編）『ユダヤ人と国民国家 :「政教分離」を再考する』岩波書店，23-42.
臼杵 陽 2009:『イスラエル』岩波書店.
臼杵 陽 2011:『アラブ革命の衝撃 : 世界でいま何が起きているのか』青土社.
大塚和夫 2008:「エピローグ :「ユダヤ教徒」と「ユダヤ人」の差異をめぐって」市川裕他（編）『ユダヤ人と国民国家 :「政教分離」を再考する』岩波書店，320-347.
佐藤 研 2003:『聖書時代史 : 新約編』岩波書店 .
塩川伸明 2008:『民族とネイション : ナショナリズムという難題』岩波書店.
立山良司 2000:『揺れるユダヤ人国家 : ポスト・シオニズム』文藝春秋.

参考文献

手島勲矢　2008:「はしがき」市川裕他（編）『ユダヤ人と国民国家 :「政教分離」を再考する』岩波書店.

飛奈裕美　2008:「エルサレム旧市街のパレスチナ社会における占領下の諸問題と抵抗 : 商店街の事例から」『アジア・アフリカ地域研究』第 7 巻（2), 214-237.

第三章

Abu El-Haj, N.　1998: "Translating Truths: Nationalism, the Practice of Archaeology, and the Remaking of Past and Present in Contemporary Jerusalem," *American Ethnologist*, Vol. 25 (2), 166-188.

Abu El-Haj, N.　2001: *Facts on the Ground: Archaeological Practice and Territorial Self-Fashioning in Israeli Society*, Chicago: The University of Chicago Press.

Bar, D.　2004: "Re-Creating Jewish Sanctity in Jerusalem: The Case of Mount Zion and David Tomb between 1948-1967," *The Journal of Israeli History,* Vol. 23 (2), 233-251.

Bar, G.　2008: "Reconstructing the Past: The Creation of Jewish Sacred Space in the State of Israel, 1948-1967," *Israel Studies,* Vol. 13 (3), 1-21.

Bar-Gal, Y. & B. Bar-Gal　2008: "To Tie the Lands between the People and its Land," *Israel Studies,* Vol. 13, 44-67.

Bauman, J.　1995: "Designer Heritage: Israeli National Parks and the Politics of Historical Representation," *Middle East Report,* No. 196, 20-23.

Bauman, J.　2004: "Tourism, Design and the Past in Zippori / Sepphoris, an Israeli National Park," in Y. Rowan & U. Baram (eds.), *Marketing Heritage: Archaeology and the Consumption of the Past,* Maryland: AltaMira Press, 205-228.

Berkowitz, M.　2013, "The Origins of Zionist Tourism in Mandate Palestine: Impressions (and Pointed Advice) from the West," *Public Archaeology,* Vol. 11 (4), 217-234.

Brown, K. S. & Y. Hamilakis　2003: *The Usable Past: Greek Metahistories*, Lanham: Lexington Book.

Cohen-Hattab, K.　2004: "Zionism, Tourism, and the Battle for Palestine: Tourism as a Political Propaganda Tool," *Israel Studies,* Vol. 9 (1), 61-86.

Cohen-Hattab, K.　2010: "Struggles at Holy Sites and their Outcomes: the Evolution of the Western Wall Plaza in Jerusalem," *Journal of Heritage Tourism*, Vol. 5 (2), 125-139.

Cohen-Hattab, K. & Y. Katz　2001: "The Attraction of Palestine: Tourism in the years 1850-1948," *Journal of Historical Geography,* Vol. 27 (2), 166-177.

Cuno, J.　2008: *Who Owns Antiquities? Museums and the Battle over our Ancient Heritage*, New Jersey: Princeton University Press.

De Cesari, C. 2010: "World Heritage and Mosaic Universalism: a View from Palestine," *Journal of Social Archaeology,* Vol. 10 (3), 299-324.

Dumper, M. & C. Larkin 2011: "The Politics of Heritage and the Limitations of International Agency in Contested Cities: a Study of the role of UNESCO in Jerusalem's Old City," *Review of International Studies,* Vol. 38, 25-52.

Elon, A. 1971: *The Israelis: Founders and Sons*, New York: Holt.

Elon A. 1997: "Politics and Archeology" in N. A. Silberman & D. B. Small, *The Archaeology of Israel: Constructing the Past, Interpreting the Present,* Sheffield: Sheffield University Press, 35-47.

Emment, C. F. 1997: "The Status Quo Solution for Jerusalem," *Journal of Palestine Studies,* Vol. 26 (2), 16-28.

Eordegian, M. 2003: "British and Israeli Maintenance of the Status Quo in the Holy Places of Christendom," *International Journal of Middle East Studies,* Vol. 35, 307-328.

Gange, D. & M. Ledger-Lomas 2013: *Cities of God: the Bible and Archaeology in Nineteenth-Century Britain*, Cambridge: Cambridge University Press.

Greenberg, R. 2009a: "Towards an Inclusive Archaeology in Jerusalem: the Case of Silwan / City of David," *Public Archaeology,* Vol. 8 (1), 35-50.

Greenberg, R. 2009b: "Extreme Exposure: Archaeology in Jerusalem 1967-2007," *Conservation and Management of Archaeological Site,* Vol. 11 (3) (4), 262-281.

Hallote, R. S. & A. H. Joffe 2002:"The Politics of Israeli Archaeology: Between 'Nationalism' and 'Science' in the Age of the Second Republic," *Israel Studies,* Vol. 7 (3), 84-116.

Ilan, D. & Y. Gadot 2010: "Undermining the Edifice of Ethnocentric Historical Narrative in Israel with Community-Based-Archaeology," in R. Boytner et al. (eds.), *Controlling the Past, Owning the Future: The Political Use of Archaeology in the Middle East*, Tuscon: University of Arizona Press, 103-122.

Israel Ministry of Tourism 2016: *Tourism to Israel: Statistical Report 2015.*

Jarman, R. (ed.) 1995: *Palestine and Transjordan Administration Reports, 1918-1948,* Vol. 1, Cambridge: Cambridge Archive Editions.

Jordan, M. 2011 "Eilad in Silwan," *Palestine-Israel Journal*, Vol. 17 (12), 126-130.

Kane, S. 2003: *The Politics of Archaeology and Identity in a Global Context*, Boston: Archaeological Institute of America.

Katz, S. 1985: "The Israeli Teacher-Guide: the Emergence and Perpetuation of a Role," *Annals of Tourism Research*, Vol. 12, 49-72.

Killebrew, A. E. 1999: "From the Canaanites to Crusaders: The Presentation of Archaeological

Sites in Israel," *Conservation and Management of Archaeological Sites,* Vol. 3 (1) (2), 17-32.

Killebrew, A. E. 2010: "Who Owns the Past," in R. Boytner et al. (eds.): *Controlling the Past, Owing the Future: The Political Uses of Archaeology in the Middle East,* Tuscon: The University of Arizona Press.

Kohl, F. 1998: "Nationalism and Archaeology: On the Constructions of Nations and the Reconstructions of the Remote Past," *Annual Review of Anthropology,* Vol. 27, 223-246.

Kohl, F. & C. P. Fawcett 1995: "Archaeology in the Service of the State: Theoretical Considerations," in F. Kohl & C. P. Fawcett (eds.) *Nationalism, Politics, and the Practice of Archaeology*, Cambridge: Cambridge University Press, 295-302.

Larkin, C. & M. Dumper 2009: "UNESCO and Jerusalem: Constraints, Challenges and Opportunities," *Jerusalem Quarterly*, 16-28.

LeVine, M. 2004: "Re-imaging the "White City": the Politics of World Heritage Designation in Tel Aviv/ Jaffa," *City,* Vol. 8 (2), 221-228.

Lissovsky, N. 2012: "National Parks in the Service of Nation Building: the Pioneering Work of Lipa Yohalom and Dan Zur in Israel," *Studies in the History of Gardens and Designed Landscapes International Quarterly*, Vol. 32 (2), 63-83.

Meskell, L. 1998: *Introduction to Archaeology under Fire: Nationalism, Politics and Heritage in the Eastern Mediterranean and Middle East*, New York: Routledge.

Mizrachi, Y. 2011: "Archaeology should not be used as a Weapon in the Struggle over Jerusalem," *Palestine-Israel Journal,* Vol. 17 (12), 96-98.

Okada, M. 2012: "The Preservation and Exhibition of Christian Church Sites in Israel: A Case Study of the Israel Nature and Parks Authority and the Franciscan Order," *Orient,* Vol. 47, 147-168.

Patt, G. et al. 1990: "The Birth of Industry: The Development of Tourism in Israel," *Eretz Magazine*, 102-118.

Scham, S. 1998: "Mediating Nationalism and Archaeology: A Matter of Trust?," *American Anthropologist,* Vol. 99 (3), 301-379.

Seligman, J. 2013: "The Archaeology of Jerusalem: Between Post-Modernism and Delegitimization," *Public Archaeology*, Vol. 12 (3), 181-199.

Selwyn, T. 1995: "Landscapes of Liberation and Imprisonment: Towards an Anthropology of the Israeli Landscape," in E. Hirsch & M. O'hanlon, *The Anthropology of Landscape: Perspectives on Place and Space*, Oxford: Clarendon Press, 114-134.

Shavit, Y. 1997: "Archaeology, Political Culture, and Culture in Israel," in N. A. Silberman & D.

B. Small (ed.), *Archaeology of Israel: Constructing the Past, Interpreting the Present,* Sheffield Academic Press, 48-61.

Silberman, N. A. 1982: *Digging for God and Country: Exploration, Archeology, and the Secret Struggle for the Holy Land, 1799-1917*, New York: Anchor Book.

Silberman, N. A. 1989: *Between Past and Present: Archaeology, Ideology, and Nationalism in the Modern Near East*, New York: Holt.

Silberman, N. A. 1990: "The politics of the past: archaeology and nationalism in the Eastern Mediterranean," *Mediterranean Quarterly,* Vol. 1, 99-110.

Silberman, N. A. 1995a: "Power, Politics and the Past: The Social Construction of Antiquity in the Holy Land," in T. E. Levy (ed.), *The Archaeology of Society in the Holy Land*, London Pinter Publishers, 9-23.

Silberman, N. A. 1995b: "Promised Lands and Chosen Peoples: The Politics and Poetics of Archaeological Narratives," in P. L. Kohl & C. P. Fawcett (eds.), *Nationalism, Politics, and the Practice of Archaeology*, Cambridge: Cambridge University Press, 249-262.

Silberman, N. A. 1997: *The Archaeology of Israel: Constructing the Present, Interpreting the Past*, Sheffield; Sheffield Academic Press.

Silberman, N. A. 1999: "From Masada to the Little Bighorn: The Role of Archaeological Site Interpretation in the Shaping of National Myths," *Conservation and Management of Archaeological Sites* , Vol. 3 (1) (2), 9-15.

Stock, R. 1977: "Political and Social Contributions of International Tourism to the Development of Israel," *Annals of Tourism Research*, 30-42.

Tal, A. 2002: *Pollution in a Promised Land: An Environmental History of Israel*, Los Angeles: University of California Press.

Thornton, A. 2012: "Tents, Tours, and Treks: Archaeologists, Antiquities Services, and Tourism in Mandate Palatine and Transjordan", *Public Archaeology*, Vol. 11 (4), 195-216.

Tower, J. 1985: "The Grand Tour: a Key Phase in the History of Tourism," *Annals of Tourism Research* Vol. 12 (3), 297-333.

Trigger, B. G. 1984: "Alternative Archaeology: Nationalism, Colonialism, Imperialism," *Man,* Vol. 19 (3), 355-370.

Tsuk, T. 2004: *First Steps of the National Parks Authority*, Jerusalem: Israel Nature and Parks Authority, [Hebrew, unpublished].

Zerubavel, Y. 1995: "The Multivocality of a National Myth: Memory and Counter-Memories of Masada," *Israel Affairs,* Vol. 1, 110-128.

ヤディン，イガル　1975:『マサダ：ヘロデスの宮殿と熱心党最後の拠点』田丸徳善（訳），山本書店（Y. Yadin, *Masada: Herod's Fortress and the Zealots' Last Stand*, New York: Random House, 1966）.

石森秀三　1997:「観光革命と二〇世紀」『観光の 20 世紀（20 世紀における諸民族文化の伝統と変容）』ドメス出版，11-22.

岡田真弓　2008:『イスラエルにおけるキリスト教教会堂遺跡の保存と公開に関する研究』，慶應義塾大学大学院政策メディア研究科平成 19 年度修士論文.

関谷定夫　1981:『図説新約聖書の考古学：イエスの生涯と聖地パレスチナ』講談社.

船津　靖　2011:『パレスチナ：聖地の紛争』中央公論社.

見原礼子　2010:「危機遺産『エルサレム旧市街とその城壁』の保全に向けたユネスコの役割」『外務省調査月報』No. 2, 21-45.

第四章

Amiran, D. H. K.　1953: "The Pattern of Settlement in Palestine," *Israel Exploration Journal*, Vol. 3, 65-78.

Amiran, D. H. K.　1978: "Geographical Aspects of National Planning in Israel: the Management of Limited Resources," *Transactions of the Institute of British Geographers* (New Series), Vol. 3 (1), 115-128.

Amit-Cohen, I.　2005: "Synergy between Urban Planning, Conservation of the Cultural Built Heritage and Functional Changes in the Old Urban Center: the Case Study of Tel Aviv," *Land Use Policy*, Vol. 22, 291-300.

Ashbee, C. R. (ed.) 1921: *Jerusalem, 1918-1920: Being the Records of the Pro-Jerusalem Council During the Period of the British Military Administration,* London: John Murray (for the Council of the Pro-Jerusalem Society).

Ashbee, C. R. (ed.) 1924: Jerusalem, 1920-1924: *Being the Records of the Pro-Jerusalem Council During the Period of the British Military Administration,* London: John Murray (for the Council of the Pro-Jerusalem Society).

Bar-Gal, Y. & B. Bar-Gal　2008: "To Tie the Lands between the People and its Land," *Israel Studies,* Vol. 13, 44-67.

Bentwich, N. & F. M. Goadby　1924:"The Antiquities Law of Palestine," *Journal of Comparative Legislation and International Law,* Vol. 6 (4), 251-254.

Civil Administration of Palestine　1921: *An Interim Report on the Civil Administration of Palestine during the Period.*

Cohen, R. 2011: "Conflict and Neglect: Between Ruin and Preservation at the Church of Nativity, Bethlehem," in M. Hall (ed.) *Towards World Heritage: International Origins of the Preservation movement, 1870-1930*, Farnham: Ashgate Publishing Ltd.

Dever, G. W. 1980: "The Impact of the New Archaeology on Syro-Palestinian Archaeology," *Bulletin of the American Schools of Oriental Research*, Vol. 242, 15-29.

Dever, G. W. 1985: "Syro-Palestinian and Biblical Archaeology," in D. N. Freedman (ed.) *The Anchor Bible Dictionary*, Vol. 1, New York: Doubleday.

Einhorn, T. 1997: "Israeli Law, Jewish Law and the Archaeological Excavation of Tombs," *International Journal of Cultural Property*, Vol. 6, 47-79.

Fenster, T. 2004: "Belonging, Memory and the Politics of Planning in Israel," *Social and Cultural Geography*, Vol. 5 (3), 403-417.

Gavish, D. 2005: *The Survey of Palestine under the British Mandate 1920-1948*, London: Routledge.

Gilter, I. B. 2000: "C. R. Ashbee's Jerusalem Years: Arts, Crafts, Orientalism," *Assaph: Studies in Art History*, Vol. 5, 29-52.

Gilter, I. B. 2003: "Marrying Modern Progress with Treasured Antiquity: Jerusalem City Plans during the British Mandate, 1917-1948," *Traditional Dwellings and Settlements Review*, 39-58.

Glock, A. E. 1985: "Tradition and Change in Two Archaeologies," *American Antiquity*, Vol. 50, 464-477.

Glock, A. E. 1994: "Archaeology as Cultural Survival: The Future of the Palestinian Past," *Journal of Palestinian Studies*, Vol. 23 (3), 70-84.

Glock, A. E. 1995: "Cultural Bias in the Archaeology in Palestine," *Journal of Palestine Studies*, Vol. 24 (2), 48-59.

Gibson, S. 1999: "British Archaeological Institutions in Mandatory Palestine, 1917-1948," Palestine Exploration Quarterly 131, 115-143.

Grove, C. 1869: "From the Original Prospectus," *Palestine Exploration Quarterly Statement1.1.*

Hallote, R. S. & A. H. Joffe 2002:"The Politics of Israeli Archaeology: Between 'Nationalism' and 'Science' in the Age of the Second Republic," *Israel Studies*, Vol. 7 (3), 84-116.

Israel Department of Antiquities and Museum, Ministry of Education and Culture 1976: *Geographical List of the Records File 1918-1948*, Jerusalem.

Israel Nature and Parks Authority 2009: *Declared Reserves and Parks in 1964-2008*, [Hebrew, unpublished].

Jarman, R. (ed.) 1995a: *Palestine and Transjordan Administration Reports, 1918-1948,* Vol. 1, Cambridge: Cambridge Archive Editions.

Jarman, R. (ed.) 1995b: *Palestine and Transjordan Administration Reports, 1918-1948,* Vol. 2, Cambridge: Cambridge Archive Editions.

Katriel, T. 1997: "Rethinking Place: Cultural Production of Israeli Pioneer Settlement Museums," in E. Ben-Ari & Y. Bilu (eds.), *Grasping Land: Space and Place in Contemporary Israeli Discourse and Experience*, New York: State University of New York Press, 147-165.

Kersel, M. 2006: *License to Sell: The Legal Trade of Antiquities in Israel*, PhD Thesis, University of Cambridge.

Kersel, M. 2008: "The Trade in Palestine Antiquities," *Jerusalem Quarterly,* Vol. 33, 21-38.

Killebrew, A. E. 1999: "From the Canaanites to Crusaders: The Presentation of Archaeological Sites in Israel," *Conservation and Management of Archaeological Sites,* Vol. 3 (1) (2), 17-32.

Killebrew, A. E. 2010: "Who Owns the Past," in R. Boytner et al. (eds.): *Controlling the Past, Owing the Future: The Political Uses of Archaeology in the Middle East,* Tuscon: The University of Arizona Press.

Lissovsky, N. 2012: "National Parks in the Service of Nation Building: the Pioneering Work of Lipa Yohalom and Dan Zur in Israel," *Studies in the History of Gardens and Designed Landscapes International Quarterly*, Vol. 32 (2), 63-83.

Mayer, L. A. 1925: "Tomb in the Nahalath Ahim Quarter, Jerusalem," *Proceedings of the Jewish Palestine Exploration Society,* I (1) (2), 40-41.

Mayer, L. A. & A. Reifenberg 1942: "The Synagogue in Eshtemoa (Bet ha-Knesset be-Eshtemo'a)," *Bulletin of the Jewish Palestine Exploration Society,* 8 (3) (4), 155.

Maziè, A. 1925: "The Tomb of Jehoshphat in Relation to Hebrew Art," *Proceedings of the Jewish Palestine Exploration Society,* I (2) (3) (4), 68.

Patt, G. et al. 1990: "The Birth of Industry: The Development of Tourism in Israel," *Eretz Magazine*, 102-118.

Pinkefield, Y. 1939: "The Synagogue of Abraham our Father in Hebron (Bet ha-Knesset shel Avraham Avinu be-Hevron)," *Bulletin of the Jewish Palestine Exploration Society,* 6 (2), 61-65.

Pullan, W. & M. Sternberg 2012: "The Making of Jerusalem's 'Holy Basin'," *Planning Perspectives*, Vol. 27 (2), 225-248.

Rubin, N. H. 2011: "Geography, Colonialism and Town Planning; Patrick Geddes' Plan for Mandatory Jerusalem," *Cultural Geographies*, Vol. 18 (2), 231-248.

Sharon, A. 1949: "Archaeology and Planning," Israel Radio, 2nd August 1949.

Sharon, A. 1952: "Planning in Israel," *Town Planning Review*, Vol. 23 (1), 66-82.

Silberman, N. A. 1997: *The Archaeology of Israel: Constructing the Present, Interpreting the Past*, Sheffield;

Sheffield Academic Press.

Slousch, N. 1925: "The Excavation around the Monument of Absalom," *Proceedings of the Jewish Palestine Exploration Society*, I (2) (3) (4), 9.

Sukenik, E. L. 1925: "The Tomb on Hebrew University Premises," *Proceedings of the Jewish Palestine Exploration Society*, I (2) (3) (4), 43-47.

Tal, A. 2002: *Pollution in a Promised Land: An Environmental History of Israel*, Los Angeles: University of California Press.

Tal, A. 2008: "Space Matters: Historic Drivers and Turning Points in Israel's Open Space Protection Policy," *Israel Studies*, Vol. 13, 119-152.

Thornton, A. 2012: "Tents, Tours, and Treks: Archaeologists, Antiquities Services, and Tourism in Mandate Palatine and Transjordan", *Public Archaeology*, Vol. 11 (4), 195-216.

Tsuk, T. 2004: *First Steps of the National Parks Authority*, Jerusalem: Israel Nature and Parks Authority, [Hebrew, unpublished].

Werczberger, E. and E. Borukhov 1999: "The Israel Land Authority: Relic or Necessity?," *Land Use Policy*, Vol. 16 (2), 129-138.

岡田真弓 2008:『イスラエルにおけるキリスト教教会堂遺跡の保存と公開に関する研究』, 慶應義塾大学大学院政策メディア研究科平成 19 年度修士論文.

サンド, ショロモー 2010:『ユダヤ人の起源：歴史はどのように創作されたのか』佐々木康之・木村高子（訳), 浩気社（Shlomo, S. 2010: *The Invention of the Jewish People*, London and New York: Verson).

第五章

Al-Houdalieh, S. H. 2010: "Archaeological Heritage and Related Institutions in the Palestinian National Territories 16 years after Signing the Oslo Accords," *Present Pasts*, 2 (1), 31-53.

Amiry, S. & K. Bshara 2005: "Political Conflict and Recovery of Cultural Heritage in Palestine," in ICCROM, *Cultural Heritage in Post-War Recovery*, (ICCROM Conservation Studies 6), 68-74.

Bshara, K. 2013: "Heritage in Palestine: Colonial Legacy in Postcolonial Discourse," *Archaeologies: Journal of the World Archaeological Congress*, 9 (2), 295-319.

Corbett, E. D. 2011: "History Lessons in the City of Dawud: Jordan's Past and Complexities of Identity beyond Silwan", *Middle Eastern Studies* 47 (4), 587-603.

Cuno, J. 2008: *Who Owns Antiquities? Museums and the Battle over our Ancient Heritage*, New Jersey: Princeton University Press.

Greenburg, R. 2009: "Towards an Inclusive Archaeology in Jerusalem: the Case of Silwan/ the

City of David", *Public Archaeology* , Vol. 18 (1), 35-50.

Department of Antiquities and Cultural Heritage, Palestinian Ministry of Tourism and Antiquities 2009: *Inventory of Cultural and Natural Heritage Sites of Potential Outstanding Universal Value in Palestine*, Ramallah.

Greenburg, R. & A. Keinan 2007: *The Present-Pats of the Israeli-Palestinian Conflict: Israeli Archaeology in the West Bank and East Jerusalem since 1967*, Tell Aviv.

Greenburg, R. & A. Keinan 2009: *Israeli Archaeological Activity in the West Bank 1967-2007: A Sourcebook*, Jerusalem: Rahas Press.

Hizmi, H. 2011: *Archaeology in the West Bank: Inside the Archaeology Department of the Civil Administration*, Civil Administration of Judea Samaria.

Kersel, M. 2008: "The Trade in Palestine Antiquities," *Jerusalem Quarterly*, Vol. 33, 21-38.

Kersel, M. M. 2015: "Fractured Oversight: the ABCs of Cultural Heritage in Palestine after the Oslo Accords," *Journal of Social Archaeology* 15 (1), 24-44.

Killebrew, A. E. 1999: "From the Canaanites to Crusaders: The Presentation of Archaeological Sites in Israel," *Conservation and Management of Archaeological Sites,* Vol. 3 (1) (2), 17-32.

Sauders, R. 2009: "Past Matters: Examining the Role of Cultural Heritage in the Construction of Palestinian National Identity," in S. Kanaana (ed.), *Proceedings of the Third International Conference for the Study of Palestinian Society and Heritage*, 29-52.

Silberman, N. A. 1997: *The Archaeology of Israel: Constructing the Present, Interpreting the Past*, Sheffield.

Taha, H. 2005: "A Decade of Archaeology in Palestine," in L. Serra (ed.), *Tutela, Conservazione E Valorizzazione Del Patrimonio Culturare Della Palestine*, 63-71.

Taha, H. 2010: "The Current State of Archaeology in Palestine," *Present Past*, 2 (1), 16-25.

Yahya, A. 2008: "Managing Heritage in a War Zone," *Archaeologies*, Vol. 4 (3), 495-505.

青柳正規・松田　陽　2005:「世界遺産の理念と制度」佐藤　信（編）『世界遺産と歴史学』山川出版社，5-25.

菊地淑人　2013:「国際憲章等にみる遺産のパブリック」『平成 24 年度　遺跡等マネジメント研究集会（第二回）報告書：パブリックな存在としての遺跡・遺産』奈良文化財研究所（編），136-137.

第六章

Alfasi, N. & R. Fabian 2009: "Preserving Urban Heritage: From Old Jaffa to Modern Tel Aviv," *Israel Studies*, Vol. 14 (3), 137-156.

Amiran, D. H. K. 1978: "Geographical Aspects of National Planning in Israel: the Management

of Limited Resources," *Transactions of the Institute of British Geographers* (New Series), Vol. 3 (1), 115-128.

Amit-Cohen, I. 2005: "Synergy between Urban Planning, Conservation of the Cultural Built Heritage and Functional Changes in the Old Urban Center: the Case Study of Tel Aviv," *Land Use Policy*, Vol. 22, 291-300.

Bar-Gal, Y. & B. Bar-Gal 2008: "To Tie the Lands between the People and its Land," *Israel Studies,* Vol. 13, 44-67.

Fenster, T. 2004: "Belonging, Memory and the Politics of Planning in Israel," *Social and Cultural Geography*, Vol. 5 (3), 403-417.

Katriel, T. 1997: "Rethinking Place: Cultural Production of Israeli Pioneer Settlement Museums," in E. Ben-Ari & Y. Bilu (eds.), *Grasping Land: Space and Place in Contemporary Israeli Discourse and Experience*, New York: State University of New York Press, 147-165.

Killebrew, A. E. 1999: "From the Canaanites to Crusaders: The Presentation of Archaeological Sites in Israel," *Conservation and Management of Archaeological Sites,* Vol. 3 (1) (2), 17-32.

Le Vine, M. 2001: "The 'New-Old Jaffa': Tourism, Gentrification, and the Battle for Tel Aviv's Arab Neighborhood," in N. Alsayyad (ed.) *Consuming Tradition, Manufacturing Heritage: Global Norms and Urban Forms in the Age of Tourism*, London: Routledge, 240-272.

Ministry of Environmental Protection 2005: "Open Space in Israel?," *Israel Environment Bulletin*, Vol. 29, 9-14.

Selwyn, T. 1995: "Landscapes of Liberation and Imprisonment: Towards an Anthropology of the Israeli Landscape," in E. Hirsch & M. O'hanlon, *The Anthropology of Landscape: Perspectives on Place and Space*, Oxford: Clarendon Press, 114-134.

Shavit, Y. 1997: "Archaeology, Political Culture, and Culture in Israel," in N. A. Silberman & D. Small (eds.), *Archaeology of Israel: Constructing the Past, Interpreting the Present,* Sheffield: Sheffield Academic Press, 48-61.

Tal, A. 2002: *Pollution in a Promised Land: An Environmental History of Israel*, Los Angeles: University of California Press.

Tal, A. 2008: "Space Matters: Historic Drivers and Turning Points in Israel's Open Space Protection Policy," *Israel Studies,* Vol. 13, 119-152.

Tsuk, T. 2004: *First Steps of the National Parks Authority*, Jerusalem: Israel Nature and Parks Authority, [Hebrew, unpublished].

[英文法律条文出典]
・1963 年国立公園・自然保護区法：
Ministry of Justice 1963/ 1964: *Laws of the State of Israel: Authorized Translation from the Hebrew* Vol. 17, Jerusalem: Government Printer, 184-191.
・1992 年・1998 年国立公園・自然保護区・国立史跡・記念史跡法および計画建設法修正第 31 号：
Israel Nature and Parks Authority 2007: "Laws and Plans," *The Triple-Arch Gate at Dan Proposed World Heritage Nomination*, Jerusalem, 136-156.

[ヘブライ語法律条文出典]
חוק גנים לאומיים, שמורות טבע ואתרי הלאום, התשכ"ג-1963
חוק גנים לאומיים, שמורות טבע, אתרים לאומיים ואתרי הנצחה, התשנ"ב-1992
חוק גנים לאומיים, שמורות טבע, אתרים לאומיים ואתרי הנצחה, תשנ"ח-1998

第七章

Abu Raya, R. & L. Porat　2012: "Tel Afeq (Northeast)," *Hadashot Arkheologiyot* Vol. 124.
Aharoni, Y.　1973: *Beer Sheba I: Excavations at Tel Beer-Sheba 1969-1971 Seasons*, Tel Aviv: Tel Aviv University.
Aharoni, Y. et al.　1981: *Arad Inscriptions*, Jerusalem: Institute of Archaeology, Hebrew University of Jerusalem.
Arav, R.　2013: *Report on the 2012 Excavations*, Nebraska: University of Nebraska.
Arshalom-Gormi, D.　2006: "Akhziv," *Hadashot Arkheologiyot*, Vol. 118.
Aviam, M.　2004: *Jews, Pagans, and Christians in the Galilee: 25 years of Archaeological Excavations and Surveys: Hellenistic to Byzantine periods (Land of Galilee, 1)*, New York: University of Rochester Press.
Avigad, N.　1976: *Bet She'arim (Report on the Excavations during 1953-1958) Volume 3: Catacombs 12-23*, Jerusalem: The Hebrew University and the Israel Exploration Society, Jerusalem.
Avner, R. and P.　Gendelman 2007: "Caesarea," *Hadashot Arkheologiyot*, Vol. 119.
Avner, R.　2009: "'En Hemed," *Hadashot Arkheologiyot*, Vol. 121.
Avni, G. et al.　2008*: The Necropolis of Bet Guvrin – Eleutheropolis (IAA Report 36)*, Jerusalem: Israel Antiquities Authority.
Avi-Yona, M.　1974: *Archaeology*, Jerusalem, 43-45.
Bar, D.　2004: "Re-Creating Jewish Sanctity in Jerusalem: The Case of Mount Zion and David

Tomb between 1948-1967," *The Journal of Israeli History,* Vol. 23 (2), 233-251.

Bar, G. 2008: "Reconstructing the Past: The Creation of Jewish Sacred Space in the State of Israel, 1948-1967," *Israel Studies,* Vol. 13 (3), 1-21.

Ben-Arieh, Y. 1962: "Graves and Ruins in the Beth Govrin Area," *Israel Exploration Journal,* Vol. 12, 47-61.

Ben-Tor, A. 1997: *The James A. de Rothschild Expedition at Hazor V: an Account of the Fifth Season of Excavation 1968*, Jerusalem: Israel Exploration Society, Jerusalem: Hebrew University of Jerusalem.

Ben-Tor, A. et al. 2013: "Tel Hazor 2012," *Hadashot Arkheologiyot*, Vol. 125.

Ben-Tor, A. & S. Zuckerman 2014: *Tel Hazor 2013 (Preliminary Report)* [The Selz Foundation Hazor Excavations in Memory of Yigael Yadin: http://unixware.mscc.huji.ac.il/~hatsor/hazor.html].

Benvenisti, M. 1970: *The Crusaders in the Holy Land,* Jerusalem: Israel University Press, 294-300.

Biran, A. et al. 1996: *Dan I: A Chronicle of the Excavations, the Pottery Neolithic, the Early Bronze Age, and the Middle Bronze Age Tombs*, Jerusalem: Nelson Glueck School of Biblical Archaeology, Hebrew Union College-Jewish Institute of Religion.

Biran, A. & R. Ben-Dov 2002: *Dan II: A Chronicle of the Excavations and the Late Bronze Age "Mycenaean Tomb"*, Jerusalem: Nelson Glueck School of Biblical Archaeology, Hebrew Union College-Jewish Institute of Religion.

Callegher, B. 2010: "Cafarnao IX: Addenda: Monete dalle Ricognizioni di Superficie 2007-2009," *Liber Annus,* Vol. 60, 393-394.

Dothan, M. 1983: *Hammath Tiberias*, Jerusalem: Israel Exploration Society, Jerusalem.

Erlich, A. & A. Kloner 2011: *Maresha Excavations Final Report II: Hellenistic Terracotta Figurines from the 1989-1996 (IAA Report 35),* Jerusalem: Israel Antiquities Authority.

Finkelstein, I. et al. (eds.) 2000: *Megiddo III: The 1992-1996 Seasons*. Tel Aviv: Tel Aviv University.

Finkelstein, I. et al. (eds.) 2006: *Megiddo IV: The 1998-2002 Seasons*. Tel Aviv: Tel Aviv University.

Ganor, S. et al. 2010: "'En Gedi," *Hadashot Arkheologiyot*, Vol. 122.

Ganor, S. et al. 2014: "Ashqelon," *Hadashot Arkheologiyot*, Vol. 126.

Garfinkel, Y. et al. 2012: "Khirbat Qeiyafa 2010-2011," *Hadashot Arkheologiyot*, Vol. 124.

Gendelman, P. 2011: "Caesarea," *Hadashot Arkheologiyot*, Vol. 123.

Geva, H. 1994: *Ancient Jerusalem Revealed*, Jerusalem: Israel Exploration Society, Jerusalem.

Gophna, R. et al. 1995: *Excavations at En Besor*, Tel Aviv: Ramot Pub. House.

Green, J. D. M. 2009: "Archaeology and Politics in the Holy Land: The Life and Career of P. L.

O. Guy," *Palestine Expoloration Quartely*, Vol. 141 (3), 167-187.

Hadas, G. 2008: "'En Gedi," *Hadashot Arkheologiyot*, Vol. 120.

Hartal, M. 2001: *The Al-Subayba (Nimrod) Fortress: Towers 11 and 9*, Jerusalem: Israel Antiquities Authority.

Hartal, M. 2006: "Tel Dan (North)," *Hadashot Arkheologiyot*, Vol. 118.

Hartal, M. 2007: "Banias," *Hadashot Arkheologiyot*, Vol. 119.

Hartal, M. 2008: "Banias," *Hadashot Arkheologiyot*, Vol. 120.

Herzog, Z. 1984: *Beer-Sheba II: The Early Iron Age Settlements*, Tel Aviv: Tel Aviv University.

Hirschfeld, Y. 2004: *Excavations at Tiberias, 1989-1994 (Israel Antiquities Authority Reports 22)*, Jerusalem: Israel Antiquities Authority.

Howard, S. 2006: "Banias," *Hadashot Arkheologiyot*, Vol. 118.

Hovers, E. & Y. Rak 1996: "Amud Cave 1993-1994," *Excavations and Surveys in Israel*, Vol. 15.

Jarman, R. (ed.) 1995: *Palestine and Transjordan Administration Reports, 1918-1948,* Vol. 6, Cambridge: Cambridge Archive Editions.

Kiillebrew, A. E. 1999: "From the Canaanites to Crusaders: The Presentation of Archaeological Sites in Israel," *Conservation and Management of Archaeological Sites,* Vol. 3 (1) (2), 17-32.

Killebrew, A. E. 2010: "Who Owns the Past? The Role of Nationalism, Politics, and Profit in Presenting Israel's Archaeological Sites to the Public," in K. Boytner et al. (eds.), *Controlling the Past, Owing the Future: The Political Uses of Archaeology in the Middle East*, Tuscon: The University of Arizona Press, 123-141.

Kloner, A. 2003: *Maresha Excavations Final Report I: Subterranean Complexes 21, 44, 70 (IAA Report 17)*, Jerusalem: Israel Antiquities Authority.

Lawrence, E. S. et al. 2008: *The Leon Levy Expedition to Ashkelon Ashkelon I: Introduction and Overview (1985-2006)*, Indiana: Eisenbrauns.

Lebmann, G. et al. 1999: "Zorah-Eshta'ol Area, Survey," *Excavations and Surveys in Israel,* Vol. 19, 108.

Levine, L. & E. Nezer 1986: *Excavation at Caesarea Martima1975, 1976, 1979: Final Report (Qedem 21)*, Jerusalem: Israel Exploration Society, Jerusalem.

Magen, Y. et al. 2004: *Mount Gerizim Excavations I: The Aramic, Hebrew, and Samaritan Inscriptions (Judea and Samaria Publications 2)*, Jerusalem: Staff Officer of Archaeology.

Magen, Y. & Y. Peleg 2007: *The Qumran Excavations 1993-2004: Preliminary Report (Judea Samaria Publication 6)*, Jerusalem: Israel Antiquities Authority: Staff Officer of Archaeology.

Mazar, A. 2006: *Excavations at Tel Beth-Shean, 1989-1996. Volume I: From the New Kingdom to the*

Medieval Period, Jerusalem: The Hebrew University and the Israel Exploration Society, Jerusalem.

Mazar, A. & R. Mullins (eds.) 2007: *Excavations at Tel Beth-Shean 1989 -1996, Volume II: The Middle and Late Bronze Age Strata in Area R,* Jerusalem: The Hebrew University and the Israel Exploration Society, Jerusalem.

Mazar, A. (ed.) 2012: *Excavations at Tel Beth-Shean, Volume IV: The Fourth and Third Millennia BCE*, Jerusalem: The Hebrew University and the Israel Exploration Society, Jerusalem.

Mazar, B. 1973: *Beth She'arim (Report on the Excavations during 1936-1940) Volume 1: Catacombs 1-4*, Jerusalem: The Hebrew University and the Israel Exploration Society, Jerusalem.

Mazar, E. 2001: *The Phoenicians in Achziv, the Southern Cemetery: Jerome L. Joss Expedition (Final Report of the Excavations)*, Barcelona.

Mazar, E. 2007: *Preliminary Report on the City of David Excavation 2005 at the Visitor Center Are*, Jerusalem: Shalem Press.

Mazar, E. 2009: *The Palace of King David, Excavations at the Summit of the City of David, Preliminary Report of Seasons 2005-2007*, Jerusalem: Israel Exploration Society, Jerusalem: Hebrew University of Jerusalem.

Mazor, G. & A. Najjar 2008: *Bet She'an I: Nysa-Scythopolis, the Caesareum and the Odeum (Israel Antiquities Authority Reports 33)*, Jerusalem: Israel Antiquities Authority.

Negev, A. 1988: *The Architecture of Mampsis: Final Report 1-2 (Qedem 26-27)*, Jerusalem: Israel Exploration Society, Jerusalem.

Negev, A. 1997: *The Architecture of Oboda: Final Report (Qedem 36)*, Jerusalem: Israel Exploration Society, Jerusalem.

Netzer, E. 1981: *Greater Herodium*, Jerusalem: Hebrew University of Jerusalem.

Okada, M. 2012: "The Preservation and Exhibition of Christian Church Sites in Israel: A Case Study of the Israel Nature and Parks Authority and the Franciscan Order," *Orient*, Vol. 47, 147-168.

Oren, E. 2010: "Caesarea Sand Dunes (South)," *Hadashot Arkheologiyot*, Vol. 122.

Panitz-Cohen, N. & A. Mazar (eds.) 2009: *Excavations at Tel Beth-Shean 1989 -1996, Volume III: The 13th–11th Centuries BCE (Areas S and N)*, Jerusalem: The Hebrew University and the Israel Exploration Society, Jerusalem.

Porat, L. 2010: "Tel Afeq (East)," *Hadashot Arkheologiyot*, Vol. 122.

Porat, R. et al. 2015: *Herodium: Final Report of the 1972-2010 Excavation Directed by Ehud Netzer, Vol. 1 Herod's Tomb Precinct*, Jerusalem: Israel Exploration Society, Jerusalem.

Reisner, G. A. et al. 1924: *Harvard Excavations at Samaria, 1908–1910*, Cambridge: Harvard

University Press.

Roll, I. & O. Tal (eds.)　1999: *Appolonia-Arsuf Final Report of Excavations, Vol. 1 The Persian and Hellenistic Periods*, Tel Aviv: Tel Aviv University.

Sa'id, K.　2006: "Caesarea," *Hadashot Arkheologiyot*, Vol. 118.

Segal, A.　1988: *Architectural Decoration in Byzantine Shivta, Negev Desert Israel (BAR 420),* 178-187.

Shiloh, Y.　1984: *The City of David Excavations Final Reports (Excavations at the City of David 1978-1982)*, Jerusalem: Institute of Archaeology, Hebrew University of Jerusalem.

Stern, E.　1993: *The New Encyclopedia of Archaeological Excavations in the Holy Land,* Jerusalem: Macmillan Library Reference.

Stern, E. et al.　2007: *En-Gedi Excavations I: Final Report (1961-1965)*, Jerusalem: Israel Exploration Society, Jerusalem.

Sukenik, E. L.　1934: *The Ancient Synagogue at Beth Alpha*, Jerusalem.

Syon, D. & Z. Yavor　2002: "Gama:1997-2000," *Hadashot Arkheologiyot*, Vol. 114.

Syon, D. & Z. Yavor　2010: *Gamla II: The Architecture. The Shmarya Gutmann Ecxavations 1976–1989 (IAA Report 44)*, Jerusalem: Israel Exploration Society, Jerusalem.

Talgam, R. & Z. Weiss　2004: *The Mosaics of the House of Dionysos at Sepphoris Excavated by Mayers, M. E. Netzer and C. L. Mayers (Qedem 44)*, Jerusalem: Hebrew University of Jerusalem.

Thornton, A.　2011: *British Archaeologist, Social Networks and the Emergence of a Profession: the Social History of British Archaeology in the Eastern Mediterranean and Middle East 1870-1939*, Ph.D. thesis, University College London.

Thornton, A.　2012: "Tents, Tours, and Treks: Archaeologists, Antiquities Services, and Tourism in Mandate Paletine and Transjordan", *Public Archaeology*, Vol. 11 (4), 195-216.

Tsaferis, V.　1983: *The Excavations of Kursi-Gergesa*, Jerusalem: Department of Antiquities and Museums.

Tsafrir, Y.　1993: *Ancient Churches Revealed*, Jerusalem: Biblical Archaeology Society.

Tsuk, T.　2004: *First Steps of the National Parks Authority*, Jerusalem: Israel Nature and Parks Authority, [Hebrew].

Tzaferis, V. et al.　1989: *Excavations at Capernaum 1, 1978-1982*, Winona Lake: Eisenbrauns.

Weiss, Z.　2006: *2006 Sepphoris Expedition an Archaeological Report*, Jerusalem: Hebrew University of Jerusalem.

Yadin, Y.　1989: *Masada: the Yigael Yadin Excavations 1963-1965: Final Reports, Jerusalem:* Jerusalem Israel Exploration Society, Jerusalem.

岡田　真弓　2008:『イスラエルにおけるキリスト教教会堂遺跡の保存と公開に関する研究』

慶應義塾大学大学院政策・メディア研究科，平成 19 年度修士論文.
桑原久男　2014:「考古学から見た都市の形成と展開」『考古学からみた聖書の世界 : 月本昭男先生退職記念献呈論文集〈第 2 巻〉』聖公会出版.
サンド，ショロモー　2010:『ユダヤ人の起源 : 歴史はどのように創作されたのか』佐々木康之・木村高子（訳), 浩気社 (Shlomo, S.　2010: *The Invention of the Jewish People*, London and New York: Verson).
関谷定夫　1981:『図説新約聖書の考古学 : イエスの生涯と聖地パレスチナ』講談社 .
フィンケルシュタイン，I., シルバーマン，N. A.　2009:『発掘された聖書 : 最新の考古学が明かす聖書の真実』越後屋朗（訳), 教文館 (Finkelstein, I. & N. A. Silberman 2001: *The Bible Unuearthed; Archaeology's New Vision of Ancient Israel and the Origin of Its Sacred Texts*, New York: Free Press).
マザール，A.　2003:『聖書の世界の考古学』杉本智俊 , 牧野久実（訳), リトン .（Mazar, A.　1992: *Archaeology of Land of the Bible: 10,000-586 B.C.E.*, Doubleday）.

第八章

Abu El-Haj, N.　2001: *Facts on the Ground: Archaeological Practice and Territorial Self-Fashioning in Israeli Society*, Chicago; University of Chicago Press.
Bar, D.　2004: "Re-Creating Jewish Sanctity in Jerusalem: The Case of Mount Zion and David Tomb between 1948-1967," *The Journal of Israeli History*, Vol. 23 (2), 233-251.
Bar, G.　2008: "Reconstructing the Past: The Creation of Jewish Sacred Space in the State of Israel, 1948-1967," *Israel Studies,* Vol. 13 (3), 1-21.
Cohen-Hattab, K.　2010: "Struggle at Holy Sites and their Outcomes: the Evolution of the Western Wall Plaza in Jerusalem," *Journal of Heritage Tourism*, Vol. 5 (2), 215-139.
Collins-Kneiner, N. & N. Kliot　2000: "Pilgrimage Tourism in the Holy Land: The Behavioural Characteristics of Christian Pilgrims," *Geojournal*, Vol. 50 (1): 55-67.
Custody of the Holy Land, the (ed.)　1981: *The Franciscan Custody*, Jerusalem: Franciscan Printing Press.
Greenburg, R.　2009: "Toward an Inclusive Archaeology in Jerusalem: The Case of Silwan/ the City of David," *Public Archaology*, Vol. 8 (1), 35-44.
Hoade, E. OFM　1961: *The Holy Land and the Franciscans*, Jerusalem: Franciscan Printing Press.
Katriel, T.　1997: "Rethinking Place: Cultural Production of Israeli Pioneer Settlement Museums," in E. Ben-Ari & Y. Bilu (eds.), *Grasping Land: Space and Place in Contemporary Israeli Discourse and Experience*, New York: State University of New York Press, 147-165.

参考文献

Killebrew, A. E. 1999: “From the Canaanites to Crusaders: The Presentation of Archaeological Sites in Israel,” *Conservation and Management of Archaeological Sites,* Vol. 3 (1) (2), 17-32.

Lehn, W. 1974: “The Jewish National Fund,” *Journal of Palestine Studies*, Vol. 3 (4), 74-96.

Mazar, B. 1969: *The Excavations in the Old City Jerusalem: Preliminary Report of the First Season 1968*, Jerusalem: Jerusalem Exploration Society.

Merhav, R & A. E. Killebrew 1998: “Public exposure: For Better and for Worse,” *Museum International,* Vol. 50 (4), 15-20.

Meyers, E. M. 1997: *The Oxford Encyclopedia of Archaeology in Near East*, Oxford: Oxford University Press, 1-4.

Meyers, E. M. 2012: “The Quest for the Temple Mount: The Settler Movement and National Parks in Israel,” in E. M. Meyers & C. Meyers (eds.) *Archaeology, Bible, Politics, and the Media* (Proceedings of the Duke University Conference, April 23-24, 2009), Indiana: Eisenbrauns, 202-215.

Mizrachi, Y. 2010: *Archaeology in the Shadow of Conflict: The Mound of Ancient Jerusalem (City of David) in Silwan*, Jerusalem: Emek Shave.

Okada, M. 2012: “The Preservation and Exhibition of Christian Church Sites in Israel: A Case Study of the Israel Nature and Parks Authority and the Franciscan Order,” *Orient,* Vol. 47, 147-168.

Ovadiah, A. 1991: “Aspects of Christian Archaeology in the Holy Land,” *Liver Annus,* Vol. 141, 469-481.

Reich, R. et al. 1999: *The Jerusalem Archaeological Park*, Jerusalem: Israel Antiquities Authority.

Silberman, N. A. 1982: *Digging for God and Country: Exploration in the Holy Land, 1799-1917*, New York: Anchor Books.

Tal, A. 2002: *Pollution in a Promised Land: An Environmental History of Israel*, California: University of California Press.

White, L. M. 1990: *Building God's House in the Roman World: Architectural Adaptation among Pagans, Jews and Christians*, Baltimore: John Hopkins University Press.

Yadin, Y. (ed.) 1994: *Ancient Jerusalem Revealed: Archaeology in the Holy City 1968-1974*, Jerusalem; The Israel Exploration Society.

臼杵 陽 2009:『イスラエル』岩波書店.

岡田真弓 2009:「イスラエルにおけるキリスト教教会堂遺跡の保存と公開」『オリエント』第52 (1),138-158.

岡田真弓（おかだ　まゆみ）
北海道大学創成研究機構特任助教。慶應義塾大学大学院文学研究科単位取得退学、北海道大学アイヌ・先住民研究センター博士研究員などを経て現職。史学博士。
文化遺産のなかでも、とくに考古学に関するモノ・コトが現代社会においてどのように受容されているのかに着目し、イスラエルとパレスチナにおける文化遺産保護・活用に関する研究を行う。また、先住民族の文化遺産の保護のあり方、所有権、そして返還に関する問題について、国内外の事例を通して研究を行う。
「文化遺産の所有権をめぐるイスラエルとパレスチナの葛藤」（三宅理一監修『境界線から考える都市と建築』鹿島出版会、2017 年）。

イスラエルの文化遺産マネジメント
——遺跡の保護と活用

2017 年 9 月 25 日　初版第 1 刷発行

著　者———岡田真弓
発行者———古屋正博
発行所———慶應義塾大学出版会株式会社
〒 108-8346　東京都港区三田 2-19-30
TEL〔編集部〕03-3451-0931
〔営業部〕03-3451-3584〈ご注文〉
〔　〃　〕03-3451-6926
FAX〔営業部〕03-3451-3122
振替 00190-8-155497
http://www.keio-up.co.jp/
装　丁———岡部正裕（voids）
印刷・製本——株式会社加藤文明社
カバー印刷——株式会社太平印刷社

Printed in Japan ISBN 978-4-7664-2451-5